Das unsichtbare Geschlecht der Europa

Reihe »Politik der Geschlechterverhältnisse«
Band 2

herausgegeben von Eva Kreisky, Uta Ruppert und Birgit Sauer

Elke Biester, Barbara Holland-Cunz,
Mechthild M. Jansen, Eva Maleck-Lewy, Anja Ruf,
Birgit Sauer (Hg.)

Das unsichtbare Geschlecht der Europa

Der europäische Einigungsprozeß aus feministischer Sicht

Campus Verlag
Frankfurt/New York

Die Deutsche Bibliothek – CIP-Einheitsaufnahme

Das *unsichtbare Geschlecht der Europa*: der europäische Einigungsprozess aus feministischer Sicht / Elke Biester ... (Hg.). – Frankfurt/Main; New York: Campus Verlag, 1994
(Politik der Geschlechterverhältnisse; Bd. 2)
ISBN 3-593-35092-0
NE: Biester, Elke [Hrsg.]; GT

Umschlaggestaltung: Atelier Warminski, Büdingen
Druck und Bindung: Druck Partner Rübelmann GmbH, Hemsbach
Gedruckt auf säurefreiem und chlorfrei gebleichtem Papier.
Printed in Germany

Inhalt

Das unsichtbare Geschlecht der Europa

Einleitung

Barbara Holland-Cunz, Anja Ruf, Birgit Sauer

Frauen und Männer sind vom politischen und ökonomischen Wandel in Europa unterschiedlich betroffen. Dieser Unterschied erklärt den »gender-gap« bei der ersten dänischen Abstimmung über den Vertrag von Maastricht – 57% der weiblichen Wahlberechtigten stimmten damals gegen den Vertrag und führten damit die Ablehnung herbei. Die Däninnen waren offensichtlich nicht bereit, eine Entwicklung zu unterstützen, die ihre Lebensverhältnisse zu verschlechtern drohte. Das Abstimmungsergebnis sorgte für *gesamteuropäische* Aufregung, dokumentierte es doch schlaglichtartig, daß Frauen ein *politischer Faktor* im insgesamt männlich dominierten Verfahren der europäischen Integration sein könn(t)en. Doch kann dieser kleine frauenpolitische Erfolg nicht ernsthaft darüber hinwegtäuschen, daß sich Europa als Utopie einer die nationalstaatlichen Grenzen transzendierenden zivilen Gesellschaft meist seltsam geschlechtslos gibt, daß Europas herrschaftliche Geschlechterverhältnisse selten tatsächlich sichtbar werden. Noch seltener werden sie kritisch benannt.

Am 1. November 1993 ist, trotz des ersten dänischen Neins, der umstrittene Vertrag über die Europäische Union (EU)[1], ist »Maastricht« nun, wenn auch verspätet, in Kraft getreten. Doch die europäische Integration schreitet – wenn überhaupt – nur noch langsam voran. Das erste große Vorhaben auf dem Weg zur politischen Union, die Wirtschafts- und Währungsunion, die Europa bis zum Jahre 1999 eine einheitliche Währung und eine gemeinsame Zentralbank bescheren soll, ist durch genau jene Stabilitätskriterien gefähr-

1 Seit dem Inkrafttreten des Vertrages von Maastricht wurde bekanntlich aus der Europäischen Gemeinschaft (EG) zumindest begrifflich die Europäische Union (EU). Wir verwenden im folgenden die Bezeichnung EG, wenn auf die Vor-Maastricht-Situation rekurriert wird, und die Bezeichnung EU, wenn damit die aktuelle Situation und zukünftige Entwicklungen gemeint sind.

det, die in Maastricht als Beitrittsvoraussetzung festgelegt wurden. Von den europäischen Staaten erfüllt derzeit nur Luxemburg alle fiskalischen Kriterien der Union, überschreitet also weder die Grenzen für die staatliche Neu- und Gesamtverschuldung noch die maximalen Raten für Inflation und Zinsen. Es ist illusorisch zu meinen, daß die Stabilitätsvorgaben bis 1999, dem im Vertrag genannten spätestmöglichen Zeitpunkt, erfüllt werden können. Die beiden großen wirtschaftspolitischen Garantiemächte für eine Währungsunion, Frankreich und die Bundesrepublik, sind stark von der Rezession betroffen; auch das von der Bundesregierung beschlossene rigide Sparprogramm wird, selbst wenn es das gewünschte Resultat finanzieller Einsparungen erbringt, das Anwachsen der Staatsverschuldung lediglich begrenzen, sie aber nicht auf das in Maastricht festgelegte Niveau senken können. Und ein Ende der globalen ökonomischen Krise in den meisten Industrieländern ist nicht in Sicht. Ein neues Wachstumsmodell für die industriellen Zentren zeichnet sich nicht ab, und obschon jetzt auch Japans Automobilindustrie von großen Absatzproblemen betroffen ist, steht Europa in harter Konkurrenz mit dem asiatisch-pazifischen Wirtschaftsraum und den USA.[2]

Doch die vertraglich erwünschte politische Union ist nicht nur von ihren ökonomischen Grundlagen her systematisch instabil. Auf zentralen Politikfeldern – vor allem dem einer gemeinsamen europäischen Außen- und Sicherheitspolitik – sind lange gehegte Gewißheiten verlorengegangen. Es gibt nicht mehr »den« Feind im Osten, der einst die westeuropäische Integration als Projekt der politischen Notwendigkeit, Stabilität und Selbstvergewisserung erscheinen ließ. Mit der Rede vom »europäischen Haus« des damaligen sowjetischen Staats- und Parteichefs Michail Gorbatschow war gleichsam der Zenit der politischen Idee *Westeuropa* überschritten. Die Wiedervereinigung Deutschlands beschleunigte anfänglich zwar den europäischen Integrationsprozeß; das geeinte Deutschland veränderte freilich das europäische Muster, und Deutschland wurde zum retardierenden Moment, ja läuft Gefahr, seinen »europäischen Schafspelz« abzustreifen (Leicht 1993:4). Wie die Konferenz für Sicherheit und Zusammenarbeit in Europa (KSZE), die Nordatlantische Militärunion (NATO) und die Vereinten Nationen (UN)[3] müßte auch die

2 Zur weltwirtschaftlichen Dynamik im Dreieck USA – Westeuropa – Japan/Pazifischer Raum vgl. Esser 1992.

3 Alle bisherigen Überlegungen zur Neukonzeptualisierung dieser supranationalen Vereinigungen bzw. der internationalen Beziehungen nach dem Zusammenbruch der Sowjetunion unterliegen patriarchaler Definitionsmacht. Die Notwendigkeit grundsätzlicher feministischer *Kritik* wird angesichts der Debatten um die »Osterweiterung« der

Europäische Union neu gedacht werden. Doch die osteuropäischen Staaten werden in ihrem Interesse an Westeuropa vertröstet oder geraten gar, wie das politische Desaster Europas in Ex-Jugoslawien zeigt, noch weiter an den europäischen Rand. Die Kriege und Konflikte in Südost- und Osteuropa sind mit Mustern traditioneller oder »kalter« Kriege weder zu verstehen noch zu bewältigen. Das dramatische Scheitern der Europäischen Gemeinschaft am Krieg in Bosnien läßt auch das Problem anwachsender Nationalitätenkonflikte, mit denen alle Vereinigungs- und Vereinheitlichungsbestrebungen konfrontiert sind, sichtbar werden. Den auf eine politische Desintegration hinwirkenden Kräften, die das auf Transzendierung von Nationalstaatlichkeit gerichtete Projekt bedrohen, kommt immer größeres Gewicht zu. Das Spannungsverhältnis von Stabilität und Konflikt, die internationalen Konsequenzen ethnischer Konflikte, die Suche nach neuen Sicherheits-Regimes für Osteuropa, aber auch nach neuen Konzeptionen der »European Security« insgesamt, prägen die politikwissenschaftlichen Debatten in den Internationalen Beziehungen (vgl. dazu Inaugural Pan-European Conference in International Relations 1992). Neue Feindbilder lassen sich beobachten, die um Begriffe wie »Immigration«, »Rasse«, »Fundamentalismus«, »Identität« kreisen und auf einen »civilizational cold war« zwischen Nord und Süd abzielen (Christie 1992:31,11).

Am reibungslosesten noch scheint Europa *innenpolitisch* zu funktionieren. Reibungslosigkeit bezeichnet hier jedoch genau das, was unter dem Stichwort *Demokratiedefizit* immer wieder problematisiert worden ist: die Abgabe nationaler innenpolitischer Entscheidungskompetenzen an eine gesichts- und namenlose Brüsseler Bürokratie, die Zunahme von Beschlüssen, die auf supranationaler Ebene vom Ministerrat getroffen werden, ohne eine europäische und nationalstaatliche parlamentarische Legitimation. *Zugleich* dominieren im Prozeß der europäischen Integration nationalstaatliche Interessen und Diskurse: Ein gesamteuropäischer Blick hat sich noch nicht ausgebildet, allenfalls gesamteuropäische Befürchtungen wie die einer Hegemonie Deutschlands. Diese Dominanz nationalstaatlicher Diskurse in der europäischen Meinungsbildung ist begleitet vom Fehlen einer europäischen außerparlamentarischen Opposition als Gegenspielerin in Brüssel (Gerhards 1993:7ff.,15ff.):

NATO, das als Militärbündnis ein patriarchales Herrschaftsinstrument par excellence ist, und um die Gestaltung der UN als »Weltpolizei«, mit dem Recht zu »legitimer« Gewaltausübung in »Krisenregionen« der Welt ausgestattet, deutlich. Die Frage feministischer *Alternativen* jenseits der Denomination »Bellizismus« stellt sich allerdings mit ebensolcher Dringlichkeit.

Dem vielthematisierten Demokratiedefizit ist ein »Öffentlichkeitsdefizit« (ebd.:7) vorgelagert.

Nicht zuletzt die fehlende Gegenöffentlichkeit macht »Brüssel« zu einem gleichsam anonymen Ort, der vom politischen Engagement und dem Alltag vieler EuropäerInnen sehr weit entrückt ist. So konnte eine vereinheitlichende europäische Asylgesetzgebung ohne Widerstand passieren, die »Festung Europa« auf der exekutiven Ebene stillschweigend ausgebaut werden. Doch jene nach außen gesicherte »Festung Europa« ist möglicherweise gerade Ausdruck davon, daß die Europäische Union in ihren Kernbereichen den Keim des Zerfalls in sich trägt, mehr vielleicht als die Dynamik des Aufbaus. Offen muß freilich bleiben, wie eine Europäische Union lebendig werden kann, wenn sie nicht wenigstens in den Köpfen, wenn schon nicht in den Herzen ihrer BewohnerInnen Konturen gewinnt. Ob die Europäische Union wie geplant administrativ »durchführbar« sein wird, ist hier die *eine* Frage. Die weiterführende Frage, ob sie so wie geplant überhaupt wünschenswert ist, drängt sich zusehends auf. Aus frauenpolitischer Sicht sind in beiderlei Hinsicht erhebliche Zweifel anzumelden.

Frauen haben sich mit den Kräften, die den Prozeß der europäischen Integration in die eine oder andere Richtung vorantreiben, bislang wenig auseinandergesetzt; wenn überhaupt, so richtete sich ihr Augenmerk eher darauf, ob das »europäische Haus« für Frauen bewohnbar sein würde oder nicht. Auch das vorliegende Buch kann die Frage »Quo vadis, Europa?« nicht beantworten. Doch wo die Idee eines vereinten, friedlichen, in Harmonie mit seinen Nachbarn lebenden, demokratischen Europa in der Realität mehr und mehr schwindet, wird die Diskussion darüber, ob Europa in seinen Grundstrukturen frauenfreundlich oder patriarchal ist, umso dringlicher.

Zwei Frauen kommt hierzulande vor allem das Verdienst zu, eine wissenschaftliche und politische Auseinandersetzung über das »unsichtbare Geschlecht der Europa« angestoßen zu haben: Susanne Schunter-Kleemann und Hortense Hörburger (Schunter-Kleeman 1990 und 1992a; Hörburger 1991). Mit ihren Veröffentlichungen haben sie das weit entfernte eurokratische Brüssel und seine patriarchalen Entscheidungsstrukturen transparenter gemacht. Susanne Schunter-Kleemann etwa zeigt, daß eine »kameralistische Geheimdiplomatie« (Schunter-Kleemann 1992b:43) derzeit über gleichstellungspolitische Fragen entscheidet. Geheimdiplomatie ist keineswegs mit »lebendiger Demokratie« vereinbar, wie sie selbst das Bundesverfassungsgericht in seiner Pro-Maastricht-Entscheidung festgeschrieben hat (Frankfurter Rundschau vom 13.10.1993). Auf dem frauenpolitischen Feld schlägt sich das europäische Demokratie- und Öffentlichkeitsdefizit noch schärfer als in anderen Politikfeldern nieder, da Frauenpolitik maßgeblich von nichtinstitutionellen Akteurinnen vorangetrieben wird. Warum Frauen und Frauenbewegungen bislang ebenso wenig als außerparlamentarische Gegenöffentlichkeit auftraten wie andere soziale Bewegungen, läßt sich u.a. mit der »Zersplitterung und Einmauerung« europäischer Frauenpolitik durch die Vielzahl von auf EG-Ebene mit Gleichstellungspolitik befaßten Gremien erklären (Schunter-Kleemann 1992b:37). Die feministische Haltung zum europäischen Projekt ist zudem diffus und abwartend, obwohl bereits deutlich absehbar ist, daß Frauen *als Geschlecht* nicht zu den GewinnerInnen der in ihren Grundzügen patriarchalen Vereinigung gehören. In keinem europäischen (Unions-) Staat gibt es bislang ein eindeutiges feministisches pro oder contra zur Europäischen Union. Doch ist noch längst nicht erschöpfend geklärt, warum »Europa« nicht zu den Politisierungsfeldern der Frauenbewegung (hierzulande und überall im Europa der Zwölf) gehört.

Damit ist eines der feministischen Forschungsdefizite zum Thema benannt. Die europäische Integration als *Verlustgeschäft* für Frauen ist allerdings differenziert zu betrachten: in ihren ökonomischen und sozialen Aspekten, auf der Ebene der Chancen politischer Partizipation und im Hinblick auf die Interessensvielfalt in der europäischen *Frauenöffentlichkeit.* Verlustbereiche seien hier nur kursorisch benannt: Steigerungsraten der Frauenerwerbstätigkeit in vielen europäischen Ländern gingen einher mit der Umstellung der Wirtschaft auf ungesicherte, schlechtentlohnte Teilzeitarbeitsplätze oder sogenannte »geringfügige Beschäftigungen« (zu einem Großteil Frauenarbeitsplätze) und dem Abbau sozialer Sicherungen. In Zeiten ökonomischer Krisen sind Frauen aber auch von Erwerbslosigkeit besonders betroffen. Dies kennzeichnet indes lediglich die Situation weißer Europäerinnen. Frauen anderer Kulturen und Kontinente, die als Flüchtlingsfrauen, Asylsuchende, Kriegsopfer, Sexarbeiterinnen und gehandelte Frauen etwa in der Bundesrepublik sind, müssen unter menschenunwürdigen Existenzbedingungen leben, die durch die »Festung Europa« nochmals verschärft werden.

Es ist also höchste Zeit, den insgesamt nur von wenigen Frauen begonnenen Diskussionsprozeß aufzunehmen, fortzusetzen und zu verbreitern. Das männliche Deutungsmonopol in Sachen Europa ist aufzubrechen. Wir wissen uns hier in Übereinstimmung mit den »beiträgen zur feministischen theorie und praxis«, die unter dem Titel »Europa einig Vaterland?« ihr Heft 34/1993 der Problematisierung der europäischen »Supernation« (Editorial 1993:6) und feministischen Perspektiven darin gewidmet haben. Unser Beitrag zu dieser überfälligen Diskussion steht unter der Überschrift »Das unsichtbare Geschlecht der Europa«. Europas unsichtbares Geschlecht – das sind die europäischen Frauen, deren politische, ökonomische und soziale Situation in den politischen und wissenschaftlichen Männerdebatten um das vielbeschworene europäische Haus keinerlei Berücksichtigung findet (Kreile 1992; Gabriel 1992). Ob Wirtschafts-, Außen- oder Innenpolitik, ob osteuropäische Transformationsprozesse oder die Frage nach demokratischen Strukturen in der EU – Frauen werden in diesem Diskurs nicht mitgedacht, geschweige denn zum Ausgangspunkt der Analyse gemacht. Europas unsichtbares Geschlecht – das ist zudem die in Strukturen und Verfahren verfestigte männliche Prägung des europäischen Einigungsprozesses, der als geschlechtlich strukturierter Vorgang *unsichtbar* bleibt.

An ausgewählten Politikfeldern (Lohnpolitik, Technologiepolitik und Sozialpolitik) und an den Problemfeldern »Staatsbürgerinnenschaft«, »innere Sicherheit«, »Umbruch in Osteuropa« wird im vorliegenden Band untersucht, in welcher Weise der europäische Integrationsprozeß das Geschlechterverhältnis (neu-)strukturiert. Die Einzelanalysen stehen im Kontext des Überblicksartikels von *Susanne Schunter-Kleemann*, der die Konturen gesamteuropäischer Patriarchalisierungstendenzen benennt. Die folgenden Beiträge beleuchten vielfältige Aspekte der europäischen Integration aus Frauensicht. Mit Sicherheit sind es nicht *alle* Aspekte, die nötig wären, um den widersprüchlichen Prozeß von Einigung, Zerfall und Restrukturierung von Herrschaft über Frauen völlig durchschaubar zu machen. Doch fordern alle Beiträge zur weiteren Diskussion heraus. Die Autorinnen lassen sich in ihren kritischen Untersuchungen von der Vision eines sozial gerechten, demokratischen, friedlichen und frauenfreundlichen Europa leiten. Gemessen an dieser Utopie kann die Wirklichkeit nicht bestehen; das Europa, das wir wollen, gibt es nicht, und die gesellschaftlichen Entwicklungen scheinen sich in absehbarer Zeit auch nicht in diese Richtung zu bewegen. Das sollte uns von kritischer feministischer Reflexion über Europa, der Formulierung unserer Ansprüche an Europa und der Diskussion um ein anderes Europa jedoch nicht abhalten.

Das europäische Geschlechterarrangement kommt in den folgenden Beiträgen sowohl auf der gesamteuropäischen Ebene, als »Europatriarchat« also, wie auch in den Konsequenzen für nationale Politiken in Europa zur Sprache. Politische Partizipation, ökonomische und soziale Teilhabe von Frauen muß im Zwittergebilde Europa, weder Staatenbund noch Bundesstaat (Leicht 1993:4), stets unter doppelter Perspektive betrachtet werden. Die

Verbindung zwischen frauenpolitischen Strategien in den einzelnen EU-Ländern und frauenpolitischen Zielsetzungen auf supranationaler Ebene, vor allem die Rückwirkung gesamteuropäischer Gleichstellungskonzepte auf nationalstaatliche Frauenpolitiken sowie auf die soziale und politische Situation von Frauen bedarf der politikwissenschaftlichen Untersuchung und politischen Auseinandersetzung, sollen nationale wie supranationale Institutionen und deren Verflechtung nicht frauenausschließende Strukturen reproduzieren.

Hier setzt der grundlegende Beitrag von *Susanne Schunter-Kleemann* an. Sie vertritt die These, daß die EU in ihrer jetzigen Gestalt nicht zum Motor der Frauenemanzipation in Europa werden kann. Zwar haben die europäischen Frauenbewegungen auf die EG-Administration ausgestrahlt und frauenpolitische Institutionen initiiert, doch sind die Einfluß- und Durchsetzungschancen für Frauenpolitik auf EG-Ebene sehr gering. Die EG-Frauenpolitik ist vielmehr ein »gouvernemental verformter Staatsfeminismus« mit geringem Handlungsspielraum für feministische Politik. Drei Konzepte zur Geschlechtergleichbehandlung lassen sich in der EG ausmachen: eine sozialdemokratisch-sozialistische Position, die erwerbsarbeitsorientiert ist, eine konservative Richtung, die bevölkerungs- und familienpolitische Perspektiven favorisiert, sowie eine neoliberale Position, die auf einem formalrechtlichen Gleichstellungsbegriff basiert und Frauen als flexible Ware Arbeitskraft erhalten will. Allen daran anknüpfenden frauenpolitischen Maßnahmen der EG liegt nicht nur ein fragwürdiger Gleichstellungsbegriff zugrunde, der Frauen fast ausschließlich als »Problemgruppe des Arbeitsmarktes« faßt – die »Problemgruppe Frau« wird zudem bürokratisch verwaltet.

Die Durchsetzung von frauenpolitischen Zielen und Gleichbehandlungsrichtlinien ist mit zahlreichen institutionellen Blockaden konfrontiert. So sind die frauenpolitischen Entschließungen des Europaparlaments ohne Rechtsgültigkeit in den einzelnen Ländern der EU; die auf EU-Ebene in der Regel von Sozialministern gefaßten frauenpolitischen Beschlüsse werden in den Ländern im Kompetenzgestrüpp von Sozial-, Familien-, und Frauenministerien auf die lange Bank geschoben; eine der höchsten frauenpolitischen Hürden ist indes der undemokratische Ministerrat, in dem kaum Frauen vertreten sind, der seine Entscheidungen nicht-öffentlich fällt und der gegen die Einflußnahme von Frauenbewegungen immunisiert ist.

Im Anschluß an diese Gesamteinschätzung der EG-Frauenpolitik untersuchen die Autorinnen der folgenden Beiträge exemplarische Felder europäischer Frauen- und Geschlechterpolitiken. *Anni Weiler* stellt die Frage, wie eine europäische Frauenlohnpolitik aussehen müßte, damit die noch immer existierende Lohnungleichheit zwischen Männern und Frauen in Gesamteuropa beseitigt werden könnte. Die Autorin kritisiert, ebenso wie Susanne Schunter-Kleemann, den unzulänglichen Gleichheitsbegriff der EG und der einzelnen EG-Staaten. In der verkürzten Problemdefinition des Europäischen Gerichtshofes (EuGH) liegt Lohndiskriminierung nur dann vor, wenn Frauen von Maßnahmen stärker betroffen und damit schlechter gestellt sind als ihre männlichen Kollegen. Geschlechtsspezifische Entlohnung ist demgegenüber, so die These von Anni Weiler, ein strukturelles Problem. Lohndiskriminierung läßt sich nicht von Arbeitsplatzdiskriminierung trennen, wie dies in der Rechtssprechungspraxis des EuGH der Fall ist. Lohndiskriminierung ist nichts anderes als der in Lohn gefaßte Ausdruck der sozialen Statusdefinition von Frauen und kann deshalb nur durch Strukturveränderungen aufgehoben werden. In der Bundesrepublik ist die analytische Arbeitsplatzbewertung die Ursache struktureller geschlechtsspezifischer Lohndiskriminierung: Die Anforderungskriterien schreiben frauendiskriminierende Bewertungskategorien und -maßstäbe fest. Die EG aber favorisiert dieses Modell, das zur Vergrößerung der Lücke zwischen Frauen- und Männerlöhnen führt.

Die Industriepolitik der EG im Bereich Biotechnologie untersucht *Elisabeth Gerhards*. Am Beispiel des EG-Genomprojekts zeigt sie zum ersten die Problematik der Kontrolle supranationaler Akteure und Entscheidungen auf und weist nach, wie auch auf EG-Ebene Industrie- und Technologiepolitik frauendiskriminierende, undemokratische Strukturen reproduzieren. Die globale Vernetzung der Technologiepolitik höhlt ihre demokratische Kontrolle vollends aus; stattdessen können finanzstarke und global agierende Lobbyisten wie die chemisch-pharmazeutische Industrie größeren Einfluß auf politische Entscheidungen gewinnen. Nationale Begrenzungen ethisch umstrittener Forschungsvorhaben können durch ihre Europäisierung umgangen werden. Der Verlust von Transparenz technologiepolitischer Entscheidungen auf EG-Ebene hat zum zweiten die Institutionalisierung gentechnologischer Problemdefinitionen zur Folge, die entscheidende geschlechtsspezifische Implikationen bergen. Die ideologiekritische Analyse von Dokumenten zur Technologiepolitik der EG zeigt, daß die Leistungsoptimierung der äußeren und inneren Natur den Kern der Biotechnologiepolitik bilden: Natur wird zur konstruierbaren Größe. Der zugrundeliegende genetische Reduktionismus kann schließlich der Legitimation für die sukzessive Beschneidung des Selbstbestimmungsrechts von Frauen dienen. Nicht zuletzt, so ein Ergebnis von Elisabeth Gerhards, deuten sich in den Dokumenten eugenische Begründungen für das Genomprojekt an.

Das vielgerühmte schwedische Sozialstaatsmodell erweist sich bei näherer Betrachtung nicht als Königinnenweg in die frauenfreundliche Gesellschaft und kann nicht als Modell für eine europäische Frauenpolitik fungieren, wie *Teresa Kulawik* feststellt. Zwar betrieb das schwedische sozialdemokratische Regime bis 1992 eine »universalistische« Sozialpolitik mit dem Ziel, alle Bevölkerungsgruppen gleichermaßen von sozialpolitischen Maßnahmen profitieren zu lassen. Doch diesen frauenpolitischen Errungenschaften des schwedischen Wohlfahrtsstaates lag ein gravierender Widerspruch zugrunde: Staatliche Sozialpolitik war stets konstitutives Element der Produktivitätssteigerung, d.h. der unterschiedlichen Verteilung von ökonomischer Macht, und eben nicht des Ausgleichs ökonomischer Macht. Auch das schwedische Modell war ein produktivistisches Modell, sein eigentliches Ziel nicht die Berücksichtigung von Fraueninteressen. So gesehen war die wohlfahrtsstaatliche Anerkennung der Geschlechterdifferenz nichts weiter als die Aufnahme der Frauen in das männliche Konzept des Arbeitsbürgers. Spätestens in ökonomischen Krisenzeiten zeigen sich die geschlechtsspezifischen Diskriminierungsstrukturen des sozialdemokratischen Universalismus deutlich. »Generöse Sozialpolitik« wird dann auf das Maß des männlichen Erwerbsbürgers zurückgeschnitten.

Daß die »Idee Europa« geographisch auf Westeuropa in Zeiten des »Kalten Krieges« beschränkt ist und Nicht-EuropäerInnen in und außerhalb dieses Raumes ausschließt, reflektieren die folgenden drei Beiträge. Nach dem Zusammenbruch der kommunistischen Regime in Ost- und Mitteleuropa und seit der veränderten politischen Geographie in Deutschland werden auch die Geschlechterverhältnisse im europäischen Transformationsprozeß neu strukturiert: Der Übergang von der zentralen Planwirtschaft zur Marktwirtschaft in Rußland restituiert eine neue (alte) »Geschlechtermoral« (Alexandra Kollontai), und im Konzept der »Festung Europa« bilden Sexismus und Rassismus die politisch-kulturelle Grundierung dafür, Frauen als »Andere« und »Fremde« zu diskriminieren.

Der Beitrag von *Britta Schmitt* weist darauf hin, wie wichtig es für die Untersuchung der Transformationsprozesse in Europa ist, den östlichen Rand Europas »mitzudenken«. Die Autorin gibt mit ihren Ausführungen über das Zusammenspiel von kommunistischen und postsozialistischen Frauenpolitiken am Beispiel Rußlands Einblicke in den schwierigen Transformationsprozeß, wie er sich in den Staaten Ost- und Mitteleuropas vollzieht. Sie kennzeichnet die derzeitige Situation der Frauenpolitik in den Ländern der Gemeinschaft unabhängiger Staaten (GUS) als Übergangsphase von der Sowjetära zur Russifizierung. Die »sowjetisch-russische Frauenpolitik« ist eine Mischung aus frauenpolitischen Elementen sowjetischen Typs, die das Geschlechterverhältnis so formten, daß es nahezu ungebrochen zu einem funktionalen Element postsozialistischer Frauenpolitik gemacht werden konnte, und neuen frauenpolitischen Zielsetzungen seit dem Zerfall der Sowjetunion. Im Unterschied zur sowjetischen Frauenpolitik, die auf die möglichst vollständige Integration von Frauen in den Erwerbsbereich abzielte, ist die sowjetisch-russische Frauenpolitik pronatalistisch und bevölkerungspolitisch orientiert. Die einst vergesellschafteten Arbeiten werden zunehmend in die Familie zurückverlagert und müssen dort selbstverständlich von Frauen übernommen werden. Gleichzeitig werden Frauen im Prozeß ökonomischer Umstrukturierungen aus der Produktion verdrängt. Der Übergang zu marktwirtschaftlichen Mechanismen hat bereits zu einer neuen Sozialstruktur geführt, zu einer Klassenbildung mit Erwerbslosigkeit und Armut, von denen Frauen am stärksten betroffen sind.

Wegen der ökonomischen Misere in den GUS-Staaten und in Polen kommen, wie *Diana Hummel* in ihrem Beitrag ausführt, viele gutausgebildete Frauen als Sexarbeiterinnen bzw. gehandelte Frauen nach Deutschland. Frauenhandel, so die Prämisse von Diana Hummel, ist eine Variante der internationalen geschlechtsspezifischen Arbeitsteilung und deshalb weder durch nationale noch durch europäische Verbote und Strafmaßnahmen zu beseitigen. Das vereinte Europa beschränkt sich in seinem vorgeblichen Versuch, Frauenhandel zu unterbinden, vornehmlich auf frauendiskriminierende Strafmaßnahmen: Migrantinnen und gehandelte Frauen sind in besonders drastischer Weise von der gesamteuropäischen Sicherheitspolitik betroffen. Das Konzept der »Festung Europa«, wie es sich bislang im Schengener Informationssystem und in der Vereinbarung gegen »Terrorismus, Radikalismus, Extremismus und internationale Gewalt« (TREVI) materialisiert, bewirkt eine verstärkte Verfolgung und Illegalisierung der betroffenen Frauen. In der Bundesrepublik gilt Sexarbeit sicherheitspolitisch und polizeitechnisch als internationale Kriminalität und wird entsprechend der Vereinbarungen gegen internationale Gewaltkriminalität verfolgt. Durch diese Kriminalisierung der Frauen kann jedoch weder der Frauenhandel unterbunden, noch adäquate Hilfe für Frauen geleistet werden. Die gesamteuropäischen Vereinbarungen sind nicht nur sexistisch, in ihnen ist auch Rassismus institutionalisiert: In der Bundesrepublik beispielsweise hat die Polizei die Anweisung, Kontrollen und

Razzien anhand des Aussehens der Menschen vorzunehmen. Die Sicherheitspolitik der europäischen Staaten ist nicht an einer Verbesserung der Situation der Migrantinnen und gehandelten Frauen interessiert, sondern vielmehr daran orientiert, daß der Nationalstaat sein Gewaltmonopol auf Kosten dieser Frauen durchsetzt.

Im Zentrum der Ausführungen von *Gotlinde Magiriba Lwanga* steht die Frage nach der Bedeutung von Staatsangehörigkeit für Frauen. Der Konnotationsraum von »wir Frauen«, von »Frauenrechten« und »der« Lebenssituation von Frauen aus der Perspektive sogenannter mainstream-Feministinnen folgt, wie Gotlinde Magiriba Lwanga aufzeigt, weitgehend den geltenden staatsrechtlichen Rahmenbedingungen für Zugehörigkeit bzw. Nicht-Zugehörigkeit – ob zum Gemeinwesen der Bundesrepublik oder zur Europäischen Union. Die Wahrnehmung von Bürgerinnenrechten ist in Deutschland an die Staatsangehörigkeit geknüpft, oder anders ausgedrückt: Staatsbürger(innen)-schaft hat die Staatsangehörigkeit zur Voraussetzung. Merkmal des besonderen Rassismus ist die rechtliche Konstruktion, über die wesentliche Teile der Bevölkerung zu AusländerInnen gemacht werden, indem ihnen per definitionem in Deutschland kein »Recht auf Heimat« eingeräumt wird. Daß nichtstaatsangehörige Frauen in Deutschland sich grundsätzlich in einem Status der Nicht-Gleichberechtigung mit Frauen deutscher Staatsangehörigkeit befinden, wird nicht reflektiert. Vielmehr erachten – wie insbesondere in der Diskussion um Frauenrechte in der »neuen« Verfassung deutlich wurde – mehrheitsdeutsche Frauen ihre Zugehörigkeit für selbstverständlich und machen sie zum Ausgangspunkt für Forderungen. Dadurch bewegen sich die Forderungen nicht in Opposition zum herrschenden staatlichen System von Volk und Nation, sondern bedeuten eine Reform innerhalb der dominanten Machtstruktur, von der allenfalls »Dazugehörige« profitieren. Die Muster der Ein- und Ausgrenzung über die Konzepte von Staatsangehörigkeit und Bürgerinnenrechten setzen sich auch in den feministischen Analysen über die Bedeutung der europäischen Vereinigung fort. Dringend erforderlich sind deswegen genaue Analysen und klare Konzepte, wie auf beiden Ebenen – der nationalen und der europäischen – Frauen ein- und ausgrenzende Organisationsprinzipien überwunden werden können.

Von Konzepten – und erst recht klaren Konzepten – sind wir allerdings noch weit entfernt. Die Diskussion um Europa hat erst begonnen, die zentralen Fragestellungen dieser Debatte werden gerade erst formuliert, ohne ad hoc beantwortet werden zu können. Wie unterscheiden sich die europäischen Nationalstaaten nicht nur in ihren Frauen-, sondern auch in ihren Geschlechterpolitiken? Welche Angleichungen sind zu erwarten, zu prognostizieren, zu befürchten? Welche Position sollen die europäischen Frauenbewegungen zum europäischen Projekt einnehmen? Wäre auf Integration oder Desintegration zu setzen, oder müßte dem widersprüchlichen Prozeß von Einigung und Zerfall mit der Perspektive eines ganz anderen Weges begegnet werden, der aus dem patriarchalen Projekt hinausführt, sich also nicht in der Falle der ihm innewohnenden Widersprüche verfängt? Welche politischen Perspektiven ergeben sich für Feministinnen aus den beiden gegenteiligen Bewegungen in Europa: dem enger werdenden supranationalen Zusammenschluß sowie den fortschreitenden nationalstaatlichen Neubildungen und dem in allen europäischen Staaten stärker werdenden Nationalismus? – Für feministische Politikwissenschaftlerinnen wahrlich ein weites Feld offener Forschungsfragen, in dem alle dringlichen weltpolitischen Fragestellungen Resonanz erzeugen. Die Autorinnen dieses Bandes regen dazu an, das Geschlecht der Europa wissenschaftlich und politisch sichtbar zu machen *und* sich in die Auseinandersetzung um Konzepte für »die Europa« zu begeben.

Abschließend möchten wir im Namen des Arbeitskreises »Politik und Geschlecht« in der Deutschen Vereinigung für Politische Wissenschaft der Hessischen Landeszentrale für Politische Bildung, Referat VII, und der Kommission der Europäischen Gemeinschaften, Generaldirektion »Beschäftigung, Arbeitsbeziehungen und soziale Angelegenheiten« für die Bezuschussung der Tagung, auf der dieser Sammelband basiert, herzlich danken. Ein besonders herzliches Dankeschön gebührt Petra Schäfter, die das Typoskript mit großer Professionalität und viel Koordinierungsphantasie erstellt hat.

Berlin, Frankfurt/Main, Seoul. Dezember 1993

Literatur

beiträge zur feministischen theorie und praxis 34 (1993), *Europa einig Vaterland?*, Köln.

Christie, Kenneth (1992), *New Concepts of Security in Europe*, Paper scheduled for delivery on the panel »Conceptions of European Security« at the ECPR Standing Group on International Relations, Heidelberg 16.-20.09.1992, unveröff. Manuskript.

Editorial (1993), in: *beiträge zur feministischen theorie und praxis* 34, Europa einig Vaterland?, Köln, S. 5-7.

Esser, Josef (1992), *Transnationale Unternehmen und politische Regulierung*, Deutsche Fassung eines in Englisch gehaltenen Vortrags beim Symposium der Andrew Shonfield Association, 26.-28.3.1992, Europäisches Hochschulinstitut, Florenz, Manuskript.

Gabriel, Oscar W. (Hg.) (1992), *Die EG-Staaten im Vergleich*, Strukturen, Prozesse, Politikinhalte, Opladen.

Gerhards, Jürgen (1993), *Westeuropäische Integration und die Schwierigkeiten der Entstehung einer europäischen Öffentlichkeit*, Berlin (Discussion Paper FS III 93-101; Wissenschaftszentrum Berlin).

Hörburger, Hortense (1991), *Europas Frauen fordern mehr*, 2. Aufl., Marburg.

Inaugural Pan-European Conference in International Relations (1992), *European consortium for political research*, standing group on international relations, Panel Sessions, 16.-20.09.1992, Heidelberg.

Kreile, Michael (Hg.) (1992), *Die Integration Europas*, Opladen.

Leicht, Robert (1993), Unsere Zukunft ist Europa, in: *Die ZEIT* Nr. 46 vom 12.11.1993, S. 4.

Schunter-Kleemann, Susanne (Hg.) (1990), *EG-Binnenmarkt – EuroPatriarchat oder Aufbruch der Frauen?* Bremen (Schriftenreihe der Wissenschaftlichen Einheit Frauenstudien und Frauenforschung an der Hochschule Bremen; Bd.2).

Schunter-Kleemann, Susanne (Hg.) (1992a), *Herrenhaus Europa: Geschlechterverhältnisse im Wohlfahrtsstaat*, Berlin.

Schunter-Kleemann, Susanne (1992b), Das Demokratiedefizit der EG und die Verrechtlichung der Frauenfrage, in: Dies. (Hg.), *Herrenhaus Europa: Geschlechterverhältnisse im Wohlfahrtsstaat*, Berlin, S. 29-58.

Das Demokratiedefizit der Europäischen Union und die Frauenpolitik

Susanne Schunter-Kleemann

Ich möchte der Frage nachgehen, inwieweit die politischen Ziele, die die europäischen Frauen in den 70er und 80er Jahren verfolgt haben, bei der administrativen Bearbeitung durch die supranationalen Organe weiterverfolgt und befördert werden konnten. Untersucht werden soll insbesondere, ob das vielerseits kritisierte »Demokratiedefizit«, das die Gemeinschafts-Behörden ja seit ihren Anfängen begleitet, nicht notwendigerweise auch auf die Konzeption und Durchführung von Gleichstellungspolitik durchschlagen mußte. Auch der der Frauenförderpolitik zugrundeliegende »Gleichbehandlungsbegriff« soll auf seinen ideologischen Gehalt und auf soziale Folgewirkungen hin geprüft werden. Überraschend ist zunächst die große Zahl von Gremien, die sich auf EU-Ebene mit Fragen der Gleichbehandlung von Frau und Mann befassen. Zu nennen sind:

- das Europäische Parlament (EP) mit seinem Ständigen Ausschuß für die Rechte der Frau;
- das EU-Kommissariat für Beschäftigung, Soziale Angelegenheiten und Ausbildung (Generaldirektion V) mit dem Referat für Chancengleichheit;
- der Wirtschafts- und Sozialausschuß (WSA);
- der EU-Ministerrat (MR);
- der Europäische Gerichtshof (EuGH);
- der Europäische Sozialfonds (ESF).

Neben diesen zentralen europäischen Institutionen wurden in den 80er Jahren weitere informelle Gremien zur Beratung der EU-Kommission in Gleichstellungsfragen geschaffen. Hierzu gehören:

- der Beratende Ausschuß für Frauenfragen (1982);
- Expertenkreise für Chancengleichheit und Beobachtung der nationalen Familienpolitiken (1982-1989);

- Europäische Frauennetzwerke (1982-1993);
- die europäische Frauenlobby (1990).

Läßt man die Fülle der Organe Revue passieren, die auf allen Entscheidungsebenen in Brüssel eingerichtet wurden, um die Gleichbehandlung von Frauen und Männern zu gewährleisten, dann ist unübersehbar: Die Wellen der feministischen Bewegung haben auch die europäischen »Verfassungsorgane« erreicht. Die europaweite Frauenbewegung hat bis in die EG-Gremien hinein ausgestrahlt, es wurden die institutionellen Voraussetzungen für eine Bearbeitung von Gleichstellungsproblemen durch die supranationalen Behörden geschaffen. Dies ist zunächst wohl uneingeschränkt als Erfolg der europäischen Frauenbewegungen zu bewerten.

Mit Genugtuung wird denn auch von EU-Politikerinnen erklärt, daß die EU mit der Verabschiedung von inzwischen fünf Gleichbehandlungsrichtlinien und drei Aktionsprogrammen zur Chancengleichheit von Frauen und Männern zu einem der »fortgeschrittensten Rechtsräume der Welt in diesem Feld« gediehen sei (D'Ancona 1988:173). Auch die bundesdeutsche, vor allem von JuristInnen geführte Diskussion der europäischen Gleichbehandlungspolitik kommt in ihren Einschätzungen zu – im Grundtenor – positiven Bewertungen der bisherigen Brüsseler Initiativen (Bieback 1990; Colneric 1988; Dieball 1991; Langenfeld 1990; Raasch 1990).

Meine persönliche Bewertung, die maßgeblich von der angelsächsischen feministischen Debatte beeinflußt wurde (Hoskyns 1986; Hoskyns/Luckhaus 1989; Luckhaus 1990a und 1990b), fällt erheblich skeptischer aus:

Meines Erachtens hat das Zurkenntnisnehmen von Frauen als einer »Problemgruppe des Arbeitsmarktes« und die damit einhergehende »Verrechtlichung der Frauenfrage« durch die suprastaatlichen Behörden keineswegs zur Folge gehabt hat, daß die Gemeinschaft – wie zuweilen behauptet – einen »Motor der Frauenemanzipation« darstellt.

Es drängt sich stattdessen der Eindruck auf, daß die besondere Art und Weise, *wie* die EU-Behörden die Gleichbehandlungspolitik in Recht gegossen haben, zu einem *bürokratisch und gouvernemental verformten Staatsfeminismus* geführt hat. Um diese – recht ketzerische – These zu untermauern, sollen die genannten Gremien der EU, die sich im weitesten Sinn mit Fragen der Gleichbehandlung befassen, im Strukturgefüge der EU dargestellt und in bezug auf ihre Aufgaben, ihre Kompetenzen und ihre demokratische Legitimation hin untersucht werden. Es geht mir also zunächst darum, etwas Transparenz in die Entscheidungsabläufe in bezug auf Frauenpolitik zu bringen. Welche Rolle und Einflußmöglichkeiten haben die genannten Gremien im Dickicht der EU-Bürokratie? Zur Debatte steht damit zunächst die »Politikgestaltungsfunktion« des Europaparlaments (EP) und seines Ständigen Ausschusses für die Rechte der Frau. Anschließend sollen die Möglichkeiten der Beeinflussung und Kontrolle frauenpolitischer Gesetzgebung auf Kommissions- und Ministerratsebene durch das Europäische Parlament erörtert werden.

In einem zweiten Teil sollen die fünf bisher verabschiedeten Richtlinien zur Gleichbehandlung von Mann und Frau und weitere Richtlinienentwürfe zur Geschlechtergleichstellung hinsichtlich ihres normativen Gehalts und hinsichtlich ihrer emanzipativen Reichweite erörtert werden. Die Motive und Ziele, die mit ihnen verfolgt wurden sollen eingeschätzt werden.

Im Vorgriff läßt sich sagen, daß ein Problem dieser Richtlinien – und damit ein grundsätzliches Dilemma der EU-Frauenpolitik – im folgenden liegt: Sie sind bei den Hauptadressatinnen, den Frauen, die sich auf sie berufen könnten, weitgehend unbekannt, während die politischen Instanzen, die sie umsetzen sollten, sie häufig eher blockieren und behindern.

Enger und weiter Diskriminierungsbegriff

Seit der Verabschiedung der drei ersten Gleichbehandlungsrichtlinien in den Jahren 1975-1978, die maßgeblich von der EG-Kommission erarbeitet wurden, ist eine Gewichtsverlagerung der Frauenförderpolitik hin zum Europaparlament (EP), besser noch zum Ständigen Ausschuß für die Rechte der Frau, festzustellen, der auf Druck der weiblichen Abgeordneten Anfang der 80er Jahre beim Europaparlament angesiedelt wurde. Alle wesentlichen frauenpolitischen Initiativen der 80er Jahre haben hier ihren Ursprung. Seit den Direktwahlen im Jahr 1979 hat das EP seinen Arbeitsbereich auch weit über die engen, ökonomischen Ziele, die im EWG-Vertrag von 1957 vorgesehen waren, ausgeweitet (Artikel 119 EWGV bezieht sich nur auf gleiches Entgelt für Männer und Frauen). Die Europa-Abgeordneten haben ein sehr weites Spektrum von Diskriminierungstatbeständen zum Thema parlamentarischer Debatten gemacht. Standen zunächst die vielfältigen Benachteiligungen, die Frauen im Erwerbsbereich erfahren, im Zentrum der Gleichbehandlungspolitik, so wurden später auch die verschiedensten Erscheinungen struktureller und personaler Gewalt zum Gegenstand parlamentarischer Untersuchung.

Die spezifischen Formen der geschlechtlichen Arbeitsteilung wurden als ein besonderer Benachteiligungszusammenhang bewertet, der die Degradierung von Frauen immer wieder von neuem herstellt. Gegenüber den sich in Einklang mit der Frauenbewegung entwickelnden und erweiternden Vorstellungen von Frauenunterdrückung beharrten die maßgeblichen Entscheidungsgremien Kommission, Ministerrat und Europäischer Gerichtshof (EuGH) auf einem »engen«, ausschließlich auf die Erwerbssphäre bezogenen »Benachteiligungsbegriff«.

Demzufolge sind die Handlungsmöglichkeiten der Gemeinschaftsorgane ausschließlich auf das Marktgeschehen und die Sicherung des freien Wettbewerbs bezogen. Aus diesem Ansatz folgt, daß die bisherige EU-Politik zur Geschlechtergleichbehandlung sich ausschließlich auf Probleme erstreckt, die Frauen als Erwerbsarbeitskräfte – als Arbeitnehmerinnen oder als Selbständige – betreffen.

Die bisher verabschiedeten Gleichbehandlungsdirektiven der EU sind in ihrer Reichweite also ausdrücklich auf Diskriminierungstatbestände begrenzt, die Frauen in ihren »Marktzugangs- und Marktbetätigungsrechten« einschränken (Däubler 1990:103). Das gemeinschaftliche Sozialrecht ist mithin durch eine scharfe Unterscheidung von Arbeitswelt und Familiensphäre geprägt. Es befaßt sich ausschließlich mit ersterer und ist insofern »ökonomisches« Sozialrecht. Damit wird allerdings eine Trennung festgeschrieben, die dem weiblichen Geschlecht jahrhundertelang den Zugang zur öffentlichen Sphäre und damit zu wirtschaftlicher Unabhängigkeit versperrt hat. Auch der Europäische Gerichtshof versteht sich zu dieser Begrenzung seines Handlungsauftrags u.a. in der »Hofmann-Entscheidung«: Dort heißt es, daß die Richtlinie zur Gleichbehandlung beim Zugang zum Beruf (1976) keineswegs zum Ziel habe, Fragen der internen Familienverhältnisse zu regeln oder etwa die Aufgabenteilung zwischen den Eltern zu ändern.[1] Demgegenüber war in den verschiedenen Expertisen des Europäischen Parlaments bezüglich der sozialen Sicherungspolitik von Frauen ausdrücklich als Ziel »die Erweiterung des Systems der sozialen Sicherheit auf die verschiedenen familiären Situationen der Frauen und der von ihnen ausgeübten Tätigkeiten« gefordert worden (EP-Sitzungsdokumente 1988:21). Entsprechend orientierten sich verschiedene Richtlinienentwürfe zur Gleichbehandlung von Mann und Frau auf die Frage wie die in den sozialen Sicherungssystemen noch gegebenen Elemente

---

1 vgl. RS 184/83 vom 12.7.1984, Hofmann/Barmer Ersatzkasse, in: Neue Juristische Wochenschrift 1984:2754)

der Familiensubsidiarität durch eine »Individualisierung der Rechtsansprüche« ersetzt werden könnten.

Wenn man ins Detail des politischen Aushandlungsprozesses der zweiten Gleichbehandlungs-Richtlinie geht, müßte man eigentlich sagen, daß die dort beschlossene Ausklammerung der Bedeutung von Familienpflichten für die Erwerbssituation der Frau ein Paradebeispiel dafür war und ist, wie die EG-Bürokratie Gleichbehandlungsfragen handhabt.

Es hing nur teilweise mit Zweifeln über die Kompetenzverteilung zwischen EG und Mitgliedsstaaten, eher mit einer patriarchalen Blindheit in bezug auf die Bedeutung der familiären Aufgaben von Frauen für ihre Stellung auf dem Arbeitsmarkt zusammen, daß man sich schließlich dafür entschied, nur die Gleichbehandlung in der Erwerbssphäre in den Geltungsumfang dieser Richtlinie einzuschließen. Eine Frau, die an den ersten Verhandlungen über die »Zugangsrichtlinie» beteiligt war, war so entsetzt bei dem Anblick der zehn Männer, die den Entwurf in einer Arbeitsgruppe abschliessend diskutierten, daß sie die zweite Gleichbehandlungs-Richtlinie später nur noch als »männliches Reglement für Frauenrechte« bezeichnete. In dem Maße, wie die Diskussion der »Zugangsrichtlinie« die bürokratische Leiter über die Kommission zum Ministerrat hinaufkletterte, nahm die Zahl der Menschen ab, die die Brisanz dieses Themas überhaupt noch erkannten. Wie Catherine Hoskyns unterstreicht, handelt es sich also eigentlich eher um einen Prozeß des »schrittweisen Aufzwingens patriarchaler Sichtweisen«, wenn wir sehen, daß der Definitionsradius der fünf Gleichbehandlungs-Richtlinien abschließend sehr eng auf Fragen der Erwerbstätigkeit eingegrenzt wurde (Hoskyns 1986:861).

Weitreichende Initiativen des machtlosen Europaparlaments

Vom Ständigen Ausschuß für die Rechte der Frau wurden in den 80er Jahren eine Vielzahl wichtiger Untersuchungen erarbeitet, die vornehmlich das Ziel verfolgten, »die EG-Kommission anzuspornen« (D'Ancona 1988:176). So wurden Anhörungen zu folgenden Themen organisiert:

- Frauenarbeitslosigkeit
- Kinderbetreuung
- Prostitution
- Frauenförderung durch Strukturpolitik

- Arbeits- und Mutterschutz
- Ehegattenbesteuerung
- Sextourismus
- Frauen in den Medien
- Lage der Migrantinnen
- Lage der Frauen in den Entwicklungsländern
- Lage der Frauen in den neuen deutschen Ländern
- Frauen und Gesundheit
- Abtreibungsproblematik
- sexuelle Belästigung am Arbeitsplatz
- Gen- und Reproduktionstechnologien.

Zu den meisten dieser Themen wurden qualifizierte Stellungnahmen in Form von Entschließungen des Europaparlaments verabschiedet. Diese Entschliessungen haben allerdings keinerlei Rechtsverbindlichkeit, sondern sind aufgrund der fehlenden Politikgestaltungsfunktion des EP letztlich nur deklaratorische oder symbolische Politik. Auch die von der EG-Kommission ausgearbeiteten Aktionsprogramme zur Chancengleichheit von Frau und Mann – so bescheiden in Ansatz und Finanzausstattung sie sind – sind wohl nur dank der Zuarbeit und des ständigen Drucks des Ausschusses für die Rechte der Frau zustandegekommen (D'Ancona 1988:176). Rückblickend ist zu sagen, daß der Ständige Ausschuß für die Rechte der Frau das EG-Gremium war, das am sensibelsten die Themen, Kampagnen und Forderungen der europäischen Frauenbewegungen aufgenommen und unermüdlich, wenn auch zumeist erfolglos versucht hat, diese in den Willensbildungsprozeß der EG einzubringen. Sieht man von den zwei 1986 beschlossenen Richtlinien zur Gleichbehandlung von Männern und Frauen bei den Betriebsrenten und bei selbständiger Erwerbsarbeit und der im Oktober 1992 gebilligten Richtlinie zum Schutz Schwangerer und stillender Mütter ab, so mündete die Beschäftigung des EP mit dem oben genannten Themenspektrum nicht mehr in erfolgreichen Gesetzgebungsakten (die »Mutterschutz-Richtlinie« ist m.E. nicht den »Gleichbehandlungs-Richtlinien zuzurechnen, sondern gehört in den weiteren sozialrechtlichen Teil des Aktionsprogramms zur Umsetzung der Gemeinschaftscharta der sozialen Grundrechte). Da das EP – wie gesagt – gesetzgeberische Aktivitäten nicht erzwingen kann, ist nahezu sieben Jahre lang, in bezug auf die Verabschiedung drängender Gleichbehandlungs-Direktiven faktisch also nichts mehr bewegt worden.

Etwas positiver sieht die Bilanz auf dem Feld der Struktur- und Regionalpolitik aus, während m.E. auch die politische und ökonomische Reichweite der drei Aktionsprogramme zur Chancengleichheit aufgrund der völlig unzureichenden Mittelausstattung begrenzt ist. Für das 3. Aktionsprogramm (1991-1995) wurden jährlich nur fünf Millionen ECU bewilligt, das EP hatte 15 Millionen ECU gefordert.

Frauenpolitik auf der Ebene der EG-Kommission – zersplittert und eingemauert

Wie oben dargelegt, stellt die EU-Kommission die Instanz dar, die faktisch die supranationale europäische Politik entwickelt. Alle Vorhaben, Maßnahmen und Gesetze werden von den siebzehn Kommissariaten soweit vorbereitet, daß sie letztlich nur noch vom Ministerrat, der Versammlung der zwölf nationalen Fachminister, verabschiedet werden müssen. Wenn von Macht und Entscheidungsgewalt der EU-Bürokratie gesprochen wird, dann ist letztlich also die Kommissionsebene angesprochen. Was die Frauenpolitik der Kommission betrifft, so liegen die Dinge hier etwas anders: Auf dem Feld der europäischen Gleichbehandlungspolitik sind nur begrenzt Lorbeeren zu ernten. Wie sich anhand des *Büros für Chancengleichheit* zeigen läßt, ist dieses Politikfeld für Zwecke der Machteroberung oder des Machterhalts kaum zu »gebrauchen«:

Kennzeichnend für den sehr beschränkten Handlungsspielraum des Büros für Chancengleichheit, das bei der Generaldirektion Beschäftigung, Soziale Angelegenheiten und Ausbildung (GD V) angesiedelt ist, ist nach Aussage einer langjährigen Abteilungsleiterin dreierlei:

- es verfügt weder über eine ausreichende personelle Stärke,
- noch über ausreichende Finanzmittel,
- noch über einen autonomen politischen Apparat (Quintin 1988:179).

Es gibt also innerhalb der EU-Kommission nichts, was im Rang etwa einem Frauenministerium entsprechen würde.

Gemäß der Einschätzung, daß Frauenprobleme »Querschnittsprobleme« darstellen, erfuhr das Referat Chancengleichheit eine organisatorische Zuordnung zu den jeweiligen Einzelabteilungen des Kommissariats für Soziale Angelegenheiten, Beschäftigung und Ausbildung. Diese ausschließliche Zuordnung der »Gleichbehandlungsfragen« zur Generaldirektion V wirft beträchtliche Probleme auf:

Die Institutionalisierung der Gleichbehandlungspolitik als Querschnittsaufgabe hätte vielleicht Sinn gemacht, wenn sie nicht auf die Generaldirektion »Soziales« beschränkt geblieben wäre, sondern wenn auch die Kommissariate für Wirtschaft, Landwirtschaft, Steuern, Finanzen, Entwicklung, Technologie- und Forschungspolitik u.a. mit Abteilungen für Chancengleichheit ausgestattet worden wären.

Der Querschnittsgedanke wird schließlich ad absurdum geführt, wenn – wie auf Kommissionsebene vorgesehen – keine organisatorische Instanz da ist, die die Gleichbehandlungspolitik zusammenfaßt und die drei Unterabteilungen koordiniert. Das dreigeteilte Referat Chancengleichheit kann aufgrund seiner institutionellen Zersplitterung diese Aufgabe gerade nicht leisten.

Als unlösbares Problem der jetzigen Organisationsform für die Politik der Chancengleichheit sieht die ehemalige Abteilungsleiterin das »Risiko der Ghettobildung mit der Konsequenz einer Frauenpolitik, die keinerlei Einfluß nach Außen besitzt« (Quintin 1988:188). Vielleicht ist mit dieser »Einmauerung«, dieser »institutionellen Isolierung« der erhebliche Verschleiß an Abteilungsleiterinnen im Büro für Chancengleichheit zu erklären.

Es liegt auf der Hand, daß das Referat angesichts einer Fülle von Zuständigkeiten nicht systematisch und flächendeckend arbeiten, sondern bestenfalls einzelne Vorhaben kontinuierlich verfolgen kann.

Die geringen personellen Kapazitäten (20 MitarbeiterInnen) führen schließlich dazu, daß wichtige gleichstellungspolitische Vorhaben jahrelang im bürokratischen Apparat der Kommission vor sich hinschmoren (Swiebel 1991:47).

Kameralistische Geheimdiplomatie entscheidet über Frauenbelange

Passiert ein Richtlinienentwurf die Kommission, dann sind es letztlich die zwölf Arbeits- und Sozialminister aus den nationalen Regierungen, die in »einsamen« Entscheidungen als EU-Ministerrat über gleichstellungspolitische Vorhaben befinden.

Mindestens genauso interessant wie die Liste der viel zitierten fünf Gleichbehandlungs-Richtlinien ist daher die weit umfangreichere Liste der frauenpolitisch relevanten Richtlinienvorhaben, die im Ministerrat wegen fehlender Einstimmigkeit abgeblockt wurden oder die in die Kommission zurückverwiesen wurden mit der Auflage, sie in eine rechtlich unverbindliche »Empfehlung« oder »Mitteilung« umzuarbeiten. Folgende Richtlinienentwürfe wurden bereits in der amtlichen Vorberatung zwischen Kommission und Mitgliedsstaaten in »Mitteilungen« oder »Empfehlungen« abgeschwächt:

- Frauenarbeitslosigkeit (1984)
- Gleichbehandlung in der Einkommensbesteuerung (1986)
- Familienpolitik (1988)
- Kinderbetreuung (1991)
- Sexuelle Belästigung am Arbeitsplatz (1992)

Auf der Ebene des Ministerrats scheiterten u.a. Richtlinienvorschläge zu

- Teilzeitarbeit (1983)
- Elternurlaub (1984)
- Soziale Sicherheit-Ergänzung (Hinterbliebenenrente, Familienzuschläge, Rentenalter) (1989)
- Umkehr der Beweislast (1989)
- Atypische Beschäftigungsverhältnisse (Teile a und b) (1991).

Aus der Sicht der Abgeordneten Hemeldonck arbeiten EG-Ministerrat und nationale Regierungen bei der Blockade oft Hand in Hand:

»Seit fünf Jahren, wie man/frau es sehen will, stagniert die EG an zwei Fronten: erstens entziehen sich die Mitgliedsstaaten ihrer Pflicht, die Richtlinien in die Praxis umzusetzen, und zweitens scheint sich der Rat nicht zu beeilen, die vorliegenden Entwürfe für Richtlinien anzunehmen. Außerdem fehlt es in der Kommission an einer koordinierten, aktiven Politik.« (Hemeldonck 1991:5)

Die Tatsache, daß sozialpolitische Initiativen in Brüssel aufgrund des im Bereich Sozialpolitik noch beinahe durchgehend angewandten Einstimmigkeitsprinzips »abgehängt« werden können, bringt ein grundsätzliches Problem, nämlich das der undemokratischen Entscheidungsfindung in der EG zum Ausdruck.

Bilanzierend ist festzuhalten, daß Frauenpolitik auf europäischer Ebene in einem doppelten »Teufelskreis relativer Machtlosigkeit« verhaftet ist: Eine Weiterentwicklung der Gleichbehandlungspolitik scheitert an der schwachen institutionellen Stellung des Europäischen Parlaments im Verflechtungssystem der Gemeinschaftsorgane. Die absolutistischen Entscheidungen des Ministerrats bzw. des Rats der Staats- und Regierungschefs sind letztlich vom EP nicht beeinflußbar und nicht korrigierbar. Dies wurde auch durch den Vertrag von Maastricht nicht substantiell geändert. Die in Art. 189b EWGV neu vorgesehene Möglichkeit der »Mitentscheidung« des EP in wenigen – von Kommission und Ministerrat offensichtlich als *nicht* zentral angesehenen – Bereichen läuft darauf hinaus, daß das Parlament in einem langwierigen und unübersichtlichen Verfahren Gesetzentwürfe der Kommission zu Fall bringen kann, aber selbst keine zusätzliche Gestaltungskompetenz erhält (Winter 1992:193).

Das im Maastrichter Vertrag enthaltene Abkommen über die Sozialpolitik zwischen elf Mitgliedsstaaten – Großbritannien hat sich wieder verweigert – ermöglicht nun allerdings, Entscheidungen in sogenannten »sozialpolitischen Sachfragen« wie Arbeitsschutz, Arbeitsbedingungen, Unterrichtung und Anhörung der Arbeitnehmer, Chancengleichheit für Männer und Frauen und berufliche Eingliederung von Arbeitslosen mit qualifizierter Mehrheit im Ministerrat abzustimmen. In diesen Fragen erhält das EP ein eingeschränktes Veto- und Änderungsrecht. Macht es von diesem Recht Gebrauch, so kann der Rat in zweiter Lesung nur einstimmig bestimmen. Es spricht für sich, daß der Rat in den heiklen sozialpolitischen Streitfragen – wie Tarifrecht, Kündigungsschutz, kollektive Interessenvertretung und Streikrecht weiterhin am Einstimmigkeitsbeschluß festhält. EP und Wirtschafts- und Sozialausschuß haben in diesen Fragen nur ein Anhörungsrecht.

Normativer Gehalt und emanzipative Reichweite der EG-Gleichbehandlungspolitik

Die seit Mitte der 70er Jahre verfolgte europäische Antidiskriminierungspolitik war von Anfang an janusköpfig. Die Gleichberechtigungsidee war wettbewerbspolitisch und menschenrechtlich zugleich begründet. Gleichbehandlung von Männern und Frauen wurde als notwendig erachtet, um Wettbewerbsnachteile jener Länder auf dem gemeinsamen Markt auszuschließen, die Frauen weniger diskriminieren. Die ausdrückliche Einschränkung der Antidiskriminierungspolitik auf Benachteiligungsmuster, die erwerbstätige Frauen erfahren, mündete – wie gesagt – in fünf Richtlinien zur Gleichbehandlung von Mann und Frau im Arbeitsleben und in der »Richtlinie zur Verbesserung der Sicherheit und des Gesundheitsschutzes von schwangeren Arbeitnehmerinnen, Wöchnerinnen und stillenden Arbeitnehmerinnen am Arbeitsplatz«

von 1992. Diese Richtlinien haben – neben der in diesem Bereich weitreichenden Rechtsprechung des EuGH ein nicht unerhebliches Maß an Rechtsangleichung in den Mitgliedsstaaten und sogar darüberhinaus bei beitrittswilligen Ländern – zur Folge gehabt.

Folgende Gleichbehandlungs-Richtlinien wurden vom Ministerrat verabschiedet, die Umsetzung der beiden 1986 beschlossenen Richtlinien in nationale Politik steht noch weitgehend aus, obwohl ihre Umsetzungsfrist bereits 1993 abgelaufen ist:

- Lohngleichheit (1975)
- Zugang zum Beruf (1976)
- Soziale Sicherheit (1979)
- Betriebsrenten (1986)
- Selbständige Erwerbsarbeit (1986).

Die Lohngleichheitsrichtlinie verpflichtete alle Mitgliedsstaaten, innerhalb eines Jahres Gesetze zu erlassen, um alle mit dem Lohngleichheitsgrundsatz unvereinbaren Rechts- und Verwaltungsvorschriften zu beseitigen und die Lohngleichheit von Frauen in Tarifverträgen abzusichern. Die Richtlinie hat allerdings nur begrenzte Bedeutung. Sie geht – abgesehen von Artikel 1 (Erweiterung des Grundsatzes des gleichen Entgelts auch auf »gleichwertige Arbeit«) nicht über Artikel 119 EWGV hinaus.

Der EuGH hat inzwischen in verschiedenen wichtigen Urteilen entschieden, daß Artikel 119 EWGV zumindest in den Fällen der offenen, direkten Diskriminierung unmittelbarer Anwendung fähig sei und daß die Egalisierung der Entgelte »auf dem Wege des Fortschritts«, das heißt nur durch Anhebung der niedrigeren Löhne erfolgen darf (Colneric 1988:969).

Die »Zugangsrichtlinie« erweitert den gemeinschaftsrechtlichen Gleichbehandlungsgrundsatz dagegen in erheblichem Umfang.

Sie betrifft alle beruflichen Tätigkeiten ohne Ausnahme. Sie schreibt fest, daß niemand aufgrund seines Geschlechts, seines Ehe- und Familienstandes beim Zugang zum Beruf, bei beruflicher Ausbildung, Aufstieg und den Arbeitsbedingungen unmittelbar oder mittelbar diskriminiert werden darf, daß eine unterschiedliche Behandlung nur ausnahmsweise dann zulässig ist, wenn mit der unterschiedlichen Behandlung Nachteile ausgeglichen werden sollen (positive Diskriminierung).

Der EuGH hat sich zur letzten Vorschrift noch nicht geäußert. Zu lösen sein wird vor allem die Frage, ob auch eine zeitweilige Bevorzugung von

Frauen, in den Bereichen, in denen sie unterrepräsentiert sind, durch diese Bestimmung gedeckt ist (ebd.:972).

Die 3. Richtlinie zur Sozialen Sicherheit findet Anwendung auf die *gesetzlichen* Systeme, die Schutz gegen die Risiken Alter, Krankheit, Arbeitslosigkeit, Invalidität, Arbeitsunfall und Berufskrankheit bieten sollen.

Sie verbietet wiederum nicht nur die unmittelbare, sondern ausdrücklich auch die *mittelbare Diskriminierung*, insbesondere unter Bezugnahme auf den Ehe- oder Familienstand. Ausgeklammert vom Gebot der Gleichbehandlung wurden zunächst Bestimmungen über den Mutterschutz, Rentenzugangsalter, Leistungen an Hinterbliebene und Familienleistungen, also zentrale die soziale Sicherheit von Frauen betreffende Fragen. Diese Problembereiche wurden in einen Richtlinienentwurf von 1987 aufgenommen, der aber aufgrund des Widerstandes einiger Länder (wegen der entstehenden Kosten und wegen des behaupteten Übergriffs in die Familienpolitik-Kompetenz der Mitgliedsstaaten) nicht verabschiedet wurde (Schunter-Kleemann 1991:85).

Der EuGH hat in einem Urteil zur Gleichbehandlung in den gesetzlichen Systemen der sozialen Sicherheit entschieden, daß langjährig erwerbstätige Frauen, die sich wegen Kinderbetreuung aus dem Erwerb zurückgezogen haben, nicht zur erwerbstätigen Bevölkerung zählen.

Damit ist eine große Zahl von Frauen aus dem Schutz, den diese Richtlinie gewährleisten soll, ausgegrenzt. Gleiches gilt für teilzeitbeschäftigte und geringfügig beschäftigte Frauen. Wie holländische und britische Sozialpolitikerinnen dargelegt haben, ist die Richtlinie zur sozialen Sicherheit vom Ansatz her so eng auf männliche Erwerbsmuster zugeschnitten, daß Frauen mit ihren anders gelagerten diskontinuierlichen Berufsverläufen de facto häufig aus dem Geltungsbereich der Richtlinie weitgehend ausgegrenzt sind (Sjerps 1988; Hoskyns/Luckhaus 1989). Die 4. Richtlinie erweitert den Gleichbehandlungsgrundsatz auf den betrieblichen Schutz gegen dieselben Risiken, die bereits von der Richtlinie zu den gesetzlichen Systemen erfaßt sind. Die Bestimmungen der 5. Richtlinie sind sehr schwach; sie lassen sich als eine Form von »soft law« an der Grenze zwischen Richtlinie und Empfehlung bewerten (Dieball 1991:168). Wenn wir uns vor Augen halten, daß Richtlinienentwürfe, die die Besonderheiten des Frauenlebens unter Bedingungen der geschlechtshierarchischen Arbeitsteilung zum Thema machen, *nicht* verabschiedet wurden, verdeutlicht dies, daß der rechtliche Schutz, den die europäische Gleichbehandlungspolitik bisher bietet, nur sehr begrenzt sein kann. Wie dargelegt, haben Richtlinienvorschläge zu Teilzeitarbeit, Elternurlaub, Kinderbetreuung, Atypischer Beschäftigung u.v.a.m. keine Zustimmung gefunden. Der Widerstand der Regierungen und der Unternehmen gegen alle diese Richtlinienvorschläge war stark, weil die angemessene Umsetzung dieser Richtlinien für Betriebe, Staaten und Sozialversicherungen enorme Kosten verursachen würde. Fassen wir zusammen:

1. Es gehört zu den Erkenntnissen der feministischen Theoriebildung, daß die Entwertung und Degradierung, die Frauen im Erwerbsleben erfahren, keinesfalls losgelöst zu sehen sind von den ihnen gesellschaftlich zugewiesenen, privat geleisteten unentgeltlichen Familienarbeiten. In beiden – wechselseitig aufeinander bezogenen – Bereichen weiblicher Arbeit sind Frauen mit Strukturen konfrontiert, in denen Kapitalinteressen mit patriarchalischen Momenten untrennbar verwoben sind. Sozial-, Familien-, Arbeitsmarkt- und Steuerpolitik regulieren den Diskriminierungskreislauf, der die Verfügbarkeit von Frauen in beiden Bereichen gesellschaftlich notwendiger Arbeit sichert. In Frage zu stellen ist deshalb, ob die europäische Gleichbehandlungspolitik, die ausdrücklich nur jeweils isolierte Diskriminierungstatbestände im Erwerbsleben zum Thema ihrer Gleichberechtigungspolitik erhoben hat, überhaupt wirkungsvoll greifen kann. Ganz offensichtlich ist bei der in den Richtlinien ausgesprochenen Eingrenzung ihres Regelungsbereichs auf das Marktgeschehen »übersehen« worden, daß man damit zwar zentrale, aber dennoch nur einzelne Glieder des Benachteiligungskreislaufs zum Thema macht. Wir sind also mit der zwiespältigen Situation konfrontiert, daß die Gemeinschaftsorgane für die Gleichbehandlungspolitik, die nationalen Regierungen für die Familienpolitik zuständig sind, woraus vielfältige Kompetenzstreitigkeiten und vielgestaltige einzelstaatliche Umgehungs- und Unterlaufungsstrategien entspringen (Schunter-Kleemann 1991:106).

2. Den EU-Richtlinien zur Gleichbehandlung im Erwerbsleben liegt ein formal-juristisches Angleichungskonzept zugrunde. Die Tatsache, daß Frauen »keine Männer« sind, daß es aufgrund der geschlechtshierarchischen Arbeitsteilung eine deutliche Differenz der Lebenslagen von Männern und Frauen gibt, wird im Rahmen dieses Gleichberechtigungsansatzes durchgehend vernachlässigt. Durch das Raster der vielen juristischen Einzelbestimmungen fällt hindurch, daß Frauen sich aufgrund der gegebenen familiären Arbeits- und Aufgabenteilung auf dem Markt nicht »wie Normalarbeitnehmer« verhalten können und daß folglich auch ihre soziale Sicherung in den (mehr oder minder ausgeprägten) erwerbsarbeitszentrierten Sicherungssystemen unzureichend und prekär sein muß.

3. Die Maximen der Gleichbehandlung (von Staaten, Regionen, Unternehmen) und die Idee der Angleichung von Bestimmungen besitzen in der wettbewerbsorientierten Philosophie der europäischen Organe grundsätzlich höchste Priorität. Sonderbehandlungen und staatliche Eingriffe, die eine Neu- oder Umverteilung bedeuten, werden weitgehend abgelehnt, da sie sich gegen das allgemeine Deregulierungsethos richten. Es ist folglich nicht überraschend, daß der Begriff »Gleichbehandlung« zum Schlüsselbegriff für eine Gleichberechtigungsstrategie geworden ist, der es zunächst und primär um radikale Marktöffnung und freie Zirkulation geht (Hoskyns 1986:662). Es ist also auch kein Zufall, daß der Begriff der »Chancengleichheit« in den EU-Richtlinien – außer in einer Ausnahmebestimmung der 2. Gleichbehandlungs-Richtlinie (»positive Diskriminierung zulässig«) nicht vorkommt, denn dieser Begriff könnte Maßnahmen zur positiven Diskriminierung und materialen Gleichstellung erfordern.

4. Erhebliche Risiken für die soziale Sicherung von Frauen entspringen aus dem Sachverhalt, daß die 3. und 4. Gleichbehandlungs-Richtlinie nicht zwingend vorschreiben, daß die Gleichbehandlung von Mann und Frau durch Anpassung »nach oben« vorgenommen werden muß. Vielfältige internationale Erfahrungen zeigen, daß die nationale Umsetzung dieser Richtlinien darin bestehen kann, soziale Rechte, Leistungen oder Schutzbestimmungen im Zuge der Geschlechtergleichbehandlung mit dem Argument knapper Finanzmittel zu kürzen.

5. Zentraler Stellenwert in der durch die EU-Behörden angestoßenen Diskussion zur Gleichbehandlung in der sozialen Sicherheit kommt der Vorstellung der »Individualisierung der Rechtsansprüche« zu. Neben der Zuerkennung eigener Ansprüche im Bereich der sozialen Sicherheit (Arbeitslosengeld, Rente) zielt die Idee der Individualisierung auf die individuelle Besteuerung von Mann und Frau. Nun hat Christine Hohmann-Dennhardt zurecht darauf verwiesen, daß gegenwärtig völlig konträre rechtspolitische Strategien mit Rückgriff auf den Begriff »Individualisierung» legitimiert würden: Rechtspolitisch stelle sich einerseits die Frage, ob angesichts des zu beobachtenden Individualisierungprozesses in Form der Verdrängung der Ehefamilie aus ihrer dominierenden Rolle und der Zunahme alternativer Lebensformen die herkömmlichen rechtlichen Instrumentarien zur Sicherung der Frau überhaupt noch tauglich seien (Hohmann-Dennhardt 1988:675). Andererseits sei unübersehbar, daß heute unter dem Stichwort »Individualisierung» liberale Wertvorstellungen in neuem Gewande präsentiert würden. Die eigenständige soziale Sicherung der Frau sei dann keineswegs Programm. Vielmehr würden

ganz andere Ziele verfolgt. Die Frau werde rückverwiesen auf die Ressourcen des »Privatheit» verkörpernden Familienverbandes. »Individualisierung« als Synonym für die Maxime »mehr Privatheit – weniger Staat« könne in der Konsequenz sozialpolitischer Umsetzung zu einem drastischen Kahlschlag sozialstaatlicher Leistungen und Rechtspositionen führen (ebd.:673). Eine Untersuchung der Umsetzung der EU-Gleichbehandlungs-Richtlinien unter der hier aufgeworfenen Fragestellung steht noch aus, sie bezeichnet allerdings eine dringende sozialpolitische Forschungsaufgabe: Hat die Gleichbehandlungs-Politik die Wirkung, daß die soziale Sicherung der Frau mittels sozialstaatlicher Intervention ausgebaut und gravierende Sicherungslücken in den tradierten patriarchalisch strukturierten Sicherungssystemen geschlossen werden? Oder wird der Begriff »Individualisierung» genutzt mit dem Ziel, das wohlfahrtsstaatliche Handeln zu beschränken und auf ein Minimum sozialer Absicherung zugunsten individueller Lebenssicherung und Verlagerung des Risikos auf die Einzelnen zurückzuführen? Der Begriff »Individualisierung« ist m.E. so offen gefaßt, daß es den nationalen Regierungen bei der Umsetzung der Richtlinien ermöglicht wird, egalitäre Intentionen im Sinne des Ausbaus der eigenständigen Sicherung der Frau zu unterlaufen. Auf mögliche Risiken einer Individualisierung der Rechtsansprüche im Sozialrecht und bei der Besteuerung verwies kürzlich die Europaabgeordnete Vayssade. Sie unterstrich die »Zweischneidigkeit« der Individualisierungsstrategie (Europäisches Parlament 1989:7). Hintergrund dieser Einschätzung ist sicher die in Holland und Belgien gemachte Erfahrung, daß die Individualisierungslösung in Steuerpolitik und Sozialrecht nicht unbedingt von Vorteil für Frauen sein muß, zumindest dann nicht, wenn »unbedingte Kostenneutralität» der Maßnahmen die zentrale Vorgabe sozialpolitischer Reformmaßnahmen darstellt (vgl. auch Hoskyns/Luckhaus 1989:334; Luckhaus 1990:655; Sjerps 1988:100; Swiebel 1991:46f.).

Abschließend ist festzuhalten, daß in und zwischen den Gremien der EU drei Varianten von Geschlechter- und Gleichbehandlungspolitik in Widerstreit stehen, die im Zuge der Binnenmarktentwicklung ungleichgewichtige Realisierungschancen haben:

1. Eine Position des *sozialdemokratisch/sozialistischen* Denkens mit Ansätzen zur Egalisierung des Geschlechterverhältnisses. Leitgedanke dieser Konzeption ist die Vereinbarkeit von Berufstätigkeit und Familie, zumeist wird dies allerdings nur als ein Problem der Frau gesehen. Diese Position hat in den Richtlinien der 70er Jahre und den blockierten Richtlinien zur Freiwilligen Teilzeitarbeit, zum Elternurlaub und zur Kinderbetreuung Niederschlag

gefunden. Plädiert wird für flächendeckende Kinderbetreuung, familienfreundliche Arbeitszeitarrangements und soziale Gesichtspunkte berücksichtigende familienunterstützende Leistungen. An der Erwerbsarbeitszentriertheit der sozialen Sicherung wird festgehalten. Man hofft durch schrittweise sozialrechtliche Anerkennung der Familienarbeit auch Väter für diese Arbeiten zu ermuntern und so die familiären und gesellschaftlichen Systeme der geschlechtlichen Arbeitsteilung verändern zu können. Diese Konzeption ist – aufgrund der hohen staatlichen und betrieblichen Kosten – an die weitere Expansion der Wohlfahrtsstaaten gebunden. Sie hat angesichts anstehender verschärfter sozialer Verteilungskämpfe und der nachdrücklich von Kommission und Ministerrat ausgesprochenen Aufforderung weitere Staatsausgaben zu vermeiden bzw. die hohe Verschuldung zurückzuführen – gegenwärtig in den Mitgliedsstaaten geringe Umsetzungschancen.

2. Eine diametral andere Konzeption der Geschlechterpolitik wird von *konservativen* Kräften vertreten. Frau und Familie interessieren zunächst unter gebär- und bevölkerungspolitischen Gesichtspunkten. Die Idee einer eigenständigen sozialen Sicherung der Frau wird aus der Befürchtung her abgelehnt, daß diese einer Beschleunigung des Individualisierungsprozesses und der Zerstörung des Familienverbandes Vorschub leisten könnte. Hohe monetäre Transferleistungen sollen unmittelbar zur Konsolidierung von Ehe und Familie beitragen. Eine außerhäusliche Kinderbetreuung wird abgelehnt. Befürworter dieser Konzeption finden sich vor allem in den reicheren EU-Staaten (Frankreich, Niederlande, Belgien, Deutschland), die eine zeitweilige Rückführung der Frau ins Haus – zumindest für »kulturtragende Schichten« – finanzieren können.

3. Eine dritte, *neoliberale* Position der formal-rechtlichen Gleichstellung der Geschlechter findet gegenwärtig in der EU-Kommission (DG V) maßgebliche Unterstützung. Frau und Mann werden gleichermaßen als flexible Arbeitskraft gesehen. Auch die Frau soll als freies Individuum aus paternalistischer Bindung und Bevormundung hervortreten und auf die »Herausforderungen des Marktes« reagieren. Schlüsselbegriffe des marktliberalen Programms der Egalisierung der Geschlechter sind folgende: individuelle Freiheit statt staatlicher Bevormundung, Eigenverantwortung statt sozialstaatlicher Absicherung, wirtschaftliche Unabhängigkeit statt Ernährerprinzip, Individualisierung der Ansprüche statt abgeleiteter Ansprüche, freies Spiel der Kräfte anstelle von Frauenschutzrechten. Dieser Konzeption der »bürgerlichen Gleichstellung der Frau in einem Europa der freien Bürger« geht es in der Quintessenz um eine Beschränkung wohlfahrtsstaatlichen Handelns in

bezug auf Erwerbs- und Familiensphäre. Auch die interne Regulierung der Familienökonomie soll dem »freien Spiel der Familienkräfte« überlassen werden. Der Kürzung sozialrechtlicher Leistungen wird zwar selten offen das Wort geredet. Die Gefahr, daß sich die von marktradikalen Kräften favorisierte Politik der »Marktbereinigung« durch Rücknahme von sogenannten »wettbewerbsverzerrenden« Sozial- und Familienleistungen längerfristig durchsetzt, ist dennoch nicht von der Hand zu weisen.

Literatur

D'Ancona, Hedy (1988), Statement auf dem EG-Seminar »Die institutionellen Voraussetzungen für die Gleichberechtigung von Mann und Frau in den Mitgliedsstaaten der Europäischen Gemeinschaft«, in: *ifg-Dokumentation*, Hannover, S. 171-179.

Atkins, Susan/Luckhaus, Linda (1987), The Social Security Directive and U.K.Law, in: Christopher McCrudden (Hg.), *Women, Employment and European Equality Law*, London, S. 103-122.

Beck, Ulrich/Beck-Gernsheim, Elisabeth (1990), *Das ganz normale Chaos der Liebe*, Frankfurt/M.

Bieback, Karl J. (1990), Mittelbare Diskriminierung der Frauen im Sozialrecht, in: *Zeitschrift für ausländisches und internationales Arbeits- und Sozialrecht* 3, S. 1-33.

Brocas, Anne Marie/Cailloux, Anne Marie/Oget, Virginie (1988), *Les Femmes et la Sécurité Sociale*, Les progrès de l'Egalité de Traitement, Bureau international du Travail, Geneve.

Colneric, Ninon (1988), Gleichberechtigung von Mann und Frau im Europäischen Gemeinschaftsrecht, in: *Betriebs-Berater* 14, S. 968-976.

Corneließen, Waltraud (1988), Einleitung zum EG-Seminar »Die institutionellen Voraussetzungen für die Gleichberechtigung von Mann und Frau in den Mitgliedsstaaten der Europäischen Gemeinschaft«, in: *ifg-Dokumentation*, Hannover, S. 9-26.

Däubler, Wolfgang (1990), Soziale Grundrechte in der EG, in: Reich, Norbert (Hg.), *Deutsche Einigung und EG-Integration*, Bremen, S.103-114, (Diskussionspapier 90, 6 des Zentrums für Europäische Rechtspolitik der Universität Bremen).

Dieball, Heike (1991), Gleichbehandlung von Frau und Mann im Recht der EG, in: *Arbeit und Recht* 6, S. 166-172.

EG-Kommission (1988), *Bericht über die Anwendung der Richtlinie 79/7 EWG vom 19.12.1978 zur schrittweisen Verwirklichung des Grundsatzes der Gleichbehandlung von Männern und Frauen im Bereich der sozialen Sicherheit* (KOM (88) 769 endg.).

EG-Kommission (1989), *Zwischenbericht der Kommission über die Anwendung der Richtlinie zur Gleichbehandlung in den Systemen der Sozialen Sicherheit* (KOM (86) 793 endg.).

EG-Kommission (1989), *Mitteilung der Kommission über die Familienpolitik* (KOM (89) 363 endg.), Brüssel vom 8.8.1989.

EG-Kommission (1990), *Vorschlag für eine Richtlinie des Rates zur Angleichung der Rechtsvorschriften der Mitgliedsstaaten für bestimmte Arbeitsverhältnisse* (KOM (90) 228-SYN 280-SYN 281).

EG-Kommission (1991), *Schlußbericht des 2. Europäischen Programms zur Bekämpfung der Armut 1985-1989*, KOM(91)29 endg. vom 13.2.1991.

EG-Kommission (1991), *Erster Bericht über die Anwendung der Gemeinschaftscharta der sozialen Grundrechte* (KOM (91) 511 endg.).

Europäisches Parlament (1988), *Sitzungsdokumente: Bericht über die Anwendung der Richtlinien, Entschließungen und Empfehlungen des Rats betreffend Frauen* vom 22.7.1988.

Europäisches Parlament (1989), *Ausschuß für die Rechte der Frau*: Bericht über das Forum: Binnenmarkt 1992 – Eine Herausforderung für die Frauen. Brüssel, Februar 1989, PE 130, 314.

Europäisches Parlament (1989), *Sitzungsdokumente: Zwischenbericht zur Anwendung der Richtlinie zur sozialen Sicherheit* 79/7 EWGV.EP-PE 98.639 endg.

Europäisches Parlament (1990), *Bericht des Ausschusses für die Rechte der Frau über die Anwendung der Richtlinien, Entschließungen und Empfehlungen des Rates betreffend Frauen*. Dok.A2-166/88.

Europäisches Parlament (1991), Ausschuß für die Rechte der Frau, Maisitzung, in: *Frauen Europas* 69, S. 9.

Das Gemeinschaftsrecht und die Frauen (1987), in: Nachtrag 25 zu *Frauen Europas.*

von Hemeldonck, Marijke (1991), *Report drawn on behalf of the Commmittee on Women's Rights on the Single Market and its implications for women in the EC*, Brussels (Doc. A-0358/ 90/ Part B, S. 5).

Hohmann-Dennhardt, Christine (1988), Soziale Sicherung der Frau im Widerspruch von Familien- und Sozialrecht, in: *Zeitschrift für Sozialreform* 11-12, S. 673-677.

Hoskyns, Catherine (1986), Frauenpolitik in der Europäischen Gemeinschaft, in: *Das Argument* 159, S. 651-665.

Hoskyns, Catherine/Luckhaus, Linda (1989), The European Community Directive and Equal Treatment in Social Security, in: *Policy and Politics* 4, S. 321-335.

Kinderbetreuung in der Europäischen Gemeinschaft 1985-1990 (1990), in: *Frauen Europas* Sonderheft 31.

Langenfeld, Christine (1990), *Die Gleichbehandlung von Mann und Frau im Europäischen Gemeinschaftsrecht*, Baden-Baden.

Luckhaus, Linda (1990a), Changing Rules – Enduring Structures, in: *The Modern Law Review* Vol. 53, S. 655-668.

Luckhaus, Linda (1990b), The Social Security Directive: Its Impact on Part-Time and Unpaid Work, in: Margaret O'Brien/Linda Hantrais/Steen Mangen (Hg.), *Women, Equal Opportunies and Welfare*, The Implications of 1992 for Social Policy, Cross-National Research Paper, S.11-19.

Moss, Peter (1988), *Child Care and Equality of Opportunity*, Consolidated Report to the European Commission, Brussels.

Pfarr, Heide/Bertelsmann, Klaus (1989), *Diskriminierung im Erwerbsleben*, Baden-Baden.

Quintin, Odile (1988), Statement bei dem EG-Seminar »Die institutionellen Voraussetzungen für die Gleichberechtigung von Mann und Frau in den Mitgliedsstaaten der EG«, in: *ifg-Dokumentation*, Hannover, S. 43-47 und S. 179-188.

Raasch, Sibylle (1990), Perspektiven für die Gleichberechtigung der Frau im EG-Binnenmarkt '92, in: *Kritische Justiz* 1, S. 62-78.

Schulte, Bernd (1990), »Konvergenz« statt »Harmonisierung« – Perspektiven Europäischer Sozialpolitik, in: *Zeitschrift für Sozialreform* 5, S. 273-298.

Schultheis, F. (1988), *Sozialgeschichte der französischen Familienpolitik*, Frankfurt/M.

Schunter-Kleemann, Susanne (Hg.) (1990), *Europäischer Binnenmarkt – EuroPatriarchat oder Aufbruch der Frauen?*, Bremen (Schriftenreihe der wissenschaftlichen Einheit Frauenstudien und Frauenforschung an der Hochschule Bremen; Bd.2).

Schunter-Kleemann, Susanne (1991), Die Familienpolitik der Europäischen Gemeinschaft, in: *WSI-Mitteilungen* 2, S. 103-114.

Schunter-Kleemann, Susanne (1992), Women Employment in Western European Countries and Deficiencies in Social Security, in: *Labour*, Review of Labour Economics and Industrial Relations 1, S. 37-56.

Schunter-Kleemann, Susanne (Hg.) (1992), *Herrenhaus Europa: Geschlechterverhältnisse im Wohlfahrtsstaat*, Berlin.

Siim, Birte (1988), Towards a Feminist Rethinking of the Welfare State, in: Kathleen B. Jones/ Anna G. Jonasdottir (Hg.), *The Political Interests of Gender*: Developing Theory and Research with a Feminist Face, London, S. 160-186.

Sjerps, Ina (1988), Indirect Discrimination in Social Security in the Netherlands: Demands of the Dutch Women's Movement, in: Mary Buckley/Malcolm Anderson (Hg.), *Women, Equality and Europe*, London, S. 95-106.

Swiebel, Joke (1991), Die Bedeutung der Gleichstellungspolitik der EG und des Europarates für die Politik in den Mitgliedsstaaten, in: *Frauenfragen/Questions feminins/Problemi al Femminile* (Bern-Schweiz) 1, S. 46-48.

Weg, Marianne (1988), Frauenarbeit und ihre Folgen für die soziale Sicherung, in: *Zeitschrift für Sozialreform* 11/12, S. 677-687.

Winter, Gerd (1992), Die drei Formationen der Politischen Union in der Europäischen Gemeinschaft und ihre Kompetenzen nach den Verträgen von Maastricht, in: Gerhard Stuby (Hg.), *Föderalismus und Demokratie*, Baden-Baden, S.175-194.

Frauenlohnpolitik in Europa

Anni Weiler

1. Rechtliche Aspekte der Frauenlohnpolitik: Rechtsetzung und Rechtsprechung

Hinsichtlich der Gleichstellung der Geschlechter bei der Entlohnung hatten der Gleichlohnartikel 119 des EWG-Vertrages, die Richtlinie zur »Lohngleichheit« (75/117 vom 10.2.1975) und die Rechtsprechung des Europäischen Gerichtshofes Rückwirkungen auf die nationale Rechtsentwicklung.[1]

Die Bestimmungen des Art. 119 kamen – auf Betreiben Frankreichs – in den EWG-Vertrag, um Wettbewerbsverzerrungen zwischen den Ländern zu verhindern (Groeben 1983:2041; Pfarr 1986:179; Schunter-Kleemann 1991: 83). Art. 119 EWG-Vertrag verpflichtet die Mitgliedsstaaten auf die Verwirklichung der Entgeltgleichheit bei »gleicher Arbeit« (Dieball 1991:166).

Art. 119 EWG-Vertrag blieb zunächst hinter dem Übereinkommen Nr. 100 der International Labor Organisation (ILO) von 1951 zurück, welches sich bereits auf »gleichwertige Arbeit« bezog.

Auf der Ebene der Rechtsetzung brachte der EWG-Vertrag von 1957 für das bundesdeutsche Recht im Grunde keine grundlegende Neuerung. Es gab zwar in der Bundesrepublik keine ausdrückliche gesetzliche Bestimmung zur Gleichbehandlung der Geschlechter bei der Entlohnung. Doch war nach der Auslegung des Bundesarbeitsgerichts in den Grundsatzurteilen von 1955 eine Benachteiligung der Frauen bei der Entlohnung gemäß Art. 3 Abs. 2 Grundgesetz (GG) verfassungswidrig. Das Bundesarbeitsgericht bejahte auch eine Bindung der Tarifparteien bzw. Tarifnormen an dieses Grundrecht.

---

1 Die Darstellung der Rechtsentwicklung beschränkt sich auf eine Betrachtung der Wirkung des europäischen Rechts auf bundesdeutsches Recht.

Die Lohngleichheitsrichtlinie beinhaltet eine Erweiterung des Grundsatzes des gleichen Entgelts auch auf »gleichwertige Arbeit« (Dieball 1991:167). Dabei handelt es sich nach Ansicht des Europäischen Gerichtshofes um eine Erläuterung des Begriffs »gleiche Arbeit« in Art. 119 EWGV und dieser Artikel entfaltet auch insoweit, als es um gleichwertige Arbeit geht, unmittelbare Geltung (Colneric 1988:970; Raasch 1990:69).

In Art. 119 EWGV ist eine Definition der Gleichheit des Entgelts ohne Diskriminierung aufgrund des Geschlechts und in der Lohngleichheitsrichtlinie sind inhaltliche Anforderungen an Systeme beruflicher Einstufung enthalten, die in dieser Form in der deutschen Gesetzgebung nicht umgesetzt wurden (Colneric 1992:185). Das bundesdeutsche Arbeitsrecht weist im Bereich der Vorschriften zur Lohngleichheit für Männer und Frauen Umsetzungsdefizite gegenüber dem EG-Recht aus (ebd.:185).

Im Jahre 1980 wurden in der Bundesrepublik mit dem »Gesetz über die Gleichbehandlung von Männern und Frauen am Arbeitsplatz« zur Anpassung des innerstaatlichen Rechts an die Lohngleichheitsrichtlinie und die Gleichbehandlungsrichtlinie in den Abschnitt des Bürgerlichen Gesetzbuchs (BGB) über den Dienstvertrag einige Regelungen eingefügt (Colneric 1990:291). Dabei wurden die wesentlich weiterreichenden Vorstellungen der EG bei der Beratung der §§ 611a ff. BGB bewußt auf das gerade noch vertretbare Minimum zurückgeschraubt (Schlachter 1993:4).

Der mit dem arbeitsrechtlichen EG-Anpassungsgesetz in das BGB eingefügte § 612 Abs. 3 bestimmt zwar, daß bei einem Arbeitsverhältnis für gleiche oder gleichwertige Arbeit »nicht wegen des Geschlechts des Arbeitnehmers eine geringere Vergütung« vereinbart werden darf »als bei einem Arbeitnehmer des anderen Geschlechts«, doch bleibt diese Bestimmung in ihrer Konkretisierung und Umsetzung hinter Art. 119 EWG und der Lohngleichheitsrichtlinie zurück. Dies gilt einerseits hinsichtlich der im EG-Vertrag enthaltenen Definition der Gleichheit des Entgelts ohne Diskriminierung aufgrund des Geschlechts; andererseits gilt dies für Art. 1 Abs. 2 der Lohngleichheitsrichtlinie, die inhaltliche Anforderungen an Systeme beruflicher Einstufung stellt, die über die formale Gleichheit der Kriterien hinausgehen (Colneric 1992:185).

Die Lohngleichheitsrichtlinie verpflichtet alle Mitgliedsstaaten, die notwendigen Maßnahmen zu treffen, um sicherzustellen, daß alle mit dem Lohngleichheitsgrundsatz unvereinbaren Rechts- und Verwaltungsvorschriften und diskriminierenden Regelungen aus den Tarifverträgen beseitigt werden (ebd.:185; Schunter-Kleemann 1991:84). Ein weiteres Umsetzungsdefizit liegt darin, daß die in Art. 6 der Lohngleichheitsrichtlinie geforderten wirksamen Mittel zur Einhaltung des Lohngleichheitsgrundsatzes nicht sichergestellt wurden (Colneric 1992:185).

Bedeutung hinsichtlich der Frauenentlohnung erlangt die Rechtsprechung des Europäischen Gerichtshofes (EuGH) vor allem durch die Auslegung des Art. 119 EWGV und der Lohngleichheitsrichtlinie.

Der Europäische Gerichtshof, der sich mit dem Thema der Gleichstellung von Frauen und Männern aufgrund von Klagen der EG-Kommission und Vorlagen einzelstaatlicher Gerichte befassen mußte, spielt eine wichtige Rolle bei der Entwicklung des Gemeinschaftsrechts zur Geschlechtergleichbehandlung (Dieball 1991:170; Colneric 1990:291) und hat wichtige Impulse gegeben und zwar sowohl zu Art. 119 EWGV als auch zu den Richtlinien und deren innerstaatlichen Umsetzung (Dieball 1991:166).

Hinsichtlich der Fragen der Lohngleichheit kann die Rechtsprechung des Europäischen Gerichtshofes durchaus als gleichberechtigungsfreundlich betrachtet werden (Dieball 1991:170; Raasch 1990:66). Vor allem die Arbeitsgerichte unterer Instanzen (z.B. Hamburg und Oldenburg) argumentieren zunehmend EG-rechtlich, mit der Absicht, eine Korrektur der nationalen Gesetzgebung oder der Rechtsprechung des Bundesarbeitsgerichts zu erreichen (Dieball 1991:170; Raasch 1990:66).

Das Zusammenspiel von innerstaatlicher Arbeitsgerichtsbarkeit, insbesondere der unteren Instanzen, und dem Europäischen Gerichtshof haben vor allem in den 80er Jahren zu einer Kette richtungsweisender Entscheidungen zugunsten von Frauen geführt (Raasch 1990:68). Von feministischen Juristinnen wird die Möglichkeit gesehen, daß eine gezielte Rechtspolitik durch einen Konsens von Frauen, Gewerkschaften und Arbeitsgerichtsbarkeit vermittelt über den Europäischen Gerichtshof betrieben werden kann (ebd.:68).

Eine grundlegende strukturelle Verbesserung der Rechtslage zugunsten von Frauen bringt die vom Europäischen Gerichtshof eingeleitete Rechtsprechung zur mittelbaren Diskriminierung (ebd.:70). Der Europäische Gerichtshof stellte klar, »... daß Art. 119 EWGV auch die indirekte Diskriminierung verbietet und daß er nicht nur bei direkter Diskriminierung unmittelbar anwendbar ist« (Colneric 1988:970). Von einer mittelbaren Diskriminierung von Frauen wird dann ausgegangen,

> »wenn Frauen von einer Regelung – sei sie nun vertraglicher oder gesetzlicher Art – quantitativ erheblich stärker betroffen sind als Männer und kein objektiv gerechtfertigter, geschlechtsunabhängiger Grund für die Benachteiligung ersichtlich ist« (Dieball 1991:171; Raasch 1990:70; Schunter-Kleemann 1991:85).

Europäisch betrachtet wäre es frauenpolitisch auch denkbar und wünschenswert,

»... daß über die Rechtsprechung des EuGH neue rechtsdogmatische Konstruktionen aus anderen EG-Mitgliedsländern zugunsten der Frauen in die rechtswissenschaftliche Diskussion der Bundesrepublik Deutschland eingehen.« (Raasch 1990:71)

Bisher ist es

»... ein ungelöstes, praktisch jedoch höchst gravierendes Problem, daß Frauen aufgrund der Segmentierung des Arbeitsmarktes häufig in völlig anderen Bereichen arbeiten als Männer und damit jede direkte Bezugsgröße für den Nachweis der Geschlechtsdiskriminierung fehlt. Im englischen Recht aber zeichnet sich derzeit eine Tendenz ab, in solchen Fällen auch den Vergleich mit einem hypothetischen Arbeitnehmer des anderen Geschlechts zuzulassen und auf diesem Weg künftig die Folgen der Segmentierung des Arbeitsmarktes rechtlich anzugreifen.« (ebd.)

Andere EG-Staaten haben aus Frauensicht zudem im Detail bessere Lösungen: z.B. bei der Beweislast oder bei den Klagerechten (ebd.). Im Zusammenhang mit der Beweislast für das Vorliegen unmittelbarer oder direkter Diskriminierung kann die Forderung nur lauten: Umkehr der Beweislast (Colneric 1992:183). Der dem Rat vorliegende Vorschlag für eine Richtlinie des Rates zur Beweislast im Bereich des gleichen Entgelts und der Gleichbehandlung von Männern und Frauen (Amtsblatt der Europäischen Gemeinschaften 1988; Dieball 1991:169; Schlachter 1993:411) liegt allerdings auf derselben Linie wie das bundesdeutsche Recht. Dieses sieht ein gestuftes Verfahren vor, welches von der Arbeiternehmerin verlangt, daß sie glaubhaft Tatsachen vorbringt, die eine Benachteiligung wegen des Geschlechts vermuten lassen. Erst wenn ihr dies gelingt, trägt der Arbeitgeber die Beweislast, daß keine Benachteiligung wegen des Geschlechts vorliegt (Colneric 1992: 183).

Die vorgeschlagene Richtlinie zur Beweislast im Bereich des gleichen Entgelts schließt in Art. 3 Abs. 3 das Recht der Mitgliedsstaaten, die Beweislast allein dem Arbeitgeber aufzuerlegen, ausdrücklich nicht aus (Amtsblatt der Europäischen Gemeinschaften 1988). Da Lohn- und Gehaltslisten und Begründungen für Entgeltdifferenzierungen in den Betrieben nicht öffentlich ausliegen, stehen Frauen vielfach vor großen Problemen, Tatsachen zu belegen, die eine »Vermutung für das Vorliegen einer Diskriminierung« (ebd., Art. 3 Abs. 2) entstehen lassen.

Bei Klagen von Einzelpersonen in der Bundesrepublik beschränkt sich die Wirkung der Entscheidung auf die Parteien des Rechtsstreits (Colneric 1992: 185; Schunter-Kleemann 1991:86). Dies wird den Anforderungen der Lohngleichheitsrichtlinie nicht gerecht, die die Mitgliedsstaaten verpflichtet, sicherzustellen, daß mit dem Entgeltgleichheitsgrundsatz unvereinbare Bestimmungen in Tarifverträgen, Lohn- und Gehaltstabellen oder Einzelarbeitsverträgen nichtig sind oder für nichtig erklärt werden können, denn dies ist im Wege des Individualprozesses nicht möglich (Schlachter 1993:212). Dies erfordert die Schaffung effektiver Regelungen wie Klagemöglichkeiten staatlicher Institutionen oder ein Verbandsklagerecht für Vereinigungen, die sich die Förderung der Geschlechtergleichbehandlung zum Ziel gesetzt haben (Colneric 1992:185).

Hinsichtlich der Rechtsfolgen bei Diskriminierungen in Tarifverträgen und der Frage wie im Falle einer Diskriminierung die Entgelte angeglichen werden sollen, ist die Position des Europäischen Gerichtshofes für die Frauen ebenfalls günstiger als die des Bundesarbeitsgerichtes. Nach Ansicht des Europäischen Gerichtshofes sind Lohndiskrepanzen unter Berufung auf das Gebot des sozialen Fortschritts aus dem EWG-Vertrag nach oben zu korrigieren, während das Bundesarbeitsgericht auch eine Angleichung nach unten zulassen will (Raasch 1990:70; Colneric 1988:969; Schlachter 1993:212).

Bei der tarifvertraglichen Eingruppierung von Frauen gibt es häufig Streitigkeiten darüber, ob es sich um körperlich leichte Arbeit handelt. Die Arbeitsgerichte nahmen lange Zeit mit großer Selbstverständlichkeit die Körperkraft des Mannes zum Maßstab für die Abgrenzung der leichten von der nicht mehr leichten Arbeit. Hinsichtlich der Festlegung des Belastungsbegriffes bzw. eines diskriminierungsfreien beruflichen Einstufungssystems ist die Haltung des Europäischen Gerichtshofes eindeutig günstiger für die Frauen als die Rechtsprechung des Bundesarbeitsgerichts (Raasch 1990:70). In diesem Zusammenhang wurde die Frage aufgeworfen, wie die körperliche Schwere von Arbeit angesichts der geschlechtsspezifisch unterschiedlichen körperlichen Konstitution beider Geschlechter bestimmt werden darf? (Raasch 1990:70).

Das Bundesarbeitsgericht vertritt die Auffassung, daß bei der Eingruppierung von Frauen auf die körperliche Leistungsfähigkeit von Frauen abzustellen sei und von arbeitswissenschaftlichen Werten ausgegangen werden muß, die bei Frauen die Grenze zwischen leichter und mittelschwerer Arbeit bilden (Colneric 1988:970). Auf einen Vorlagebeschluß des Arbeitsgerichts Oldenburg hin entschied der Europäische Gerichtshof, daß die Verwendung unterschiedlicher arbeitswissenschaftlicher Werte für Frauen und Männer zur Einstufung der objektiv gleichen Tätigkeit gegen Art. 119 Abs. 3 verstößt (Langenfeld 1990:247; Colneric 1988:970). Für beide Geschlechter sind einheitliche Kriterien zu finden. Die Arbeitsbewertungssysteme in ihrer Gesamtheit aller Merkmale dürfen ein Geschlecht jedoch nicht besonders benachteiligen (Raasch 1990:70).

Die Entgeltrichtlinie legt fest, daß ein berufliches Einstufungssystem so beschaffen sein muß, daß Diskriminierungen aufgrund des Geschlechts ausgeschlossen werden und geht damit einen Schritt weiter als das Bundesarbeitsgericht, dem die geschlechtsneutrale Formulierung der Lohngruppen genügte, um den Vorwurf der Diskriminierung auszuschließen. Nach Auffassung des Europäischen Gerichtshofes muß ein System beruflicher Einstufung – um insgesamt nicht diskriminierend zu sein – auch Kriterien verwenden, die weibliche Beschäftigte in verstärktem Maße erfüllen können (Langenfeld 1990:258).

Dies bedeutet, daß zumindest alle Tarifverträge, die Leichtlohngruppen definieren, die ausschließlich an dem Einsatz von Körperkraft anknüpfen, mit der Lohngleichheitsrichtlinie unvereinbar sind (ebd.:258; Colneric 1988:970), und daß diese Tarifverträge einer grundlegenden Revision unterzogen und neue, differenziertere Belastungsbegriffe müßten entwickelt werden (Raasch 1990:70).

In der Bundesrepublik hat der Gesetzgeber im Zusammenhang mit dem EG-Anpassungsgesetz die Frage, wann »gleichwertige Arbeit« vorliegt, dadurch zu umgehen versucht, »... daß er in der Gesetzesbegründung erläutert, gleichwertige Arbeit sei dann gegeben, wenn die Tarifvertragsparteien Arbeit als gleichwertig bezeichneten« (Pfarr 1986:182). Diese Auffassung geht an der Realität der Tarifverträge vorbei, in denen Frauenarbeiten nach wie vor in der Regel unterbewertet sind.

2. Europäische Rechtsnormen und Frauenlohndiskriminierung

An welchen Aspekten der Frauenlohndiskriminierung knüpfen die Bestimmungen des EG-Rechts und die nationalstaatlichen Regelungen an? Können die Bestimmungen des EG-Vertrages oder der Richtlinie zur Lohngleichheit dem Problem der Einkommensdiskriminierung von Frauen gerecht werden? Bei der geschlechtsspezifischen Entlohnung handelt es sich um ein strukturelles Problem, das weder mit einzelnen Rechtsvorschriften noch mit isolierten Änderungen von Tarifnormen transformierbar ist.

Den Rechtsnormen im europäischen Gemeinschaftsrecht, die Lohndiskriminierung definieren als eine Benachteiligung, bei der Frauen bei »gleicher« oder »gleichwertiger« Arbeit niedriger als Männer entlohnt werden und den Ansätzen zur Verwirklichung einer Lohngleichheit liegt eine verkürzte und unzureichende Problemdefinition zugrunde.

Zunächst muß festgehalten werden, daß es einen präzisen, objektiven Bewertungsmaßstab zur Beurteilung, ob »gleiche« oder »gleichwertige« Arbeit vorliegt, nicht gibt. Weder die Leistung von Arbeitskräften noch das Anforderungsprofil von Arbeitsplätzen lassen sich allgemein gültig ermitteln und in eine exakte quantitative Relation bringen.

Bei einem Blick auf den geschlechtsspezifisch und geschlechtshierarchisch geteilten Arbeitsmarkt wird deutlich, wie unzulänglich ein solcher Begriff ist. Lohndiskriminierung, die in dem Arbeits- und Beschäftigungssystem strukturell verankert ist, läßt sich nicht von Arbeitsplatzdiskriminierung trennen.

Dem gesellschaftlichen Sachverhalt der ungleichen Entlohnung der Geschlechter wird nur eine Definition gerecht, die Lohndiskriminierung von Frauen als den – in Lohn gefaßten – Ausdruck der untergeordneten gesellschaftlichen Stellung der Frauen im Vergleich zu den Männern charakterisiert. Daß das Ausmaß der Frauenlohndiskriminierung ein recht aussagekräftiger Indikator für den Grad der Ungleichheit zwischen den Geschlechtern in einer Gesellschaft ist, wird gerade auch bei einem europäischen Vergleich deutlich.

Lohndifferenzierungen lassen sich kaum verändern und nur schwer aufbrechen, weil sie ein entscheidendes Attribut der sozialen Statusdifferenzierung und der Geschlechterdifferenzierung darstellen. Da Frauenlohndiskriminierung in erster Linie ein Lohnstrukturproblem ist, stellt eine Anhebung des sozialen Status von Frauen und von Frauenarbeiten eine zwingende Voraussetzung zu Lohnstrukturnivellierungen und einer Beseitigung der Frauenlohndiskriminierung dar.

Frauenlohndiskriminierung manifestiert sich nicht nur in Entgeltunterschieden zwischen Berufs- und Tätigkeitsgruppen, sondern ist in weiteren Dimensionen der Lohnstruktur enthalten, auf die mit einem solchen Konzept kaum eingewirkt werden kann, wie Entgeltunterschiede zwischen ArbeiterInnen und Angestellten, zwischen Vollzeit- und Teilzeitbeschäftigten, Entgeltunterschiede nach Alter sowie nach Betriebs- und Berufszugehörigkeit und die zwischenbetrieblichen Einkommensunterschiede und Branchenlohnunterschiede (Weiler 1992:48; Weiler 1993).

3. Tarifverhandlungssysteme und lohnpolitische Konzeptionen

3.1. Tarif- und Lohnaushandlungssysteme

Entlohnung ist in erster Linie ein Ergebnis von Aushandlungsprozessen zwischen Gewerkschaften und Arbeitgebern oder der Lohnfestsetzung in den Betrieben.

Europäische Tarifverträge oder ein EG-Tarifrecht existieren nicht. (Däubler 1992:329; Coen 1992:2069; Rath 1991:269; Hörburger 1992:166). Die Tarifsysteme sind in den einzelnen europäischen Staaten sehr unterschiedlich ausgerichtet.

Von staatlicher Seite wird in die Tarifverhandlungen – abgesehen von Diskriminierungsverboten oder Regelungen zur Mindestentlohnung – in der Regel nicht eingegriffen.

In einigen Ländern – beispielsweise Großbritannien – wird eine explizite Lohngleichheitspolitik betrieben. Eine solche Politik ist jedoch nicht der entscheidende Faktor für Unterschiede in der Struktur und dem Ausmaß der geschlechtsspezifischen Einkommensunterschiede zwischen den Ländern. Frauen haben nicht unbedingt in den Ländern mit einer Lohngleichheitspolitik die günstigeren Positionen in der geschlechtsspezifischen Entlohnungshierarchie (Rubery 1992:617).

Dagegen besteht ein Zusammenhang zwischen den Strukturen der Lohnaushandlungssysteme und dem Ausmaß der Lohnstreuung in den einzelnen Ländern. Länder, in denen die Verhandlungssysteme zentralisiert sind – wie in den skandinavischen Ländern – haben typischerweise eine geringere Lohnstreuung als Länder mit dezentralisierten Verhandlungssystemen (Rowthorn 1992:506).

Eine Studie zu den geschlechtsspezifischen Entgeltrelationen in 13 OECD-Ländern stellte fest, daß die Frauenverdienste relativ höher waren, wenn es starke zentralisierte institutionelle Regelungen des Arbeitsmarktes und hohe Anteile an Beschäftigten im öffentlichen Dienst gab. Diese Faktoren waren bedeutender als Gleichstellungsgesetze einerseits oder hohe gewerkschaftliche Organisationsgrade andererseits (Rubery 1992:613).

Eine weitere Studie, die die Verhandlungssysteme und die Lohngleichheitspolitik in den Ländern Deutschland, Italien und Großbritannien verglich, zeigte, daß die generellen Systeme der Entgeltdetermination ausschlaggebender sind als eine spezifische Politik zur Veränderung der Entlohnung der Geschlechter (ebd.). Deregulierung und Fragmentierung – wie in Großbritannien – erhöhen den Anteil an niedrig entlohnten Arbeitsplätzen, in welchen Frauen sich konzentrieren (ebd.:614). Mindeststandards in großflächigen Vereinbarungen stellen eine bessere Absicherung für die Frauenverdienste dar.

3.2. Lohnstrukturpolitische Konzeptionen

Neben den institutionellen Rahmenbedingungen der Lohnaushandlungssysteme wirken vor allem der Inhalt bzw. die Grundlage der Lohndifferenzierung und Lohnbegründung lohnstrukturierend.

Die Prinzipien der Einkommensdetermination sind zwischen den Ländern der Gemeinschaft unterschiedlich und können sich beispielsweise beziehen auf Seniorität, auf die individuelle Leistung, auf die Qualifikation oder den Arbeitsinhalt, und diese Kriterien können unterschiedlich gewichtet und bewertet werden. Beispielsweise ist Seniorität in Frankreich ein bedeutenderer Faktor als in Deutschland (ebd.:606). Die Betonung der qualifikationsbezogenen Entlohnung ist eng verbunden mit dem traditionellen System der Ausbildung und Qualifikation und dieses ist verzahnt mit den Arbeitsplatzstrukturen (ebd.:617).

Konzept der Lohndifferenzierung

In der Bundesrepublik Deutschland ist eine anforderungsbezogene Entgeltbegründung vorherrschend. Bei diesem Konzept werden große Hoffnungen mit dem Instrument der Arbeitsbewertung verbunden, die die »Gleichwertigkeit« von Frauenarbeit belegen soll.

Die Anwendung der Arbeitsbewertungssysteme zur Verbesserung der relativen Fraueneinkommen ist äußerst ambivalent. Bei den Verfahren der analytischen Arbeitsbewertung sind bei allen Schritten Möglichkeiten der relativen Benachteiligung – und theoretisch – auch der Bevorzugung und Besserstellung von Frauen enthalten (Weiler 1992:69).

Eine Voraussetzung zum Verständnis dafür, was sich hinter solchen Forderungen wie »Gleicher Lohn für gleichwertige Arbeit« verbirgt, ist eine Betrachtung der Methoden und Kriterien der Arbeitsbewertung und der Prinzipien, die solchen Lohnbegründungsverfahren immanent sind. Es gibt verschiedene Verfahren der Grundentgeltdifferenzierung. Gemeinsam ist allen Verfahren eine Zuordnung von Tätigkeiten und Anforderungen zu Positionen in der Einkommenshierarchie.

Die Problematik wird an dieser Stelle exemplarisch an der analytischen Arbeitsbewertung veranschaulicht, die an den Tätigkeiten anknüpft, die an einem bestimmten Arbeitsplatz ausgeführt werden und bei der die Arbeitstätigkeiten analytisch zerlegt und in mehreren Untersuchungsschritten bewertet werden (Weiler 1992:68). Bei dem ersten Schritt, der Erstellung der Arbeitsplatzbeschreibung, können Elemente der Tätigkeiten einbezogen oder vernachlässigt werden. Die Arbeitsbewertungssysteme unterscheiden sich hinsichtlich der Art und der Anzahl der Anforderungsarten bzw. -merkmale. Die in allen Arbeitsbewertungssystemen enthaltenen Hauptanforderungsarten sind Können, Verantwortung, Belastung und Umgebungseinflüsse. Unterschiede bestehen vor allem bei der Aufspaltung dieser Hauptanforderungsarten hinsichtlich der Anzahl und der Art der Merkmale. Für die geschlechtsspezifischen Lohndifferenzen ist weniger die Anzahl entscheidend als die Tatsache, daß die Auswahl der Anforderungsarten relativ beliebig ist und die Anforderungen an Frauenarbeitsplätzen – wie sich an den gängigen Arbeitsbewertungssystemen dokumentiert – völlig fehlen können. Den einzelnen Merkmalen werden Wichtefaktoren zugeordnet. Diese Gewichtung der Bewertungsmerkmale ist methodisch überhaupt nicht ableitbar und ist eine tarifpolitische Entscheidung bzw. ein Verhandlungsergebnis. Die Gewichtung hat bei der Anwendung der analytischen Arbeitsbewertung neben der Auswahl der Anforderungsarten den nachhaltigsten Einfluß auf die relativen Lohnpositionen der Geschlechter im Tarifgefüge. Der eigentliche Bewertungsvorgang im Betrieb, also die Einstufung der Arbeitsplätze hinsichtlich der Anforderungsarten in eine Punkteskala ist im Vergleich zur Gewichtung und Auswahl der Anforderungsarten relativ peripher. Aus einer Verknüpfung der ermittelten Wertungspunkte des Bewertungsvorgangs und der Gewichtung der einzelnen Anforderungsarten wird durch Multiplikation ein Teilarbeitswert ermittelt. Durch Addition der Teilarbeitswerte wird der Gesamtarbeitswert errechnet, der eine relative Kennzahl darstellt. Die Umsetzung der Arbeitswerte in Lohnrelationen, d.h. ob die Lohnlinie linear, degressiv oder progressiv verläuft, ist im Tarifvertrag festgelegt bzw. Verhandlungssache.

Was ist von diesem Ansatz einer anforderungsbezogenen Entgeltdifferenzierung zu erwarten? Kann eine systematische Arbeitsbewertung ein Mittel sein, die Einkommen vor allem in traditionellen Frauenarbeitsbereichen anzuheben?

Die Anwendung von Arbeitsbewertungssystemen zur Beseitigung von Diskriminierungen und zur Verbesserung der Position von Frauen bewegt sich innerhalb des bestehenden Systems der Lohn- und Arbeitsmarktstruktur. Ein solcher lohnpolitischer Ansatz beinhaltet zugleich eine Befürwortung von Lohndifferenzierungen. Es geht allenfalls darum, diese Einkommenshierarchie graduell zu ändern.

Die betriebliche und die tarifliche Praxis zeigte, daß die Arbeitsbewertungssysteme bislang – aufgrund der Ableitung der Gewichtung aus der bestehenden Lohnstruktur – eher die bestehende Entlohnungsstruktur bestätigt und festgeschrieben haben (Bartölke u.a. 1981:43; Acker 1991a:170; Brenner 1991:201). Da das Lohngefüge die Arbeitswerte bestimmt, sind die Arbeitswerte an den Frauenarbeitsplätzen niedrig, weil die Frauenlöhne im bestehenden Lohngefüge niedrig sind und nicht weil die Anforderungen bzw. Beanspruchungen an diesen Arbeitsplätzen gering sind.

Die Anwendung der Arbeitsbewertung kann nur unter der Bedingung, daß die Aufmerksamkeit auf die systematische Abwertung von Frauenarbeit gerichtet und diese als ein gesellschaftliches Problem thematisiert wird, ein Instrument zur Verbesserung der Frauenentlohnung sein. Soll die Arbeitsbewertung zu einer Beseitigung der Frauenlohndiskriminierung beitragen, setzt dies voraus, daß die Systeme einer grundlegenden Kritik unterzogen werden (Acker 1987:183; Reskin 1991:154). Vor allem muß der in diesen Systemen enthaltene Geschlechter-Bias problematisiert werden. Fraglich ist, ob die Ergebnisse eines Arbeitsbewertungsvorganges tatsächlich umgesetzt werden können, wenn die ermittelten Lohnrelationen von der bestehenden Lohnstruktur grundlegend abweichen. Dies stößt sowohl auf den Widerstand der Arbeitgeber als auch auf den Widerstand der männlichen Beschäftigten.

Damit ein solcher Ansatz Erfolge bei der Lohnangleichung verzeichnen kann, muß die Anwendung der Arbeitsbewertung mit einer offensiven Politik zur Änderung gesellschaftlicher Hierarchien, d.h. auch der Geschlechterhierarchien einhergehen. Ein wichtiger Effekt der Anwendung von Arbeitsbewertungsverfahren kann darin bestehen, daß die existierenden Entgeltrelationen problematisiert und diskutiert werden, aber nur wenn diese Diskussionen entsprechend politisiert werden.

Wie sich die Arbeitsbewertungssysteme auswirken, hängt also nicht von diesen arbeitswissenschaftlichen Instrumenten allein ab, sondern davon, was mit deren Anwendung erreicht werden soll und wie sie geschlechterpolitisch benutzt und umgesetzt werden (Brenner 1991:205). Wird der politische Gehalt des Instrumentariums der Arbeitsbewertung gesehen, stellt sich die Frage, ob dieses für eine Korrektur der geschlechtsspezifischen Status- und

Lohnpositionen unerläßlich ist oder ob mit einem solchen Verfahren nur die »Gleichwertigkeit« von Frauenarbeit demonstriert werden soll.

Konzept der Lohnnivellierung

Ein stärker auf eine Nivellierung des Einkommensgefüges gerichtetes lohnstrukturpolitisches Verständnis war in Schweden vorherrschend.

Schweden kennt keine expliziten Rechtsvorschriften zur Entlohnung der Geschlechter bzw. zur Lohngleichheit. Lohnregelungen werden dem Zuständigkeitsbereich der Tarifparteien zugeschrieben. Schweden hat die Konvention Nr. 100 der ILO zur Lohngleichheit – die Vorbild für die Regelung des Art. 119 EGWV war – nicht ratifiziert und die Arbeitsmarktparteien haben argumentiert, daß dies ein Gegenstand von Kollektivverhandlungen ist und nicht durch Gesetz, sondern am Verhandlungstisch gelöst werden muß (Johnston 1962:324).

Die Tarifpolitik in Schweden ist stärker ausgerichtet auf eine bedarfsbezogene Lohnbegründung. Das Konzept der »solidarischen Lohnpolitik« wurde vor allem von der LO betrieben, dem Dachverband der Industriegewerkschaften.

Vorrangiges lohnpolitisches Ziel der auf eine Nivellierung der gesamten Lohnstruktur ausgerichteten »solidarischen Lohnpolitik« ist eine Angleichung hoher und niedriger Einkommen (Cook 1980:64; Pfromm 1978:36 und 150; Meidner 1980:5; Meidner 1987:99; Meidner/Hedborg 1984:71). Dabei stellten die zentralen Verhandlungen zwischen den Spitzenorganisationen der Gewerkschaften (LO) und des Arbeitgeberverbandes (SAF) ein wichtiges Instrument dar.

Eine Nivellierung der Lohnstruktur wurde dadurch erreicht, daß den Niedriglohngruppen größere absolute und relative Erhöhungen in den periodischen Lohnrunden zugestanden wurden (Cook 1980:63; Pfromm 1978: 136). Dies geschah in erster Linie mittels der Vereinbarung von Sockelbeträgen oder Mindestbeträgen. Weitere lohnnivellierende Instrumente waren zusätzliche Erhöhungen um absolute Beträge für die Niedriglohngruppen, Niedriglohnzulagen von einem bestimmten Prozentsatz der Differenz zum Durchschnittslohn und Lohndrift-Anpassungsklauseln, nach denen allen Lohngruppen, deren Lohndrift geringer als ein festgelegter Betrag ausfiel, ein zusätzlicher Anstieg bis zu dieser Summe tarifvertraglich garantiert wurde. Die Lohndrift-Anpassungsklauseln kamen vor allem den Frauen zugute. Die Lohndrift ist die Differenz zwischen den tariflich vereinbarten und den betrieblich tatsächlich gezahlten Löhnen und Gehältern. Bis 1960 wurde versucht, durch besondere Frauenzulagen in jedem Tarifabkommen die relative Lohnposition der Frauen zu verbessern. Die Relation der Frauenverdienste zu den Männerverdiensten konnte jedoch nicht über 70% angehoben werden, denn die überdurchschnittlichen Erhöhungen der Tariflöhne der Frauen wurden durch eine unterdurchschnittliche Lohndrift aufgehoben.

Die Angleichung der unteren Einkommensgruppen an ein Durchschnittslohnniveau bewirkte zugleich eine Anhebung der Frauenverdienste, da auch in Schweden die meisten Frauen in die unteren Tarifgruppen eingestuft sind (Weiler 1992:209).

Das längst in die Krise gekommene und nicht generell unproblematische »schwedische Modell« soll hier nicht idealisiert werden, doch sind die für die Frauen positiven Resultate eines solchen lohnpolitischen Ansatzes eindrucksvoll. Bei der Betrachtung der Einkommen im produzierenden Gewerbe erreicht Schweden international fraglos eine Spitzenstellung hinsichtlich der Relationen der Verdienste der Frauen zu denen der Männer.

Die geschlechtsspezifische Struktur wird mit diesem Modell nicht grundsätzlich in Frage gestellt, sondern in erster Linie die differenzierte Lohn- und Sozialstruktur. Auch standen die geschlechtsspezifischen Einkommensunterschiede nicht an der Spitze der Prioritätenliste gewerkschaftlicher Ziele, aber die relativen Löhne der Frauen verbesserten sich solange wie die Gewerkschaften eine Politik der Lohnsolidarität betrieben (Acker 1991c:252). Obwohl der geschlechtsspezifische Einkommensabstand weiter bestand, verringerte er sich in allen Bereichen bis Mitte der 80er Jahre (ebd.:248).

Die Schere zwischen den Einkommen der Geschlechter öffnet sich seit 1985 wieder (ebd.:247; Acker 1991b:390; Schunter-Kleemann 1992:279; Kulawik 1992:232). Die Tatsache, daß die Einkommen der Geschlechter zeitgleich mit dem Infragestellen der Inhalte der »solidarischen Lohnpolitik« und des zentralisierten Verhandlungssystems (Peterson 1987:38; Lash 1985: 217; Olsson 1991:34, 48) erneut auseinanderdriften, ist ein Beleg dafür, daß dieses »schwedische Modell« der Angleichung der geschlechtsspezifischen Einkommenspositionen förderlich ist.

Die Arbeitsbewertung wurde als ein durch das Management kontrolliertes Instrument weitgehend abgelehnt, mit dem eine Lohndifferenzierung begründet und die Solidarität der Arbeitskräfte unterminiert werden kann (Acker 1991c:252). Außerdem wurden die Implikationen der Arbeitsbewertung für die Einstufung von Tätigkeiten in die Einkommenshierarchie viel kritischer diskutiert als in der Bundesrepublik Deutschland (Meidner 1980:6).

Seit 1987 weiten sich allerdings die Diskussionen von Gewerkschafterinnen, Politikerinnen und feministischen Wissenschaftlerinnen in Schweden über Ansätze einer Arbeitsbewertung zur Herstellung von Lohngleichheit aus (Acker 1991c:247). Unter den veränderten ökonomischen, politischen und sozialen Bedingungen kann die Arbeitsbewertung in einer Lohngleichheitsstrategie momentan ein Werkzeug sein, das die Gewerkschaften benutzen können, um der Lohnerosion für einen großen Teil der frauendominierten Arbeitsplatzkategorien zu begegnen (ebd.:252).

Ein wesentlicher Teil des Anstiegs der Einkommenskluft zwischen den Geschlechtern geht auf eine Zunahme der Lohndrift – wie beispielsweise im schwedischen Bankgewerbe – zurück (Acker 1991b:401). Einer Lohndrift kann mit einer auf die Grundentgeltdifferenzierung orientierten nicht geschlechtsdiskriminierenden Arbeitsbewertung allerdings nicht begegnet werden, sondern dafür sind andere lohnpolitische Entscheidungen und Regelungen notwendig.

Die Gegenüberstellung des lohndifferenzierenden und lohnnivellierenden Ansatzes sollte nicht so verstanden werden, daß es in Schweden keine Lohndifferenzierung und Lohnabstufungen gibt, doch das Augenmerk wird nicht auf die Zuordnung von Arbeitstätigkeiten zu Lohnansprüchen gerichtet, sondern es bestehen andere lohnstrukturpolitische Prioritäten. Andererseits werden in der Bundesrepublik nicht alle Beschäftigten nach Maßstäben der Arbeitsbewertung eingestuft, doch ist die Lohnbegründung bzw. Vorstellung von Lohngerechtigkeit an dem Ideal einer Entlohnung nach »Leistung« orientiert.

Die Kontrastierung eines anforderungsbezogenen Konzepts mit einem stärker auf eine Lohnstrukturnivellierung ausgerichteten Ansatzes verdeutlicht, daß recht unterschiedliche Formen und Prinzipien der Lohnbegründung und Lohnabstufung möglich sind, die für die Frauen aufgrund der Verteilung der Geschlechter auf die Lohn- und Arbeitsmarktpositionen günstiger sein können. Fraglich ist, was im Ergebnis frauenpolitisch effektiver ist, eine Lohngleichheitspolitik auf der Basis beispielsweise der analytischen Arbeitsbewertung oder ein lohnpolitischer Ansatz, der gerade *nicht* die Differenzierung der Einkommen in den Vordergrund stellt.

Im Vergleich beispielsweise zur Bundesrepublik war die Lohnpolitik der schwedischen Gewerkschaften relativ »frauenfreundlich«, sowohl in den Methoden wie in den Ergebnissen. Die Frage, ob eine Politik »frauenfreundlich« ist oder nicht, kann nicht allein oder vorrangig an der Programmatik einer Gewerkschaft oder an Lohngleichheitsklauseln festgemacht werden. Zudem gibt es in Schweden ein stark zentralisiertes Verhandlungssystem und starke Gewerkschaften, mit einem guten Rückhalt in der Mitgliedschaft, der sich in ausgesprochen hohen Organisationsgraden niederschlägt, wobei die Organisationsgrade der Frauen über denen der Männer liegen[2] (Organization for Economic Cooperation and Development 1991:116).

Fraglich ist, wie sich ein EU-Beitritt Schwedens auf die – im internationalen Vergleich – günstige Lohnposition der schwedischen Frauen auswirken wird und ob Elemente der schwedischen Politik auf die anderen Mitgliedsstaaten einwirken werden.

4. Frauenlohnpolitische Schlußfolgerungen

Aus den allgemeinen Überlegungen zu dem Einfluß von Tarifverhandlungssystemen und unterschiedlicher Ansätze der Entgeltbegründung ergeben sich frauenlohnpolitisch verschiedene Überlegungen zu einer gleichstellungspolitischen Konzeption.

Die vom EG-Parlament und der EG-Kommission seit Mitte der 70er Jahre entwickelte Frauenpolitik sollte offensiver genutzt und die Wahl des Rechtsinstruments geschlechterpolitisch überdacht werden. Da alle nationalen Gesetzgeber ihren Umsetzungsverpflichtungen in der Vergangenheit nur sehr zögernd, verspätet und inhaltlich mangelhaft nachgekommen sind, ist eine möglichst weitgehende direkte Rechtsgeltung von EG-Richtlinien im Fraueninteresse. Eine ernsthaft betriebene Gleichstellungspolitik der EU hätte auch die Möglichkeit, die Verordnung als Rechtsinstrument zu wählen. Die Verordnung ist in allen Teilen verbindlich und gilt unmittelbar in jedem Staat. Dagegen ist die Richtlinie hinsichtlich des Ziels verbindlich, überläßt den nationalen Regierungen jedoch die Wahl der Form und Mittel, wie sie das von den EG-Organen gewünschte Ziel erreichen (Schunter-Kleemann 1991: 83; Raasch 1990:69; Dieball 1991:170).

Die bisherige Umsetzung der Lohngleichheitsrichtlinie in den europäischen Mitgliedsstaaten kann insgesamt nur als skandalös bezeichnet werden. Das 1980 von der Bundesrepublik Deutschland erlassene sogenannte arbeitsrechtliche EG-Anpassungsgesetz zog ein Vertragsverletzungsverfahren der EG-Kommission gegen die Bundesrepublik vor dem Europäischen Gerichtshof nach sich wegen der unzureichenden Umsetzung der Bestimmungen in

2 Dieser Tatbestand trifft auf alle skandinavischen Staaten zu.

nationales Recht. Die Bundesrepublik befand sich allerdings in »guter Gesellschaft«, denn auch die anderen EG-Staaten haben die Umsetzung der Lohngleichheitsrichtlinie in nationales Recht nicht besonders engagiert betrieben. Vertragsverletzungsverfahren wurden neben der BRD gegen sechs weitere Länder[3] angestrengt (Schunter-Kleemann 1991:84). Die EG-Kommission urteilte in einem Bericht, daß »tatsächlich kein einziger Mitgliedsstaat diese Richtlinie in völlig zufriedenstellender Weise in nationales Recht umgesetzt hat« (ebd.:84).

Die auf der EG-Ebene entstandenen Rechtsnormen und Maßnahmen sind zu einer *strukturellen* Verbesserung der Frauenverdienste relativ wirkungslos und »zahnlos«. Daher fällt die mangelnde Umsetzung in die nationale Gesetzgebung zunächst nicht so drastisch ins Gewicht. Einer strukturell verankerten Benachteiligung läßt sich nur mit einem strukturellen Ansatz begegnen.

Die Tatsache, daß der Art. 119 EWGV aus wettbewerbspolitischen Erwägungen Aufnahme in die Römischen Verträge fand, spricht noch nicht gegen diesen Artikel. Es kommt primär darauf an, was daraus gemacht werden kann. Entscheidend für die Wirkung ist nicht allein, ob das Ziel eine tatsächliche Lohngerechtigkeit zwischen den Geschlechtern ist oder nur Nachteile für Arbeitgeber, die nicht (offen) diskriminieren, ausgeschlossen werden sollen.

Wird das von der Gleichstellungspolitik der EG favorisierte Konzept einer anforderungsbezogenen Entgeltdifferenzierung – wie es erneut im »Dritten Mittelfristigen Aktionsprogramm« zum Ausdruck kommt – aufgegriffen, dürfen die Implikationen eines solchen Entlohnungskonzepts und Modells zur Erreichung von Lohngleichheit nicht übersehen werden.

Eine anforderungsbezogene Entgeltbegründung ist nicht universell. Es gibt andere für Frauen u.U. vorteilhaftere Wege zu einer geschlechtsspezifischen Lohnangleichung. Das Modell einer Lohnstrukturnivellierung anstelle einer Lohndifferenzierung wird in anderen europäischen Ländern – außerhalb Skandinaviens – nur geringe Durchsetzungschancen haben, dennoch sollten die frauenlohnpolitischen Effekte einer solchen Lohn- und Gehaltsbegründung beachtet werden.

Wird aus politisch-praktischen Erwägungen heraus ein Ansatz aufgegriffen, der auf gleiches Entgelt für gleichwertige Arbeit zielt, dann kommt es zunächst darauf an, die systematische Abwertung von Frauenarbeiten zu demonstrieren und zu politisieren. Dies kann mittels der etablierten Arbeitsbewertungssysteme geschehen. Wichtiger ist es jedoch, generell gesellschaftli-

---

3 Belgien, Dänemark, Frankreich, Luxemburg, Niederlande, Großbritannien.

che Bewertungen in Frage zu stellen und die Arbeitsbewertung als ein Instrument zur Durchsetzung lohnpolitischer Ziele zu betrachten und zu behandeln. Wird die Arbeitsbewertung als Instrument einer Lohngleichheitsstrategie eingesetzt, kann auch eine solche Politik zu einer Verringerung der Einkommensunterschiede führen. Dies setzt jedoch eine grundlegende Veränderung und Überarbeitung gängiger Arbeitsbewertungssysteme voraus. Problematisch ist an jedem Arbeitsbewertungssystem, daß dieses implizit auf die Begründung von Einkommensdifferenzierungen zielt. Würden solche Lohnsysteme langfristig zu einer Angleichung der Lohnstruktur führen, wären sie vermutlich überflüssig, weil sich dann eine Lohnangleichung sozial auch ohne dieses Instrument durchsetzen ließe. Die Anwendung von Arbeitsbewertungssystemen kann – bei entsprechender Zielformulierung – auch darauf gerichtet sein, zu belegen, wie weit die an typischen Frauenarbeitsplätzen ermittelten Arbeitswerte von den tatsächlich gezahlten Löhnen und Gehältern abweichen. Fraglich ist, ob ein auf solche Art und Weise ermittelter Anspruch auf höhere Einkommen tatsächlich durchsetzbar ist.

Die Arbeitsbewertung konzentriert sich auf den Bereich der Grundentgeltdifferenzierung bzw. Einstufung von Tätigkeiten in eine Rangordnung. Daneben fließen in die endgültigen Lohn- und Gehaltssätze andere Lohnbestandteile ein. Die Praxis zeigt außerdem, daß bei einer Angleichung von Frauen- und Männerverdiensten im Grundentgeltbereich Ausweichstrategien entwikkelt werden, die auf eine Konsolidierung der bislang existierenden relativen Lohnansprüche hinauslaufen. Frauenlohnpolitik muß als Lohnstrukturpolitik betrieben werden, wenn sich die Einkommen der Geschlechter wirklich angleichen sollen.

Geschlechtsspezifische Einkommensdifferenzierungen, die nicht konkret mit dem Konzept der »Gleichwertigkeit« erfaßbar sind, bleiben außerhalb der Betrachtung.

Sogar eine Tarifgestaltung, die alle offenbaren Ansatzpunkte für mittelbare Benachteiligungen auszuschließen versucht, könnte Diskriminierungen durch die innerbetriebliche Eingruppierung oder das außertarifliche Zulagensystem nicht unterbinden (Schlachter 1993:211).

Die Festlegung auf einen frauenlohnpolitischen Ansatz, der gleiches Entgelt für gleiche bzw. gleichwertige Arbeit erreichen möchte, wirft zahlreiche immanente konzeptionelle Probleme und Fragen auf, insbesondere welche Anforderungen das Gemeinschaftsrecht an berufliche Einstufungssysteme zur Feststellung gleicher bzw. gleichwertiger Arbeit im Hinblick auf den Gleichbehandlungsgrundsatz stellt (Langenfeld 1990:247).

Es erscheint fraglich, ob europarechtliche Grundsätze eines geschlechtsneutralen Gesamtbewertungssystems in der Tarifpraxis (Schlachter 1993: 218) oder eine Lösung auf gemeinschaftlicher Ebene mit Hilfe eines Rechtsinstruments des Rates, welches eindeutige Kriterien für die Ausfüllung des Begriffes »gleichwertige Arbeit« enthielte (Langenfeld 1990:249) praktikabel und erfolgversprechend sind.

Bereits eine Untersuchung nationaler oder branchenweiter Regelungen zeigt, daß die Tarifbestimmungen letztlich hauptsächlich eine »Verpackung« für den – in jeder Hinsicht – politisch brisanten Bereich der Lohndetermination darstellen. Entscheidender sind die zugrundeliegenden sozialen und ökonomischen Strukturen (Weiler 1992). Ich möchte den Wert frauenfreundlicher bzw. geschlechtsneutraler Tarifbestimmungen oder Rechtsnormen nicht in Frage stellen oder abwerten, doch die Tarif- und Lohnpraxis in den Betrieben zeigt, daß dies allein zu einer Gleichstellung der Geschlechter nicht ausreicht.

Viel entscheidender als eine letztlich erreichte Formulierung ist die Auseinandersetzung um die Tarif- oder Gesetzesnormen. Das Infragestellen gegebener hierarchischer Strukturen muß frauenpolitisch aufgegriffen werden. Die Verankerung von Rechts- und Tarifnormen allein reicht nicht aus, sondern es kommt auf die politische Umsetzung an!

Welche Blüten die Festlegung auf eine anforderungsbezogene Entlohnung und die Anwendung der gebräuchlichen Instrumente der Arbeitswissenschaft treiben kann, wird an der Rechtsprechung von deutschen Arbeitsgerichten deutlich, die ausgehend von der Annahme einer durchschnittlich geringeren körperlichen Leistungsfähigkeit der Frauen – basierend auf dem Energieumsatz oder der Pulsfrequenz – urteilt, daß »leichte« Arbeit bei Frauen eher »mittelschwere« oder »schwere« Arbeit ist als bei den »olympiareifen« männlichen Arbeitskräften.

Das anforderungsbezogene Konzept kommt erneut in den Zielen des vorgelegten *Dritten Mittelfristigen Aktionsprogramms zur Förderung von Frauen* (1991-1996) zum Ausdruck. Ein wichtiger Schwerpunkt der Richtlinien-Aktivitäten zielt auf die Überprüfung von Tarifverträgen hinsichtlich offener oder verdeckter Geschlechtstypisierungen (EG-Kommission 1990). Damit wird erneut ein Aspekt aufgegriffen, der schon in der Lohngleichheitsrichtlinie von 1975 auf der Tagesordnung stand (Schunter-Kleemann 1991: 91).

Der Rat fordert die Sozialpartner auf,

»... bei den Tarifverhandlungen auch die Frage der gleichen Entlohnung (gleiche Entlohnung für gleiche oder gleichwertige Arbeit) und der Beseitigung der geschlechtsbedingten Diskriminierung in den Entlohnungs- und/oder Einstufungssystemen aufzugreifen« (Entschließung des Rates vom 21. Mai 1991).

Die Tatsache, daß die relative Einkommensposition der Frauen mehr durch das allgemeine System der Entlohnungsdetermination bestimmt wird als durch eine spezifische Politik der Gleichstellung der Geschlechter, weist auf die Dringlichkeit einer anderen Stoßrichtung der europäischen Richtlinien zur Verbesserung der Situation der Frauen hin (Rubery 1992:619).

Jill Rubery vertritt die Ansicht, daß möglicherweise eher Verbesserungen der Einkommenspositionen der Frauen erreicht werden können, wenn die Aufmerksamkeit stärker auf die Schaffung allgemeiner Prinzipien von sozialen Arbeitsstandards gerichtet wird, wie dies in einem gewissen Maße in den Direktiven zur Teilzeitarbeit, Zeitarbeit oder Arbeitszeitregelungen inkorporiert ist als durch eine Stärkung der Gleichbehandlungsrichtlinie (ebd.:619).

»The logic of this argument is that, if there is to be any move towards establishing a basic floor of rights within the EC, this should not be attempted on a piecemeal basis through individual policies; instead, the whole set of principles set out in the Social Charter needs to be established, to provide a more significant impact on the payments systems in each member-state and to provide a new impetus to the establishment of better social protection for all in employment.« (ebd.)

Der Ansatz eines formal-juristischen Angleichungskonzepts der Gleichstellungsphilosophie der EG-Kommission geht nicht von einem Verständnis einer strukturellen Frauenunterdrückung aus und die Richtlinien sehen nur punktuelle Problemlösungen vor (Schunter-Kleemann 1991:87). Eine offene Ungleichbehandlung ist nur ein Teil der Lohndiskriminierung von Frauen, und daher bringt eine formale Gleichstellung auch keine nennenswerten Verbesserungen der Lohnsituation der Frauen.

Frauenlohnpolitisch ist es ratsam, phantasievoll an Fragen der Lohn- und Arbeitsmarktpolitik heranzugehen und offensiv alle zur Verfügung stehenden Mittel und lohnpolitischen Instrumente auszuschöpfen und sich nicht allein auf das im System der Lohndetermination eher periphere Problem der »gleichen« oder »gleichwertigen« Arbeit zu beschränken. Bestehende Systeme der Lohndetermination sollten nicht als quasi naturgegeben hingenommen werden und allein nach Möglichkeiten einer schlichten Anpassung der Frauenverdienste gesucht werden.

Unter bestimmten Voraussetzungen können tarifpolitische oder gesetzliche Maßnahmen, die gar nicht frauenlohnpolitisch motiviert sind, sich auf das geschlechtsspezifische Einkommensgefüge auswirken. Dies trifft vermutlich auf die gesetzliche Mindestlohnregelung, z.B. in Frankreich zu (Schunter-Kleemann 1992:197). Eine Mindestlohnregelung ist unter frauenlohnpolitischen Gesichtspunkten ein interessanter Ansatz, denn dies bedeutet zunächst eine Annäherung dieser unteren Einkommensgruppen an die mittleren und höheren Gruppen. Eine Mindestlohnregelung führt auch zu einer Angleichung der Niedriglohnbranchen, in denen Frauen überproportional vertreten sind, an andere Industriezweige. Dies betrifft einen Bereich, der beispielsweise in der Bundesrepublik außerhalb des tarifvertraglichen Regelungsbereiches liegt. Ein Mindestentgelt kann auch tarifvertraglich festgelegt werden. Eine solche Regelung wird beispielsweise in der Bundesrepublik bei den Frauen der ÖTV diskutiert (Dürk 1991:732).

Insgesamt ist eine Lohn- und Geschlechterpolitik notwendig, die die bestehenden Lohn- und Arbeitsmarktstrukturen problematisiert. Ein umfassender und wirkungsvoller frauenlohnpolitischer Ansatz muß die Grundlage für die Lohndifferenzierung in Frage stellen und kann sich nicht allein auf die Gleichstellung der Entlohnung von Frauen und Männern bei – nach welchen Kriterien und Methoden auch immer – vergleichbaren Tätigkeiten beschränken, sondern muß auch andere Begründungen für die Festlegung von Einkommen in Betracht ziehen. Beispielsweise kann eine Lohndifferenzierung anforderungsbezogen, bedarfsbezogen oder auch völlig anders begründet sein.

Bei der Entlohnung der Frauen handelt es sich vorrangig um einen politischen Aushandlungsprozeß, in welchem sich Machtstrukturen zwischen Frauen und Männern niederschlagen. Zur Debatte steht hier das Geschlechterverhältnis und die Honorierung der Geschlechtszugehörigkeit. Eine Angleichung der geschlechtsspezifischen Einkommensdifferenzen muß vor allem politisch umgesetzt werden, denn sie ist ohne eine Veränderung des Geschlechterverhältnisses nicht erreichbar, weder national noch europäisch.

Literatur

Acker, Joan (1987), Sex Bias in Job Evaluation, A Comparable Worth Issue, in: Christine Bose/Glenna Spitze (Hg.), *Ingredients for Women's Employment Policy*, Albany, S. 183-196.

Acker, Joan (1991a), Hierarchies, Jobs, Bodies, A Theory of Gendered Organizations, in: Judith Lorber/Susan A. Farrell (Hg.), *The Social Construction of Gender*, Newbury Park, London, New Delhi, S. 162-179.

Acker, Joan (1991b), Thinking About Wages, The Gendered Wage Gap in Swedish Banks, in: *Gender & Society* 3, S. 390-407.

Acker, Joan (1991c): Pay Equity in Sweden and Other Nordic Countries, in: Judy Fudge/ Patricia McDermott (Hg.), *Just Wages*, A Feminist Assessment of Pay Equity, Toronto, S. 247-253.

Amtsblatt der Europäischen Gemeinschaften, Nr. C 176/5 vom 5.7.1988: *Vorschlag für eine Richtlinie des Rates zur Beweislast im Bereich des gleichen Engelts und der Gleichbehandlung von Frauen und Männern.*

Bartölke, Klaus/Foit, Otto/Gohl, Jürgen/Kappler, Ekkehard/Ridder, Hans-Gerd/Schumann, Ulrich (1981), *Konfliktfeld Arbeitsbewertung*, Grundprobleme und Einführungspraxis, Frankfurt.

Brenner, Johanna (1991), Feminization of Poverty and Comparable Worth, Radical Versus Liberal Approaches, in: Judith Lorber/Susan A. Farrell (Hg.), *The Social Construction of Gender*, Newbury Park, London, New Delhi, S. 193-209.

Coen, Martin (1992), Europäische Gemeinschaft und Tarifautonomie, in: *Betriebs-Berater* 29, S. 2068-2070.

Colneric, Ninon (1988), Gleichberechtigung von Mann und Frau im Europäischen Gemeinschaftsrecht, in: *Betriebs-Berater* 14, S. 968-976.

Colneric, Ninon (1990), Gleichberechtigung der Frauen, in: *Arbeitsrecht im Betrieb* 8, S. 291-292.

Colneric, Ninon (1992), Frauenerwerbsarbeit und Diskriminierung, Entwicklungsperspektiven eines gesamtdeutschen Arbeitsrechts, in: *Arbeitsrecht im Betrieb* 4, S. 179-188.

Cook, Alice H. (1980), Collective Bargaining as a Strategy for Achieving Equal Opportunity and Equal Pay: Sweden and West Germany, in: Ronnie Steinberg Ratner (Hg.), *Equal Employment Policy for Women*, Philadephia, S. 53-78.

Däubler, Wolfgang (1992), Europäische Tarifverträge nach Maastricht, in: *Europäische Zeitschrift für Wirtschaftsrecht* 11, S. 329-336.

Dieball, Heike (1991), Gleichbehandlung von Frau und Mann im Recht der EG, in: *Arbeit und Recht* 6, S. 166-172.

Dürk, Barbara (1991), Wenn das Brunnenmädchen im Heilbad den Hahn zudreht..., Frauen im öffentlichen Dienst fordern die Aufwertung ihrer Tätigkeiten, in: *WSI-Mitteilungen* 12, S. 724-733.

EG-Kommission (1990), *Chancengleichheit für Frauen und Männer*, 3. Mittelfristiges Aktionsprogramm der Gemeinschaft 1991-1995, KOM (90) 449 endg. vom 6. November 1990.

Entschließung des Rates vom 21. Mai 1991 zum dritten mittelfristigen Aktionsprogramm der Gemeinschaft für die Chancengleichheit für Frauen und Männer (1991-1995), Amtsblatt der Europäischen Gemeinschaften, C 142/1 vom 31.5.1991.

Fürstenberg, Friedrich (1958), *Probleme der Lohnstruktur*, Die wirtschaftliche und soziale Bedeutung der Lohnunterschiede, Tübingen.

v.d. Groeben, Hans/v. Boeck, Hans/Thiesing, Jochen/Ehlermann, Claus-Dieter (1983), *Kommentar zum EWG-Vertrag*, 3. neubearb. Aufl., Baden-Baden.

Hörburger, Hortense (1992), *Europa – ratlos statt grenzenlos*, Der Vertrag von Maastricht auf dem Prüfstand, Marburg.

Johnston, Thomas Lothian (1962), *Collective Bargaining in Sweden*, London.

Kulawik, Teresa (1992), Gleichstellungspolitik in Schweden, Kritische Betrachtung eines »Modells«, in: *WSI-Mitteilungen* 4, S. 226-234.

Langenfeld, Christine (1990), *Die Gleichbehandlung von Mann und Frau im Europäischen Gemeinschaftsrecht*, Baden-Baden.

Lash, Scott (1985), The End of Neo-Corporatism?, The Breakdown of Centralised Bargaining in Sweden, in: *British Journal of Industrial Relations* Vol. 23, S. 215-239.

Meidner, Rudolf (1980), *Zur Problematik einer nationalen Lohnpolitik*, Grenzen lohnpolitischer Nivellierungsbestrebungen in Schweden, Berlin (Diskussionspapier IIM-dp80-14; Wissenschaftszentrum für Sozialforschung Berlin).

Meidner, Rudolf (1987), Das gesellschaftspolitische Modell der schwedischen Gewerkschaftsbewegung, in: Hans Pornschlegel (Hg.), *Macht und Ohnmacht von Gewerkschaftstheorien in der Gewerkschaftspolitik*, 18. Internationale Tagung der Sozialakademie Dortmund, Berlin, S. 95-103.

Meidner, Rudolf/Hedborg, Anna (1984), *Modell Schweden*, Erfahrungen einer Wohlfahrtsgesellschaft, Frankfurt/M.

Organization for Economic Cooperation and Development (1991), *Employment Outlook*, Paris.

Olsson, Anders S. (1991), *The Swedish Wage Negotiation System*, Aldershot

Peterson, Richard. B. (1987), Swedish Collective Bargaining – A Changing Scene, in: *British Journal of Industrial Relations* 1, S. 31-48.

Pfarr, Heide M. (1986), Gleichbehandlung von Männen und Frauen im Arbeitsleben als Beispiel für die Durchsetzung sozialpolitischer Normen des Gemeinschaftsrechts, in: Hagen Lichtenberg (Hg.), *Sozialpolitik in der EG*, Baden-Baden, S. 179-194.

Pfromm, Hans-Adam (1978), *Solidarische Lohnpolitik*, Köln.

Raasch, Sibylle (1990), Perspektiven für die Gleichberechtigung der Frau im EG-Binnenmarkt '92, in: *Kritische Justiz* 1, S. 62-78.

Rath, Fritz (1991), Strukturelle Koordination gewerkschaftlicher Europapolitik, in: Wolfgang Däubler/Wolfgang Lecher (Hg.), *Die Gewerkschaften in den 12 EG-Ländern*, Europäische Integration und Gewerkschaftsbewegung, Köln, S. 233-283.

Reskin, Barbara F. (1991), Bringing the Men Back in. Sex Differentiation and the Devaluation of Women's Work, in: Judith Lorber/Susan A. Farrell (Hg.), *The Social Construction of Gender*, Newbury Park, London, New Delhi, S. 141-161.

Rowthorn, R. E. (1992), Centralisation, Employment and Wage Dispersion, in: *The Economic Journal* Vol. 102, S. 506-524.

Rubery, Jill (1992), Pay, Gender and the Social Dimension to Europe, in: *British Journal of Industrial Relations* 4, S. 606-621.

Schlachter, Monika (1993), *Wege zur Gleichberechtigung*, Vergleich des Arbeitsrechtes der Bundesrepublik Deutschland und der Vereinigten Staaten, München (im Erscheinen).

Schunter-Kleemann, Susanne (1991), EG-Binnenmarkt – Markt der Möglichkeiten oder Markt der Betrogenen?, in: *beiträge zur feministischen theorie und praxis* 29, S. 79-93.

Schunter-Kleemann, Susanne (Hg.) (1992), *Herrenhaus Europa: Geschlechterverhältnisse im Wohlfahrtsstaat*, Berlin.

Weiler, Anni (1992), *Frauenlöhne – Männerlöhne*, Gewerkschaftliche Politik zur geschlechtsspezifischen Lohnstrukturierung, Frankfurt/M.

Weiler, Anni (1993), »Gleicher Lohn für gleiche Arbeit« oder Frauenlohnpolitik? Der gewerkschaftliche Ansatz zur geschlechtsspezifischen Lohnstrukturierung in der Bundesrepublik Deutschland und in Schweden, in: Dagmar Richter/Susanne Lang (Hg.), *Geschlechterverhältnis – verpaßte Chance der Moderne* (Arbeitstitel), Marburg (im Erscheinen).

Wie solidarisch ist der sozialdemokratische Universalismus?

Wohlfahrtsstaatstheorie und soziale Staatsbürgerschaft in Schweden

Teresa Kulawik

Zur Rationalität von »Erdbeben«

In der vergleichenden Wohlfahrtsstaatsforschung nimmt Schweden eine außerordentlich prominente Position ein. Insbesondere nach der Rückkehr der Sozialdemokratie an die Regierung Anfang der 80er Jahre repräsentierte Schweden eine Art gelobtes Land. Während in den meisten kapitalistischen Ländern neo-liberale oder konservative Parteien mit der expliziten Strategie, wohlfahrtsstaatliche Institutionen abzubauen, an die Macht kamen, schien sich einmal mehr der besondere Genius der schwedischen Sozialdemokratie zu beweisen. Die sozialdemokratische Regierung führte das Land nicht nur aus einer anhaltenden wirtschaftlichen Krise, es gelang ihr außerdem, ökonomisches Wachstum mit Vollbeschäftigung und dem erreichten Standard sozialer Sicherung zu vereinbaren.

Mit der auf den ersten Blick so erfolgreichen Politik in den 80er Jahren avancierte das »Schwedische Modell« zur realpolitischen Utopie durchaus unterschiedlicher theoretischer wie politischer Standpunkte. Für die einen machte der umfassende – sogenannte universalistische – Charakter des schwedischen Wohlfahrtsstaates einen »demokratischen Sozialismus« zum Greifen nahe, für die anderen enthielt er das Versprechen auf eine »frauenfreundliche Gesellschaft« (Korpi 1983; Hernes 1987).

Für die meisten, vor allem aber wohl für die schwedischen PolitikwissenschaftlerInnen, war deshalb das Ergebnis der *Riksdags*-Wahlen im September 1992, in denen die Sozialdemokratie die Regierungsmacht erstmalig seit zweiundsechzig Jahren an ein konservativ geführtes Kabinett verlor, nahezu unfaßbar. Nicht minder aufsehenerregend war, daß der seit der Erringung des Wahlrechts stetig zunehmende Anteil von Frauen im Parlament von 38% auf 33% signifikant zurückgegangen ist. »Frauen – die Verlierer der Wahl« lautete sinngemäß die Schlagzeile der größten schwedischen Tageszeitung (Dagens Nyheter 24.09.1991, zit. n. Eduards 1992:86).

Ein »Erdbeben« – so benannte ein schwedischer Wissenschaftler die Wahl, auf die erdrutschartige Verschiebung der politischen Kräfteverhältnisse zielend (Peter Esaiasson, zit. n. Rothstein 1992). Die Bezeichnung kann meines Erachtens jedoch auch als weiterführende Metapher gedeutet werden.[1] Sie steht einerseits für die Hilflosigkeit der Sozialwissenschaften, die angesichts der eigenen Unzulänglichkeit, auch nur annähernd ein solches Ergebnis zu prognostizieren, »Naturgewalten« beschwören. Andererseits drückt sich darin die geläufige wissenschaftliche Überzeugung von der »felsenfesten« Position der Sozialdemokratie als schwedische Regierungspartei schlechthin aus. Folgerichtig kam als Ursache für diesen jähen Sturz vom Olymp der Macht nur etwas so Gewaltiges und Unkontrollierbares wie ein Erdbeben in Betracht. In gewisser Weise erinnert diese Ahnunglosigkeit der Sozialwissenschaften gegenüber den einschneidenden Umwälzungen in Schweden an die Realitätsferne der DDR- und Osteuropaforschung, die noch kurz vor dem Zusammenbruch von einer stabilen Situation der dortigen Regime fabulierte.[2] Meines Erachtens resultieren solche Fehleinschätzungen aus analytischen Kategorien, die in systematischer Weise die gesellschaftliche und politische Realität verfehlen. Das Hauptdefizit sehe ich in einem Bias, mit dem die Forschungsperspektive auf die bestehende Ordnung und deren Reproduktion gerichtet wird. Diese Institutionenfixiertheit und das ihr inhärente statische Moment führt dazu, daß die Dynamik gesellschaftlicher und politischer Entwicklung nicht mehr erfaßt werden kann. Wie hier noch zu zeigen sein wird, konstruierten die wissenschaftlichen ProtagonistInnen des schwedischen Modells den schwedischen Wohlfahrtsstaat als eine Art sich selbst reproduzierendes Perpetuum mobile. Der Blick für den kontingenten Charakter (wohlfahrts-)politischer Arrangements ging damit verloren.

Dies ist meines Erachtens einem defizitären Verständnis des Politischen geschuldet, wie es innerhalb der empirischen Politikwissenschaft zur Zeit vorherrschend ist. In den dominierenden Analysemodellen wird Politik reduziert auf eine ausschließlich instrumentelle Dimension. So wird sie beispielsweise systemtheoretisch als Problem autopoietischer Steuerung oder handlungstheoretisch als strategischer Kampf um die Durchsetzung von Interes-

---

1 Zur Rolle von Metaphern in der Wissenschaft vgl. Harding 1990:253ff.

2 Damit soll kein Vergleich des »Schwedischen Modells« mit den Regimen in Osteuropa auch nur angedeutet werden.

sen konzeptualisiert. Die normative Dimension von Politik, d.h. die unter Bedingungen parlamentarischer Demokratie erforderliche *Zustimmung* der Bevölkerung zu *inhaltlich bestimmten* Entscheidungen des politischen Prozesses, wird darin entweder völlig ignoriert oder rationalistisch verkürzt.[3] Die rationalistische Reduktion handlungstheoretischer Politikkonzepte basiert auf einer innerhalb der Sozialwissenschaften beliebten Ableitungsfigur, indem von der Sozialstruktur auf die Existenz kollektiver Akteure und ihrer Interessen geschlossen wird. Politisch handelnde Gruppen und ihre Interessen sind jedoch nicht automatisch als quasi selbstevidentes Resultat der Sozialstruktur vorhanden. Sie sind vielmehr selbst *Ergebnis eines politischen Prozesses*, in dem die »Probleme«, auf das sich das Handeln bezieht, die Ziele des Handelns und natürlich die handelnden Akteure, ihr Selbstverständnis und ihre kollektive Identität im Rahmen von sprachlich-symbolisch vermittelter Interaktion diskursiv interpretiert werden müssen.[4] Der Erfolg politischen Handelns bemißt sich innerhalb eines solchen Politikverständnisses nicht nur nach quantifizierbaren Kriterien wie Parlamentssitze, ökonomische Wachstumsraten, Arbeitslosenziffern oder dem Stand der Einkommensverteilung. Er bemißt sich ebenso in der Fähigkeit, kollektive Identitäten herzustellen sowie die eigenen Definitionen gesellschaftlicher Beziehungen und Probleme auf der politischen Agenda zu etablieren, um damit die eigenen Lösungen durchsetzungsfähig zu machen. Politische Macht besteht demnach auch darin, den Interpretationsrahmen politischer Diskurse zu beeinflussen oder gar zu dominieren.[5]

Vor dem Hintergrund einer solchen diskursiven Macht gründete der Erfolg der schwedischen Sozialdemokratie einerseits darauf, daß es ihr gelungen ist, eine kollektive Identität der Arbeiterbewegung zu schaffen, mit der große organisatorische und legitimatorische Ressourcen mobilisiert werden konnten, und andererseits in der Fähigkeit, mit dem »Volksheim«-Projekt auf gesamtgesellschaftlicher Ebene ein hegemoniales Paradigma installiert zu

---

3 Für eine diskursethische Kritik eines solchen Politikbegriffes vgl. Habermas 1992. Zur sprachtheoretischen Kritik innerhalb der Politikwissenschaft siehe Jenson 1989.

4 In der Theorie der sozialen Bewegungen ist eine solche Kritik inzwischen geläufiger, z.B. Cohen 1985 und Japp 1984. Ähnlich die Perspektive auf das Konzept der »class formation« nach dem »linguistic turn« innerhalb der amerikanischen Sozialgeschichte. Siehe zusammenfassend Canning 1992.

5 Dabei hängen zwar organisatorische und diskursive Macht zusammen, sie sind aber nicht aufeinander zurückführbar. Siehe für eine ähnliche, allerdings mit der Diskursethik überlastete Unterscheidung von »sozialer« und »kommunikativer« Macht Habermas 1992:401ff.

haben, in dem gewisse kollektive Akteure privilegiert wurden.[6] Das Paradoxon der 80er Jahre bestand nun darin, daß die schwedische Sozialdemokratie zwar strategisch recht erfolgreich agierte, aber dennoch ihre identitätsstiftende Kapazität in der Arena des politischen Diskurses und damit ihre hegemoniale Position einbüßte. Dieses Paradoxon sowie die prinzipielle Widersprüchlichkeit der schwedischen Sozial- und Geschlechterpolitik können in den herkömmlichen, die Deutung des »Schwedischen Modells« bislang dominierenden, theoretischen Ansätzen nicht erfaßt werden. Ich werde sie deshalb im folgenden einer kategorialen und substantiellen Kritik unterziehen.

Das sozialdemokratische *Perpetuum mobile*

In der internationalen Wohlfahrtsstaatsdebatte wurde zwar der universelle Erklärungsanspruch des von den skandinavischen Wissenschaftlern Walter Korpi und Gösta Esping-Andersen vertretenen sogenannten Machtressourcen-Ansatzes zurückgewiesen, ihre Interpretation der schwedischen Entwicklung jedoch weitgehendst akzeptiert (Shalev 1983; Skocpol/Amenta 1986).

Ausgangspunkt für diesen Theorieansatz[7] stellt die Behauptung dar, daß die Machtressourcen des Marktes und die Machtressourcen der Politik grundsätzlich anderen Charakter haben und zugleich von den Klassen unterschiedlich mobilisierbar sind. Die Ressourcen des Marktes werden ungleich und zugunsten der bürgerlichen Klasse verteilt. Die Ressourcen der Politik, wie Stimmrecht und Organisationsfähigkeit, die in einer Demokratie prinzipiell gleich verteilt sind, bieten der zahlenmäßig größeren Klasse der Lohnabhängigen eine günstigere Position. Die Arbeiterklasse, so die Annahme von Walter Korpi und Gösta Esping-Andersen, wird ihre politischen Ressourcen – gemessen als Organisationsgrad der abhängig Beschäftigten in den Gewerkschaften, Stärke sozialdemokratischer Parteien im Parlament sowie Anzahl der Regierungsjahre – dazu nutzen, die Bedingungen und Resulate der Verteilungskonflikte auf dem Markt zu ihren Gunsten zu beeinflußen. Dabei richtet sich ihr rationales Interesse darauf, einen möglichst umfassenden

6 Zum Konzept des Paradigmas siehe Jenson 1989.

7 Die folgende zusammenfassende Darstellung basiert auf Korpi 1980; Esping-Andersen/Korpi 1984 und 1986; Esping-Andersen 1990.

Wohlfahrtsstaat aufzubauen, der die Zwänge des Marktes, d. h. vor allem den Zwang zur Erwerbsarbeit, minimiert.

Die Analyse des Wohlfahrtsstaates wird im Rahmen des Machtressourcen-Ansatzes entlang von drei Dimensionen unternommen. Untersucht wird *erstens* die Logik des Verhältnisses zwischen Staat und Markt in der Bereitstellung sozialer Leistungen, *zweitens* die qualitative Ausgestaltung sozialer Rechte und damit der Charakter der *sozialen Staatsbürgerschaft* und schließlich *drittens* die Wirkungen von Sozialpolitik auf die Stratifikation und damit auf die Machtverteilung in der Gesellschaft. Gegenüber den in den 70er Jahren in der vergleichenden Wohlfahrtsstaatsforschung dominierenden einfachen funktionalistischen Theorien, ist der Machtressourcenansatz ungleich differenzierter, trotzdem ist auch er reduktionistisch. Dies soll anhand der drei von Walter Korpi und Gösta Esping-Andersen selbst eingeführten Untersuchungskriterien aufgezeigt werden:

In *der ersten Dimension* entwickeln Walter Korpi und Gösta Esping-Andersen eine Klassifikation von unterschiedlichen Wohlfahrtsstaatstypen, mit der das prinzipielle Verhältnis zwischen Staat und Markt eingefangen werden soll. Danach verkörpert Schweden einen institutionalisierten Wohlfahrtsstaat. Ein institutionalisierter Wohlfahrtsstaat verfügt über eine umfassende Sozialpolitik, die den Dualismus von Markt und Staat nicht akzeptiert und eine zielgerichtete und umfassende Sozialpolitik betreibt. Sozialpolitische Leistungen richten sich an die gesamte Bevölkerung, nicht nur an die sogenannten Bedürftigen wie im »residualen« Wohlfahrtsstaat à la USA oder an besonders verdiente Bevölkerungsgruppen wie im »industrial-achievment-model« in Deutschland. Die jeweiligen Wohlfahrsstaatstypen werden als Ergebnis einer politischen Strategie betrachtet, die ihrerseits von unterschiedlichen ideologischen Vorstellungen über die Rolle von Sozialpolitik in der Sozialintegration getragen wird. Für Walter Korpi und Gösta Esping-Andersen ist der schwedische Wohlfahrtsstaat Resultat einer bewußten sozialdemokratischen Strategie um ein Höchstmaß an sozialer Sicherheit und Gleichheit zu erreichen. Gösta Esping-Andersen nennt ihn deshalb auch sozialdemokratisches Regime, während die anderen beiden als liberales, respektive konservatives Regime apostrophiert werden.[8] Ein sozialdemokratisches Regime

8 Während die Klassifizierung unterschiedlicher Wohlfahrtstaats*typen* sich in erster Linie an den jeweiligen policy-Mustern orientiert, wird mit der Regimekategorie versucht, den Zusammenhang von politischen Strategien (politics) und policy-Mustern auszudrücken.

zeichnet sich dadurch aus, daß »full social citizenship rights and status should be guaranteed unconditionally« (Esping-Andersen/Korpi 1986:40).

Der Maßstab, der hier angelegt wird, um als »institutionalisierter« Wohlfahrtsstaat zu gelten, ist also sehr hoch. Ohne weiteres wäre es möglich, diesen Maßstab als normatives Konzept zu akzeptieren, problematisch ist jedoch, daß er im Falle Schwedens als erreicht erachtet wird. Es wird damit eine Unbedingtheit sozialer Leistungen sowie eine Interventionsfähigkeit staatlicher Politik suggeriert, die bei weitem nicht existieren. Dies ist zunächst auf die theoretischen Prämissen des Machtressourcen-Ansatzes selbst zurückzuführen, in denen ein Dualismus der Machtressourcen von Markt und Staat postuliert wird. Mit diesem Konzept kann die Bedeutung der Marktbeziehungen über die eigentliche Marktsphäre hinaus – wie sie in der Abhängigkeit des Staates von Steuereinkünften oder für die Konstitution der gesellschaftlichen Sphäre, z.B. für die Lebensweise und Ideologie besteht – nicht erfaßt werden. Kapitalismus wird, ähnlich wie in der Systemtheorie, auf ein Subsystem reduziert. Dasselbe gilt für den Staat: Der Charakter staatlicher Machtausübung wird – wie in der pluralistischen Theorie – gebunden an die jeweilige Regierungspartei.

Es soll hier nun weder bezweifelt werden, daß es Unterschiede zwischen bürgerlichen und sozialdemokratischen Regierungen hinsichtlich der policy-outputs gibt, noch soll die Interventionsfähigkeit des Staates gegenüber Marktbeziehungen prinzipiell verneint werden. Die Frage ist jedoch, wie weit sie reicht und unter welchen Bedingungen sie ausgeübt werden kann.

Werfen wir einen Blick auf die konkreten historischen Beziehungen zwischen Staat und Markt in Schweden, so werden wir feststellen, daß eine solche Unabhängigkeit des Staates und seiner wohlfahrtsstaatlichen Politik, wie sie von Gösta Esping-Andersen und Walter Korpi postuliert wird, mitnichten existiert. Das schwedische Modell ist aus einem gesellschaftlichen Pakt erwachsen, in dem die Sozialpolitik konstitutiver Bestandteil einer Strategie zur Förderung von Produktivität und ökonomischem Wachstum war. Die sozialdemokratische Politik in Schweden war nie auf Sozialisierung und erst sehr viel später als in Deutschland auf Mitbestimmung gerichtet. Ihre Domäne war die Sphäre der Distribution und die Arbeitsmarktpolitik, die wiederum in diese Wachstumsstrategie eingebunden waren. Unter dem Dach des gemeinsamen Interesses, das im kontinuierlichen wirtschaftlichen Wachstum bestand, akzeptierten die Arbeitgeber einen expandierenden Wohlfahrtssektor und heimsten dafür eine disziplinierte, gut ausgebildete, flexible Arbeitskraft ein.[9]

Als integrierter Bestandteil des Wachstumsmodells erhielt die Sozialpolitik in Schweden eine andere Bedeutung als in Deutschland. Fokussiert auf monetäre Leistungen wurde/wird wohlfahrtsstaatliche Politik in Deutschland immer im Spannungsverhältnis, wenn nicht gar im Gegensatz zu marktwirtschaftlicher Effektivität gesehen. Nicht so in Schweden: Sozialpolitik war Bestandteil einer rationalen Menschenökonomie und galt als produktive Investition in die »kostbare« Ware Arbeitskraft. Dies ist der Deutungsrahmen innerhalb dessen die enorme Expansion des sogenannten öffentlichen Sektors möglich wurde. Sozialpolitik diente als Mittel und Weg einer optimalen gesellschaftlichen Ressourcennutzung: Damit die menschliche Arbeitskraft optimal genutzt werden kann, muß sie gut genährt und gebildet werden sowie eine gute Wohnung haben. Parallel dazu velief die Argumentation, daß die Nichtanwendung menschlicher Arbeitskraft Verschwendung ist: Die Bereitstellung von Arbeitsplätzen via Arbeitsmarktpolitik, aber auch vor allem im expandierenden öffentlichen Dienst wurde bis in die 80er Jahre nicht als fiskalisches Problem gesehen, denn je mehr Menschen erwerbstätig sind, umso mehr Menschen zahlen Steuern und umso weniger Menschen müssen staatlich alimentiert werden. Dieses Paradigma hat die Grenzen des Wohlfahrtsstaates sehr viel weiter gesteckt[10] als dies in der Bundesrepublik möglich

---

9 Die vielgerühmte solidarische Lohnpolitik – die zu einer der zentralen Bestandteile des schwedischen Modells in der Nachkriegszeit gehört – macht diesen Bund zwischen Produktivität und staatlicher Intervention besonders deutlich. Die solidarische Lohnpolitik war eine Methode der Lohnsetzung, die sich seit den 50er Jahren durchgesetzt hat. Die Lohnerhöhungen wurden zentral verhandelt, bestimmend für die Lohnsetzung war nicht die Ertragsfähigkeit einzelner Unternehmen oder Branchen, sondern die am Arbeitsplatz geforderten Arbeits- und Qualifikationsanforderungen. Das führte einerseits zum Ausgleich von Lohnunterschieden über verschiedene Wirtschaftsbereiche hinweg. Andererseits wurde damit ein beschleunigter Strukturwandel und Produktivitätszuwachs möglich. Branchen und Unternehmen, die die hohen Lohnkosten nicht mehr zahlen konnten, wurden zur Aufgabe gezwungen. Innovative und produktive Bereiche wurden durch, gemessen an ihrer Ertragskraft, eher niedrige Lohnkosten belohnt und konnten/sollten weiter investieren. Die aktive Arbeitsmarktpolitik flankierte diese Produktivitätsstrategie, indem sie das überschüssige Arbeitskräftepotential vorübergehend auffing und über Fort- und Weiterbildungsmaßnahmen in die Wachstumssektoren lenkte.

10 Damit soll die schwedische Sozialpolitik keineswegs im systemfunktionalistischen Sinne (miß)gedeutet werden. Sie war Resultat eines politischen Kampfes, der auch andere Wege offenhielt.

war. Aber auch in Schweden sind inzwischen die Grenzen erreicht. Galt bis in die 70er Jahre hinein das Wachstum des öffentlichen Sektors als Lösung der Probleme in der wirtschaftlichen Entwicklung, so wird nun davon ausgegangen, daß der öffentliche Sektor seinerseits zum Problem des ökonomischen Wachstums geworden ist (Petersson 1991:177). Dieser sich abzeichnende Wandel illustriert die fortbestehende Abhängigkeit wohlfahrtsstaatlicher Politik von den Akkumulationsstrategien kapitalistischer Ökonomie. Eine Abhängigkeit, die Walter Korpi und Gösta Esping-Andersen mit der Zweiteilung der sogenannten Machtressourcen konzeptionell ausschließen (müssen) und damit in gewisser Weise die Pointe des »Schwedischen Modells« verfehlen. Der schwedische Wohlfahrtsstaat war eben nicht als »Politics *against* Markets«[11] konzipiert, denn beide Bereiche gediehen lange Zeit neben- und füreinander. Die Einzigartigkeit des schwedischen Modells liegt, wie Rudolf Meidner, einer der Vordenker der schwedischen Arbeiterbewegung in der Nachkriegszeit, betont hat, in der *Gleichzeitigkeit* von umfassender Wohlfahrtspolitik und langjähriger Vollbeschäftigung einerseits sowie einer ungeheuer produktiven, exportorientieren Wirtschaft, die dem Land nicht nur langanhaltendes wirtschaftliches Wachstum beschert hat, sondern eine im internationalen Vergleich ungewöhnlich starke Konzentration von Großkapital in privatem Besitz (Meidner/Hedborg 1984). Dieses »Füreinander« war möglich auf dem Hintergrund bestimmter historischer und damit kontingenter Parameter, die seit den 70er Jahren zunehmend aufgezehrt wurden.[12]

Die zweite analytische Dimension im Konzept des Machtressourcen-Ansatzes richtet sich auf das, was im internationalen Diskurs »social citizenship« – soziale Staatsbürgerschaft – genannt wird: die konkrete Ausgestaltung sozialer Rechte.[13] In der Operationalisierung von Gösta Esping-Andersen wird hier die länderspezifische Generosität der Leistungsgewährung untersucht. Er nennt dies »Dekommodifizierung« und will ermitteln, inwieweit

---

11 So der Titel eines Buches von Esping-Andersen 1985; Hervorh. T.K.

12 Detaillierter siehe Therborn 1984, Pontusson 1984 sowie Kulawik 1992c.

13 Das Konzept der sozialen Staatsbürgerschaft, wie es in der internationalen Debatte unter Bezug auf T.H. Marshall rezipiert wird, bietet einen entscheidenden Vorteil. Von sozialen Rechten zu sprechen verleitet dazu, Sozialpolitik ihrer machtpolitischen aber auch normativen Aspekte zu berauben. Sozialpolitik wird auf ein nahezu technisches – juristisches oder auch administratives – Problem besserer Verteilung reduziert. In der Perspektive der Staatsbürgerschaft werden soziale Rechte als Frage der vollen zivilen, politischen und sozialen Mitgliedschaft in der Gesellschaft begriffen.

es Individuen oder Familien möglich ist, einen gesellschaftlich akzeptablen Lebensstandard außerhalb des Marktes zu halten. In seiner Studie steht Schweden an der Spitze einer solchen »totalen Dekommodifikationsskala« (Esping-Andersen 1990:50), in der die Anspruchsvoraussetzungen für den Zugang zu Leistungen der Kranken-, Renten- und Erwerbslosenversicherung zusammengefaßt wurden.

Theoretisch wie empirisch scheint mir dieses Konzept der Dekommodifizierung nahezu irreführend. Suggeriert wird die Veränderung gesamtgesellschaftlicher Beziehungen, analysiert werden individuelle Rechtsansprüche. Ausgeblendet wird, daß ein Großteil der schwedischen Sozialleistungen tatsächlich arbeitsmarktgebunden sind. Ignoriert wird die Voraussetzung, unter der diese Rechte bislang gewährt wurden, nämlich die im internationalen Vergleich wohl höchste Erwerbsquote der erwerbsfähigen Bevölkerung in der westlichen Welt. Die schwedische Gesellschaft ist eine universalistische Arbeitsgesellschaft. Insofern nenne ich den schwedischen Universalismus einen *produktivistischen Universalismus*, der sich aus der Sicht von Frauen, wie noch zu zeigen sein wird, als geteilter Universalismus herausstellt. Es erübrigt sich fast zu konstatieren, daß die Kategorie der Dekommodifizierung, die ja nur die Großzügigkeit im Verhältnis von Markt und Staat erfassen kann, aus der Perspektive der doppelten Vergesellschaftung von Frauen schlichtweg ungeeignet ist, Maßstab für Generosität von sozialen Leistungen zu sein. Dieses kategoriale Problem wird zudem durch die Auswahl der in den Indikator aufgenommenen sozialpolitischen Programme wie durch den zugrundegelegten Idealtypus des »durchschnittlichen«, vollzeitbeschäftigten – sprich: männlichen – Arbeiters verschärft (Esping-Andersen 1990:50; auch Bergquist 1990 und Orloff 1992).

Gegenstand *der dritten analytischen Dimension* im sogenannten Machtressourcen-Ansatz ist nicht die Qualität wohlfahrtsstaatlicher Leistungen im sozialen, sondern im politischen Sinne. Die institutionelle Ausgestaltung des Wohlfahrtsstaates vermag, so die Annahme, gesellschaftliche Solidarität fördern oder erschweren. Je universalistischer die sozialpolitischen Leistungen sind, d.h. je einheitlicher die Institutionen und je größer die Bevölkerungsteile, die an den Sozialleistungen partizipieren, desto breiter sei die politische Unterstützung wohlfahrtsstaatlicher Politik und, so die These, desto geringer sei in Krisenzeiten das politische Potential für einen Sozialabbau. Das Gegenbeispiel zum schwedischen Universalismus wären die USA, aber auch Deutschland. Deutschland verfügt über eine außerordentlich große Vielfalt an sozialpolitischen Institutionen innerhalb ein und derselben Risikokategorie. In der Alterssicherung sind es die Arbeiterversicherung, die Angestelltenversicherung, die Knappschaftsversicherung der Bergleute sowie die Beamtenversorgung. Nach Ansicht von Gösta Esping-Andersen trägt eine solche Zersplitterung entscheidend dazu bei, Statusunterschiede aufrechtzuerhalten und somit politische Interessensunterschiede zwischen verschiedenen Schichten der Bevölkerung zu festigen statt zu nivellieren. In Krisenzeiten können dann solche Status- bzw. Interessensunterschiede vor allem zwischen den mittleren und unteren Schichten entweder einen Wohlfahrtsstaatsabbau begünstigen oder eher verhindern. Nach Gösta Esping-Andersen liegt das Geheimnis des schwedischen Wohlfahrtsstaates mit seiner umfassenden und qualitativ hochstehenden Sozialpolitik gerade in seiner Fähigkeit, die Interessen der Mittelschichten genauso zufriedenzustellen wie die der Arbeiter. Dies sei die Grundlage seiner außerordentlichen Stabilität und Immunität gegenüber Kürzungen, denen die meisten anderen Wohlfahrtsstaaten in den 80er Jahren ausgesetzt waren (Esping-Andersen 1990:69) .

Die Rückwirkungen sozialpolitischer Institutionen auf gesellschaftspolitische Interessenskonstellationen sind in den Analysen des Wohlfahrtsstaates weitestgehend vernachlässigt worden. Es ist ein Verdienst von Walter Korpi und Gösta Esping-Andersen, diesen wichtigen Aspekt von Sozialpolitik in den Fokus des wissenschaftlichen Diskurses gerückt zu haben. Mit der mechanischen Art und Weise, wie die politischen Rückwirkungen konzeptualisiert werden, verliert diese Einsicht jedoch ihr analytisches Potential. Die Grundhypothese besagt nämlich, daß je umfassender, d.h. je universalistischer soziale Leistungen ausgestaltet sind und je einheitlicher sie institutionell verfaßt sind, desto solidaritätsschaffender seien ihre politischen Wirkungen. Damit schließt sich der Kreis und das – wie ich es genannt habe – Perpetuum mobile ist konstruiert. Denn ist einmal ein solch universalistisch-solidarischer Wohlfahrtsstaat etabliert, kann ihn in den Kategorien von Gösta Esping-Andersen eigentlich nichts mehr erschüttern. Mit der Grundannahme von der Zweiteilung der Machtressourcen scheint er einerseits gegen »Störpotential« seitens der kapitalistischen Ökonomie immunisiert. Andererseits scheint ihm, da universalistisch ausgestaltet, die politische Legitimation für alle Zeiten gesichert.

Hier kommt das, was ich einleitend rationalistisches Politikverständnis genannt habe, besonders zum Ausdruck: Politische Identitäten und Interessen werden abgeleitet und nicht als real-historische Formierungsprozesse untersucht. Theoretisch wird das Basis-Überbau-Konstrukt reproduziert und eine Eigenständigkeit von Deutungssystemen geleugnet.[14]

Welche Entwicklungen waren es nun, die auch in Schweden die Ressource Solidarität haben knapp werden lassen? Aufgrund der Komplexität des Prozesses kann diese Entwicklung hier nur angedeutet werden (detaillierter Kulawik 1992c). Bereits seit den 70er Jahren haben strukturelle Entwicklungen die eingespielten Parameter der schwedischen Politikgestaltung zunehmend aufgezehrt. Ökonomische Veränderungen, unter anderem die Internationalisierung von Kapital, bewirkten, daß sich das Machtverhältnis zwischen Lohnarbeit und Kapital zugunsten des Kapitals verschob.[15] Verschiebungen in der Beschäftigtenstruktur haben seinerseits neue Konfliktlinien zwischen Lohnabhängigen entstehen lassen, die sich in den 80er Jahren so zuspitzten, daß die solidarische Lohnpolitik, ein konstitutiver Bestandteil des »Schwedischen Modells«, schließlich aufgegeben werden mußte. Die Lohnkämpfe der 80er Jahre, die sich vor allem als Rivalitäten zwischen Beschäftigten des öffentlichen und des privaten Sektors abspielten und zugleich einen Geschlechterkonflikt darstellten[16], sind m.E. die Vorboten der nun so offensichtlich erfolgten Aufkündigung des wohlfahrtsstaatlichen Konsensus in Schweden.

Die Sozialdemokratie war hierbei keineswegs so unschuldig, wie sie in Wahlkämpfen gerne Glauben machen möchte. Im Konflikt zwischen diesen zwei Arbeitnehmergruppen stellte sie sich ausdrücklich gegen die Forderungen der öffentlich Beschäftigten. Zugleich verfolgte die Sozialdemokratie mit der Politik der »Dezentralisierung« eine Strategie der Umgestaltung des öffentlichen Sektors, die sich im Verlauf der 80er Jahre immer mehr an die bürgerliche Strategie der Privatisierung annäherte.[17] Dabei illustrieren die

---

14 Die realhistorische Fragwürdigkeit dieses Vorgehens wird bereits bei einer der Grundannahmen des Ansatzes deutlich, der Behauptung nämlich, das »rationale Interesse« der Arbeiterklasse richte sich darauf, ein möglichst umfassendes Einkommenssicherungssystem aufzubauen. Die frühe Arbeiterbewegung war, wie Göran Therborn in seiner Kritik hervorhebt, mehr an kollektiven Arbeitsschutzrechten interessiert als an der staatlichen Sozialversicherung (Therborn 1984).

15 Im internationalen Vergleich verfügt Schweden inzwischen über die größte Anzahl multinationaler Unternehmen pro Kopf der Bevölkerung (Bergström 1991:25). Die Internationalisierung des Kapitals mindert seine nationale Abhängigkeit und vergrößert deshalb seine inländischen Machtressourcen.

16 In Schweden sind zwei Drittel der Beschäftigten im privaten Sektor Männer und zwei Drittel der Beschäftigten im öffentlichen Sektor Frauen.

17 Diese Veränderungen werden eingehender behandelt in Kulawik 1992c.

Entwicklungen in diesem Bereich – die letztendlich zur Aufgabe des öffentlichen Monopols auf soziale Dienstleistungen führten – wie die Sozialdemokratie in der öffentlichen Arena immer mehr an diskursiver Macht verlor. Dieser Prozeß begann paradoxerweise gleichzeitig mit der Regierungsübernahme im Jahr 1982. Einen Wendepunkt im öffentlichen Diskurs stellte die Debatte über die sogenannten Arbeitnehmer-Fonds dar. Im wesentlichen bestand das Konzept der Arbeitnehmerfonds, die von Gewerkschaftsvertretern verwaltet werden sollten, darin, Surplus-Profite aufzufangen und als Investitionskapital zur Verfügung zu stellen. Als der Vorschlag 1975 in die gesellschaftspolitische Debatte eingebracht wurde, war die später erfolgte Polarisierung zwischen Gewerkschaften und Sozialdemokratischer Arbeiterpartei (SAP) auf der einen Seite sowie den bürgerlichen Parteien und dem Schwedischen Arbeitgeberverband (SAF) auf der anderen Seite, keineswegs voraussehbar. In den ersten Gesprächen mit der SAP bekundete die Arbeitgeberorganisation verhaltenes Interesse und eine Arbeitsgruppe präsentierte sogar einen Alternativvorschlag. Erst in den Jahren 1978/79 äußerte sich die SAF explizit ablehnend gegenüber solchen Bestrebungen und leitete eine offensive Kampagne gegen die Arbeitnehmerfonds ein, die sie als Angriff auf die privaten Eigentumsrechte anprangerte (Pontusson 1987:18). Nach der sozialdemokratischen Regierungsübernahme im Jahr 1982 wurde ein Gesetz verabschiedet, das die Arbeitnehmerfonds, allerdings in einer erheblich abgeschwächten Version des ursprünglichen Vorhabens, institutionalisierte. Dem bürgerlichen Block gelang es dagegen, trotz des Wahlverlustes, aus der Debatte um die Arbeitnehmerfonds gestärkt hervorzugehen. Die recht aggressive Gegenoffensive erreichte die Einigung der zerplitterten bürgerlichen Kräfte und bewirkte eine enorme ideologische Mobilisierung, mit der bis dato in Schweden tabuisierte Themen Eingang in die Arena des öffentlichen Diskurses fanden. Forderungen nach weniger Staat, mehr Markt, Privatisierung von öffentlichen Dientleistungen und vor allem nach Wahlfreiheit bestimmten fortan die gesellschaftspolitische Debatte, in der sich die Sozialdemokratie, mit der von ihr vertretenen universalistischen Sozialpolitik immer mehr in die Defensive manövrierte. Es wäre jedoch verfehlt, diesen Prozeß lediglich als Ausgeburt konservativer oder neo-liberaler Strategien zum Abbau des Wohlfahrtsstaates betrachten zu wollen. In den Forderungen nach Wahlfreiheit und Privatisierung drücken sich neue Bedürfnisse und Wertorientierungen aus, die zwar durch den Universalismus des Wohlfahrtsstaates hervorgebracht wurden, für die aber die universalistischen Lösungen zu »eng« geworden sind. Diese waren – sozusagen als Kehrseite – mit einem Ausmaß an bürokratischer Bevormundung verbunden, die als nicht mehr hinnehmbar empfunden wurde.[18] So stimmten Ende der 80er Jahre 74% der schwedischen Bevölkerung der Auffassung zu, daß der Staat zu despotisch geworden sei (Svallfors 1991:612ff.). Die Sozialdemokratie war nicht in der Lage, dieses neue Potential »mündiger BürgerInnen« für eine neue Vision einer »guten Gesellschaft« zu nutzen. Sie wurde zum Opfer ihres eigenen Produktivismus, mit dem soziale Gerechtigkeit nur noch als Problem besserer Effektivität und mehr Wachstum gedeutet werden konnte. Indem sie das ökonomische Gelingen zum Erfolgskriterium ihrer Politik per se erhob, lieferte die Sozialdemokratie ihre politische Legitimität an das kurzfristige, strategische Wählerkalkül aus. Die Rechnung wurde ihr prompt präsentiert, als die schwedische Ökonomie Ende der 80er Jahre in eine tiefe Krise geriet. Sie erhielt das schlechteste Wahlergebnis seit 1927!

Das Geschlecht des Universalismus

Was war und ist die Position von Frauen innerhalb des produktivistischen Universalismus? Ähnlich wie in der Bundesrepublik, fand in Skandinavien seit Anfang der 80er Jahre eine Debatte über die Stellung von Frauen innerhalb wohlfahrtsstaatlicher Institutionen statt. Trotz all der Kritik an geschlechtsspezifischen Sicherungsstandards und am Ausschluß von Frauen aus politischen Entscheidungsprozessen, überwog im Diskurs der skandinavischen Frauenforschung eine positive Bilanz des Verhältnisses von Frauen und Wohlfahrtsstaat. In der Regel lehnen sich diese Analysen an die Deutungen des Macht-Ressourcen-Ansatzes an und entwickeln so ihre Version des Perpetuum mobiles.

Die Grundzüge der Argumentation lassen sich thesenartig wie folgt zusammenfassen:[19]

---

18 So führten solche Standardlösungen im Gesundheitswesen dazu, daß bereits relativ einfache Krankheiten nur in darauf spezialisierten und nach Wohngebiet zugewiesenen Großkrankenhäusern behandelt wurden. Das für die unterschiedlichen »Körperpartien« jeweils zuständige Krankenhaus mußte über eine Auskunftsstelle erfragt werden (Kajsa Ohrlander, schwedische Sozialwissenschaftlerin, persönliches Gespräch).

19 Ich beziehe mich hier hauptsächlich auf Schriften von Helga Hernes und Birte Siim. Die eher kritischeren Standpunkte von Maud Eduards (1991a und 1991b) und Yvonne Hirdmann (1990) sind bislang international wenig rezipiert worden.

- Der Ausbau des öffentlichen Sektors habe die Stellung von Frauen als Mütter und Erwerbstätige entscheidend gestärkt. Die für die traditionellen Wohlfahrtsstaaten typische familiale Abhängigkeit von Frauen sei damit abgeschafft (Hernes 1987:32).
- In Skandinavien sei Mutterschaft als Teil der sozialen Staatsbürgerschaft institutionalisiert, die Anerkennung von »Differenz« sei zum Bestandteil der skandinavischen Wohlfahrtsstaaten geworden. Frauen würden nun kollektive Rechte »als Frauen« zugesprochen, und das wiederum habe ihre Position als eigenständige Gruppe und nicht nur als Individuen oder als Teil der Arbeiterklasse gestärkt (Siim 1988:180).
- Die wohlfahrtsstaatlichen Reformen hätten Frauen derart politisiert und »empowert«, daß sie nun auch gute Voraussetzungen haben, den Wohlfahrtsstaat stärker als bisher nach ihren Interessen zu gestalten.

Die drei Hypothesen beziehen sich also erstens auf die soziale Stellung von Frauen, d.h. den Stand der geschlechtshierarchischen Arbeitsteilung, zweitens auf die Eingebundenheit des Geschlechterverhältnisses in das Wohlfahrtsstaatsregime und drittens auf die politische Macht von Frauen.

Wie ist es nun um die *soziale Lage von Frauen in Schweden* bestellt? Ein viel bewundertes Phänomen sind die nahezu identischen Erwerbsquoten der Geschlechter. In der Altersgruppe der 16-64jährigen waren im Jahr 1990 von den Männern 87% und von den Frauen 83% erwerbstätig (Statistiska Centralbyran 1991). Weniger erfreulich sind die Strukurmerkmale der Erwerbstätigkeit: hohe Teilzeitarbeitsquote und stark seggregierter Arbeitsmarkt, zugleich eine Spaltung zwischen öffentlichem und privatem Sektor (Jonung/Persson 1990). Verglichen mit anderen westlichen Industriestaaten haben schwedische Frauen jedoch eine hohes Maß an ökonomischer Unabhängigkeit erreicht. Während in Deutschland Frauen in Zwei- und Mehrpersonenhaushalten nur 12% des Haushaltseinkommens aufbringen, sind es in Schweden immerhin 39% (ebd.:66). In der Bundesrepublik sind 49% der verheirateten Frauen ohne eigenes Einkommen, in Schweden dagegen nur 11% (Hobson 1990:240).

Weder die relative Gleichstellung von Frauen auf dem Arbeitsmarkt noch die im Vergleich zu Deutschland ausgedehnte öffentliche Dienstleistungsproduktion vermochten allerdings das Ausmaß der privat erbrachten Hausarbeit zu verringern. Es wird, gemessen in Arbeitsstunden, auf ca. 80% der Marktproduktion veranschlagt und hat sich seit den 50er Jahren nicht nennenswert reduziert (Jonung/Persson 1990:49ff.). In der Ausgestaltung der geschlechtsspezifischen Arbeitsteilung haben die Veränderungen vor allem auf Seite der Frauen, durch ihr verändertes Erwerbsverhalten, stattgefunden. Das Familienverhalten der Männer ist dagegen weiterhin traditionell. Besonders deutlich wird das am Beispiel des Elterngeldes. Im Jahr 1987 wurden nur 7,5% der »Erziehungstage« von Vätern genutzt. Die Ziffer ist seit der Einführung des Gesetzes nahezu gleich geblieben (Riksförsäkringsverket 1989).

Wie läßt sich nun das *Geschlechterregime im schwedischen Wohlfahrtsstaat* charakterisieren? Ist »Differenz« tatsächlich zum Bestandteil des schwedischen Wohlfahrtsstaates geworden?

Meines Erachtens ist diese Behauptung irreführend. Der Prototyp des schwedischen Bürgers ist der Erwerbsarbeitsbürger. Das neue ist weniger die Transformation des Konzepts von sozialer Staatsbürgerschaft, als die Aufnahme von Frauen in diesen universalistischen Status von Arbeitsbürgern. Der schwedische Wohlfahrtsstaat hat die traditionellen Verteilungsregeln, in denen der Mann als »Ernährer« und die Frau als »Abhängige« behandelt wurden, durch geschlechtsneutrale Konstruktionen ersetzt, die unter einer gewissen Berücksichtigung der »Elternrolle« dennoch auf dem Primat der Erwerbsarbeit gründen. In dem traditionell »zweigeteilten« Modell des Wohlfahrtsstaates sind Frauen Empfängerinnen von sozialen Rechten zweiter Klasse, die ihnen als Mütter und Ehefrauen, als abgeleitete und/oder einkommensgeprüfte Ansprüche gewährt werden und die nicht selten gegen ihre Interessen als Lohnabhängige eingesetzt werden.[20] Anders dagegen in Schweden. Das Recht der Frauen auf Erwerbsarbeit wird nicht mehr in Zweifel gezogen, im Gegenteil, sie gelten als sich selbst ernährende »Individuen«. Ihre Rechte als Erwerbstätige werden nicht ihren Rechten als »Mütter« untergeordnet, denn es gibt nur noch »Elternrechte«. Die schwedische Sozialpolitik zielt deshalb keineswegs auf die Anerkennung von »Differenz«, denn ihr Konstruktionsprinzip ist ausdrücklich die Geschlechtsneutralität. Die sozialstaatlichen Leistungen gehen von einem geschlechtsneutralen Arbeitsbürger und »erwerbstätigen Elter« aus (Åström 1992:189). Sie unterstellen dabei eine Gleichheit, die real nicht existiert und genau deshalb reproduzieren sie die Asymmetrie der Geschlechter. Eine wirkliche Umverteilung von Macht und Ressourcen zwischen Männern und Frauen ist mit dieser geschlechtsneutralen Konstruktion aber weder möglich noch beabsichtigt. Die Ausgestaltung der geschlechtsspezifischen Arbeitsteilung wird als Frage der

---

20 Dieses traditionelle Modell gilt beispielsweise in der Bundesrepublik Deutschland, aber auch in den USA (Kulawik 1989 und 1992a; für die USA Fraser 1989).

individuellen Wahl erachtet. Forderungen von Frauen, das Elterngeld zu quotieren, wurden ebenso zurückgewiesen wie Forderungen, das Gleichstellungsgesetz zu effektivieren, das sich lediglich auf der Ebene des individuellen Rechtsschutzes als wirksam erwiesen hat. Strukturelle Veränderungen konnten und sollten mit der gewählten geschlechtsneutralen Konstruktion nicht erreicht werden (Kulawik 1992b). Die relative Angleichung der Geschlechter auf dem Arbeitsmarkt, z.B. in der Lohnsetzung, ist deshalb nicht Resultat der als Geschlechterpolitik ausgewiesenen Gleichstellungspolitik, sondern der klassenbezogenen solidarischen Lohnpolitik. Mit der Aufgabe der solidarischen Lohnpolitik in den 80er Jahren sind die Lohnunterschiede zwischen Männern und Frauen trotz des Gleichstellungsgesetzes dann auch wieder gewachsen (Tio ar med 1990:118,258).

Das Verhältnis der Geschlechter wird innerhalb des produktivistischen Universalismus bestenfalls als eine Frage der gerechteren Verteilung gesehen, aber keinesfalls als eine Frage von Macht. Kennzeichnend hierfür ist, daß in der offiziellen Ideologie nur von »Rollen«, aber nicht von Interessen- und Machtunterschieden der Geschlechter die Rede ist. Die gerechtere Verteilung wurde bisher über die Steuer-, Lohn- und Beschäftigungspolitik in einer expandierenden Wirtschaft erreicht. Die Brisanz der jetzigen Situation rührt daher, daß die bislang praktizierte Wachstumslösung, die sozusagen allen zugute kam und in der die Besserstellung von Frauen über Zuwächse und nicht über eine Umverteilung von Männern zu Frauen erreicht wurde, in Zukunft wahrscheinlich nicht mehr möglich sein wird. Der Universalismus der »Arbeitsbürger« und »Eltern« täuscht deshalb über die reale soziale und politische Teilung und Hierarchie der Staatsbürgerschaft von Männern und Frauen in diesem produktivistischen Modell hinweg. Männer befinden sich nach wie vor im produktivistischen Kern, vorzugsweise angestellt im wachstums- und technologieintensiven privaten Sektor, vollzeitbeschäftigt, gut gesichert und, vor allem mit der Aufhebung der Versorgungspflicht gegenüber Frauen und Kindern, nun endgültig »frei« von familiären Verpflichtungen.

Der Staatsbürgerstatus von Frauen bestimmt sich nun nicht mehr über die persönliche Zuordnung zum männlichen Arbeitsbürger, sondern über die Angehörigkeit zu einer, wie Mary Langan und Ilona Ostner es nennen, »universalisierten weiblichen sozialen Dienstleistungsökonomie« (Langan/Ostner 1991:309). »Universalisiert«, weil sich die Lebensweise von Frauen weitgehend angeglichen hat. Die im traditionellen Wohlfahrtsstaat, als Resultat der persönlichen Zuordnung zu einzelnen Männern, existierenden familienständischen Unterschiede zwischen Frauen, hinsichtlich der Stellung am Arbeitsmarkt und dem Zugang zu sozialen Rechten, sind überwiegend eingeebnet. Die Erwerbsquoten von verheirateten und nicht verheirateten Frauen divergieren kaum noch. Die früher übliche Aufspaltung von Frauenleben in »nichterwerbstätige Hausfrau und Mutter« und »kinderlose Berufstätige« gehört der Vergangenheit an. Anders als der männliche »high-tech-producer« ist der weibliche »social-service-producer« nicht von familiären Verpflichtungen befreit. Im Gegenteil, Frauen übernehmen nicht nur weiterhin den größten Teil der unbezahlten Hausarbeit, sie sind zunehmend auch finanziell für sich und ihre Kinder verantwortlich. Denn anders als in der Bundesrepublik, zählt bei der Unterhaltsberechnung für Kinder die Sorgearbeit der Frauen nicht als sogenannter Unterhaltsersatz. Und weil Frauen nun als sich selbst versorgende »Individuen« gelten, sind inzwischen nicht nur die Unterhaltsansprüche nach Scheidung, sondern jüngst auch die abgeleiteten Witwenrenten abgeschafft worden (Ståhlberg 1990:181; Dahlberg/Taub 1992). Der schwedische Wohlfahrtsstaat gewährleistet in gewisser Hinsicht die Vereinbarkeit von Familie und Beruf, aber er fordert sie auch von den Frauen. Der gesellschaftliche Widerspruch zwischen der sozialen Reproduktion und der Warenreproduktion wird jedoch weiterhin individualisiert und auf Kosten der Frauen ausbalanciert. Die schwedische »Arbeitsbürgerin« ließe sich deshalb wohl am besten als eine modernisierte Version des Zwei-Rollen-Modells von Alva Myrdal charakterisieren (Lewis/Åström 1992:73). Die größere praktische Unabhängigkeit, die Frauen in Schweden haben, als Resultat einer *Gleichzeitigkeit von Familien- und Erwerbsarbeit*, haben sie vor allem durch eine andere Organisation der Sorgearbeit unter den Frauen erreicht, nicht durch eine neue Arbeitsteilung zwischen den Geschlechtern. Und gerade das macht, so meine These, die sozialen Bürgerrechte von Frauen so prekär.

Welche *politischen Ressourcen* haben die schwedischen Frauen, um in die – allerdings unter ganz anderen Vorzeichen als der von Helga Hernes erhofften »frauenfreundlichen Gesellschaft« – anstehende Reorganisation des Wohlfahrtsstaates einzugreifen? Frauen sind in den gewählten politischen Gremien in Schweden außerordentlich hoch repräsentiert. Sie sind auf den unterschiedlichen Ebenen der Staatsorganisation mit 30-40% vertreten. Auch wenn es bei der letzten *Riksdags*-Wahl einen Rückschlag gegeben hatte, ist dies ein beeindruckendes Resultat. Allerdings ist das politische System Schwedens ein zutiefst korporatistisches System, in dem neben dem Parlament vor allem organisierte Interessen eine große Rolle spielen. Die hohe Repräsentation von Frauen in gewählten politischen Organen, so räumt Helga Hernes ein, muß nicht notwendigerweise zu größerer politischer Macht führen, wenn gleichzeitig Verschiebungen zugunsten korporatistischer Entscheidungsstrukturen, in denen Frauen nur marginal vertreten sind, stattfinden. Ihre optimistische Vision von der frauenfreundlichen Gesellschaft gründet sich auf die Hoffnung der Politisierung und Mobilisierung von Frauen, die es ihnen ermöglichen soll, die korporatistische Bastion zu stürmen (Hernes 1987:33ff.,135ff.). So geht Helga Hernes davon aus, daß mit der steigenden Erwerbstätigkeit Frauen ihre Machtstellung in korporatistischen Institutionen ausbauen können. In der Nachkriegszeit läßt sich allerdings eher das Gegenteil beobachten. Frauen haben zwar stetig ihre Mitgliederzahl in den Gewerkschaften gesteigert; ihr Anteil in den Führungsgremien ist aber bis in die 80er Jahre hinein sogar rückläufig gewesen (Bergquist 1991:115). Die Verschlechterung der Repräsentation ist vor allem auf einen Zentralisierungsprozeß zurückzuführen, mit dem kleinere Gewerkschaften, unter denen es auch Frauengewerkschaften gab, zu größeren Einheiten zusammengeführt wurden. Besonders überraschend ist der Trend der rückläufigen Repräsentation bei den Angestelltengewerkschaften, der sich dort übrigens in den geschäftsführenden Ausschüssen bis heute nicht umgekehrt hat. Auf diese Gewerkschaften hat Helga Hernes, die das Problem vor allem bei den mächtigen Arbeitergewerkschaften verortete, ihre besonderen Erwartungen gerichtet. Angestelltengewerkschaften, so hoffte sie, würden sich als erheblich offener für Frauen und ihre Interessen erweisen (Hernes 1987:91).

Der sozialdemokratische Staatsfeminismus[21] entwirft ein Fortschrittsmodell, in dem sich die Existenz von Frauen aus der Dunkelheit des privaten Hausfrauendaseins hin zum Licht der öffentlichen, erwerbstätigen Frau entwickelt. Unschwer ist hier das Erbe der sozialistischen Emanzipationstheorie zu erkennen, in der die Proletarisierung als Weg zur Befreiung der Frauen gepriesen wurde. Offenbar erfüllt ein solcher Vergesellschaftungsprozeß jedoch nicht die in ihn gesetzten Hoffnungen. Die Auflösung des Unterhaltsverbandes Familie führt nicht dazu, daß die Machtstruktur »privater« Geschlechterbeziehungen obsolet wird. Die Teilhabe an marktvermittelter Arbeit beinhaltet weder einen dem Anteil an der bezahlten Arbeit angemessenen linearen sozialen oder gar politischen Machtzuwachs, noch die Herausbildung einer eigenständigen kollektiven Identität. In Schweden ist dann auch, anders als in den anderen industrialisierten Ländern, in den 70er Jahren

21 So lautet der Untertitel des Buches von Helga Hernes (1987). Birte Siim distanziert sich zwar von der Position, aber es gelingt ihr nicht, andere Kategorien zu entwickeln (siehe z.B. Siim 1992).

keine »autonome«, im Sinne einer radikal-feministischen Frauenbewegung entstanden. Die zunehmende politische Aktivität von Frauen hat in den etablierten politischen Kanälen, vor allem in den Parteien stattgefunden. Eine Formulierung von eigenständigen Fraueninteressen und das Bewußtsein darüber, daß es Machtkonflikte zwischen Männern und Frauen gibt, steht in Schweden weitgehend noch aus. Quoten, wie sie in der Bundesrepublik inzwischen auch von Frauen in den etablierten politischen Organisationen für unentbehrlich angesehen werden, halten die SchwedInnen für inakzeptabel (Eduards 1991b). Bislang, so möchte ich behaupten, haben »Fraueninteressen« in der schwedischen Politik nur eine außerordentlich untergeordnete Rolle gespielt. Die Parameter der Politikformulierung und -durchsetzung waren von dem produktivistischen Modell bestimmt. Die Krise der Arbeitsgesellschaft in ihrer kulturellen Bedeutung hat sich in Schweden bislang kaum bemerkbar gemacht. Strategien zur Arbeitszeitverkürzung, Kritik am Arbeitsbegriff und seiner engen, produktivistischen Definition, waren im öffentlichen Diskurs so gut wie nicht vorhanden. Das lag nicht zuletzt an der integrativen Kraft der SAP und ihrem gesellschaftlichen Projekt. Und weil das Modell so gut, auch zugunsten von Frauen funktionierte, waren die politisch tätigen Frauen selbst stark an diese Parameter gebunden.

Das Ende von Universalismus und Solidarität?

Eine frauenfreundliche Gesellschaft ist mit den Entwicklungen der 80er Jahre nicht in greifbare Nähe gerückt. Im Gegenteil, mit der Niederlage der Sozialdemokratie zerbrach das hegemoniale Paradigma des Universalismus und eine in Schweden von wenigen für möglich gehaltene radikale Infragestellung wohlfahrtsstaatlicher Institutionen begann. Diese Debatte wird mit stark neoliberalem Charakter geführt: Das umfassende soziale Netz habe dazu geführt, daß die Menschen faul und passiv geworden seien und ihre Energie höchstens noch darauf verwänden, wie sie widerrechtlich Gebrauch von sozialstaatlichen Leistungen machen könnten. Es gibt Stimmen – so z.B. der Jugendverband der konservativen Partei –, die einen Abbau des Wohlfahrtsstaates bis auf einen residualen Rest fordern. Dies steht zumindest vorläufig nicht an. Trotzdem findet derzeit eine Umstrukturierung wohlfahrtsstaatlicher Insitutionen statt, deren langfristige Konsequenzen vorerst nicht absehbar sind. Dabei geht es primär nicht um die monetären Systeme, sondern um die sozialen Dienstleistungen. Die bereits von der Sozialdemokratie unter dem Vorzeichen von »Dezentralisierung« betriebene Politik der Deregulierung und Kommunalisierung von sozialen Dienstleistungen wird nun verstärkt fortgeführt. Der Charakter öffentlicher Tätigkeit verändert sich dabei drastisch und kann als *interne Kommodifizierung des Staates selbst* bezeichnet werden. Es wird nicht nur der Versuch unternommen, weite Teile bislang öffentlicher Dienste an private Subunternehmer zu vergeben, auch die verbleibenden öffentlichen Tätigkeiten werden nach marktmäßigen Prinzipien umgestaltet. In vielen Kommunen entscheiden über Art und Umfang der zu erbringenden Leistungen nicht mehr politische Instanzen, sondern die Konkurrenz unterschiedlicher »Produzenten«. Zu diesem Zwecke wurden Verwaltungen in einzelne »Resultateinheiten« umgebildet, die sowohl miteinander als auch mit anderen externen »Produzenten« konkurrieren sollen. Dies führt nicht nur dazu, daß soziale Dienstleistungen für die »Konsumenten« ungleich teurer werden, da nun Preise beziehungsweise preisähnliche Abgaben gefordert werden, sondern auch zu Entlassungen oder, bei Übernahme durch einen privaten Unternehmer, zu erheblich schlechteren Arbeitsbedingungen. Diese Entwicklungen deuten eine Tendenz zur Verselbständigung des Produktivismus an – der Universalismus bleibt auf der Strecke. Wird es möglich sein, neue, differenziertere Solidaritätsstrukturen zu bilden?

Noch setzen die etablierten politischen Kräfte ungebrochen auf eine Zukunft als Arbeitsgesellschaft. Nicht einmal die Gewerkschaften stellen die fortschreitende Rationalisierung menschlicher Arbeitskraft in Frage. Im Gegenteil, dies wird als Bedingung für internationale Wettbewerbsfähigkeit angesehen, die wiederum Voraussetzung sei, damit sich die »Räder« – so die beliebte Metapher – wieder in Bewegung setzen. Die Möglichkeit, daß auch die »Räder« in voller Fahrt den Zustand der Vollbeschäftigung nicht mehr herzustellen vermögen, wird auch bei einer Arbeitslosenquote von zur Zeit 11% so gut wie nicht thematisiert. Hier ist also vor allem eine Besitzstandswahrung der Kern-Mannschaften zu erwarten.

Der Regierungswechsel im September 1991 hat zumindest vorläufig eine starke Welle der Politisierung von Frauen ausgelöst. Es wurden autonome Netzwerke gebildet und sogar eine Frauenpartei, die bei den Wahlen im Jahr 1994 antreten wird, gegründet. Die Frauen haben es gewagt, das quasi verbotene außerparlamentarische Terrain zu betreten. Die sozialdemokratische Frauenorganisation hat bereits angekündigt, mit einer eigenen Liste und Wahl-Plattform bei der nächsten *Riksdags*-Wahl anzutreten (Eduards 1992: 86ff.).

Die politische Situation selbst ist unübersichtlich. In Meinungsumfragen hat die Sozialdemokratie wieder enorm zugelegt, eine Regierungsübernahme nach den Wahlen 1994 erscheint nicht unwahrscheinlich. Dies wird jedoch kaum zu neuer »alter« sozialdemokratischer Herrlichkeit führen. Eher ist eine längere instabile politische Periode mit wechselnden Koalitionsbildungen und neuen Parteien zu erwarten. Eine spannende Frage ist, ob es der Frauenpartei gelingen wird, in den nächsten *Riksdag* einzuziehen.

Literatur

Åström, Gertrud (1992), Fasta förbindelser, Om välfärdsreformer och kvinnors välfärd, in: Dies./Hirdman, Yvonne (Hg.), *Kontrakt i Kris*, Om kvinnors plats i välfärdsstaten, Stockholm, S. 133-154.

Bergquist, Christina (1990), Myten om den universella svenska välfärdsstaten, in: *Statsvetenskaplig Tidskrift* 3, S. 223-233.

Bergquist, Christina (1991), Corporatism and Gender Equality, A comparative study of two Swedish labour market organisations, in: *European Journal of Political Research* 2, S. 107-125.

Bergström, Hans (1991), Sweden's Politics and Party System at the Crossroads, in: *West European Politics* 3, S. 8-30.

Bergström, Hans (1992), *Rosenbadsavtalet 1992*, Kommentar in der Dagens Nyheter vom 24.09.1992.

Canning, Kathleen (1992), Gender and the Politics of Class Formation: Rethinking German Labor History, in: *American Historical Review* 2, S. 736-768.

Cohen, Jean L. (1985), Strategy or Identity: New Theoretical Paradigms and Contemporary Social Movements, in: *Social Research* 52, S. 663-716.

Dahlberg, Anita/Taub, Nadine (1992). Notions of the Family in Recent Swedish Law, in: *International Review of Comparative Public Policy* Vol.4, S. 133-153.

Demokrati och Makt i Sverige (1990): *Sveriges Offentliga Utredningar*, Stockholm, Nr.44.

Eduards, Maud L. (1991a), Toward a Third Way: Women's Politics and Welfare Policies in Sweden, in: *New Social Research* 3, S. 677-705.

Eduards, Maud L. (1991b), The Swedish Gender Model: Productivity, Pragmatism and Paternalism, in: *West European Politics* 3, S. 166-181.

Eduards, Maud L. (1992), Against the Rules of the Game, On the Importance of Women's Collective Actions, in: *Rethinking Change*, Current Swedish Feminist Research, Uppsala, S. 83-104.

Esping-Andersen, Gösta (1985), *Politics against Markets*, Princeton.

Esping-Andersen, Gösta (1990), *The Three Worlds of Welfare Capitalism*, Cambridge.

Esping-Andersen, Gösta/Korpi, Walter (1986), From Poor Relief to Institutional Welfare States: The Developement of Scandinavian Social Policy, in: Robert Erikson/Erik Jørgen Hansen (Hg.), *The Scandinavian Model*, Armon, S. 39-74.

Fraser, Nancy (1989), Women, Welfare and the Politics of Need Interpretation, in: Dies., *Unruly Practices*, Power, Discourse and Gender in Contemporary Social Theory, Minneapolis, S. 144-160.

Habermas, Jürgen (1992), *Faktizität und Geltung*, Frankfurt/M.

Harding, Sandra (1990), *Feministische Wissenschaftstheorie*, Zum Verhältnis von Wissenschaft und sozialem Geschlecht, Hamburg.

Hernes, Helga (1987), *Welfare State and Women Power*, Essays in State Feminism, Oslo.

Hirdmann, Yvonne (1990), Genussystemet, in: *Demokrati och Makt i Sverige*, SOU Nr.44, S. 73-116.

Hobson, Barbara (1990), No Exit, No Voice: Women's Economic Dependency and the Welfare State, in: *Acta Sociologica* 3, S. 235-250.

Japp, Klaus P. (1984), Selbsterzeugung oder Fremdverschulden, Thesen zum Rationalismus in den Theorien sozialer Bewegungen, in: *Soziale Welt* 3, S. 313-329.

Jenson, Jane (1989), Paradigms and Political Discourse: Protective Legislation in France and the United States Before 1914, in: *Canadian Journal of Political Science* 2, S. 235-258.

Jonung, Christina/Persson, Inga (1990), Hushallsproduktionen, Marknadsproduktionen och jämställdhet, in: Dies. (Hg.), *Kvinnors roll i ekonomin*, Bilaga 23 till Langtidsutredningen SOU Nr.14, Stockholm.

Korpi, Walter (1983), *The Democratic Class Struggle*, London.

Kulawik, Teresa (1989), Auf unsicheren Wegen. Perspektiven der sozialen Sicherung der Frau, in: Barbara Riedmüller/Marianne Rodenstein (Hg.), *Wie sicher ist die soziale Sicherung?*, Frankfurt/M., S. 241-265

Kulawik, Teresa (1992a), »Das beste Sozialsystem der Welt«?, Sozialpolitik als Geschlechterpolitik in (West)Deutschland, in: Agnes Joester/Insa Schönigh (Hg.), *So nah beieinander und doch so fern*, Frauenleben in Ost und West, Pfaffenweiler, S. 105-123.

Kulawik, Teresa (1992b), Gleichstellungspolitik in Schweden – Kritische Betrachtung eines »Modells«, in: *WSI-Mitteilungen* 4, S. 226-234.

Kulawik, Teresa (1992c), Die Krise des produktivistischen Universalismus – Zur Zukunft wohlfahrtsstaatlicher Politik in Schweden, in: *Zeitschrift für Sozialreform* 11/12, S. 746-786.

Langan, Mary/Ostner, Ilona (1991), Geschlechterpolitik im Wohlfahrtsstaat: Aspekte im internationalen Vergleich, in: *Kritische Justiz* 3, S. 302-317.

Lewis, Jane/Åström, Gertrud (1992), Equality, Difference, and State Welfare: Labormarket and Family Policies in Sweden, in: *Feminist Studies* 1, S. 59-87.

Meidner, Rudolf/Hedborg, Anna (1984), *Modell Schweden – Erfahrungen einer Wohlfahrtsgesellschaft*, Frankfurt/M.

Orloff, Ann Shola (1992), *Gender and the Social Rights of Citizenship*: State Policies and Gender Relations in Comparative Perspective, ein Vortrag auf der Konferenz »Comparative Studies of Welfare State Developement« am Zentrum für Sozialpolitik der Universität Bremen.

Petersson, Olof (1991), Democracy and Power in Sweden, in: *Scandinavian Political Studies* 2, S. 173-199.

Pontusson, Jonas (1984), Behind and Beyond Social Democracy in Sweden, in: *New Left Review* 1, S. 69-96.

Pontusson, Jonas (1987), Radicalization and Retreat in Swedish Social Democracy, in: *New Left Review* 5, S. 5-32.

Riksförsäkringsverk IS-I (1989), 24 zit.n. Åström, Gertrud: Föräldrarförsäkring och vardnadsbidrag – om förhallandet mellan ideologi och verklighet, in: *Kvinnovetenskaplig Tidskrift* 2, S. 41.

Rothstein, Bo (1992), *The Crisis of the Swedish Social Democrats and the Future of the Universal Welfare State*, Ms. eines Vortrages, gehalten auf der VIII. International Conference of Europeanists, Chicago.

Shalev, Michael (1983), The Social Democratic Model and Beyond: Two Generations of Comparative Research on the Welfare State, in: *Comparative Social Research* Vol.6, S. 315-351.

Siim, Birte (1988), Towards a Feminist Rethinking of the Welfare State, in: Kathleen B. Jones/ Anna G. Jonasdottir (Hg.), *The Political Interests of Gender*, London, S. 160-186.

Siim, Birte (1992), The Gendered Scandinavian Welfare States: Between Women's Roles as Mothers, Workers and Citizens in Denmark, in: Jane Lewis (Hg.), *Women and Social Policies in Europe*, Aldershot.

Skocpol, Theda/ Amenta, Edwin (1986), States and Social Policies, in: *Annual Review of Sociology* Vol.12, S. 131-157.

Ståhlberg, Ann-Charlotte (1990), Skillnader i försäkringsförmaner eller icke-kontanta löneskillnader mellan kvinnor och män, in: Christina Jonung/ Inga Persson (Hg.), *Kvinnors roll i ekonomin*, Bilaga 23 till Langtidsutredningen SOU Nr.14, Stockholm.

Statistiska Centralbyran (1991), *Statistiska Meddelanden* AM 12 SM 9101, Stockholm.

Svallfors, Stefan (1991), The Politics of Welfare Policy in Sweden: Structural Determinants and Attidudional Cleavages, in: *British Journal of Sociology* 4, S. 609-634.

Therborn, Göran (1984), Den svenska socialdemokratin träder fram, in: *Arkiv* 27/28, S. 3-71.

Therborn, Göran (1986), Karl Marx Returning, The Welfare State and Neo-Marxist, Corporatist and Statist Theories, in: *International Political Science Review* 2, S. 131-164.

Therborn, Göran (1989), *Why is there no Conservatism in Sweden?,* Vortrag gehalten auf der Konferenz »Popular power in postindustrial societies« City University of New York.

Tio ar med jämställdhetslagen (1990), *Statens offentliga utredningar* 1990:41, Stockholm.

Die Biotechnologiepolitik der Europäischen Gemeinschaft

Elisabeth Gerhards

Das Geschlecht der Europa – das Thema dieses Bandes – ist vielleicht in der Technologieentwicklung und Forschungspolitik am wenigsten sichtbar, die technokratisch-patriarchalen Strukturen werden verdeckt und überlagert von der scheinbaren Wertneutralität von Wissenschaft und Forschung sowie vom immer noch gültigen Forschritts- und Wachstumsparadigma.

Die Auseinandersetzung der Frauenforschung mit dem europäischen Integrationsprozeß anläßlich der »Vollendung des Binnenmarktes« 1993 stellt in der Regel die sogenannte soziale Dimension in den Mittelpunkt der Diskussion. Sozialpolitik, Lohnpolitik, Beschäftigungspolitik, Gleichstellungspolitik sind die zentralen Themen (Hörburger 1991; Schunter-Kleemann 1990 und 1992; Hervé 1991).

So notwendig und wichtig deren Thematisierung und Kritik sind, läuft doch die Debatte Gefahr, in der Beschränkung auf die soziale Dimension die ansonsten zu Recht kritisierte Zuweisung von geschlechtsspezifischen Zuständigkeiten – hier: Frauen und Soziales – zu reproduzieren. Dabei wird vernachlässigt, daß in der Forschungs- und Technologiepolitik (FuT) zentrale Weichen für die Entwicklung von Gesellschaft und die inhaltliche Ausrichtung anderer Politikbereiche gestellt werden. Anknüpfend an Ergebnisse neuerer Technikforschung gehe ich davon aus, daß in den Forschungslabors von Industrie und Wissenschaft wesentliche Entscheidungen nicht nur über technologische Innovationen, sondern auch über deren Anwendung und Folgen getroffen werden und damit über die Ausgestaltung von Gesellschaft. Vor diesem Hintergrund möchte ich einige feministische Überlegungen über die geschlechtsspezifische Relevanz von Biotechnologie und europäischer Forschungspolitik darstellen, indem ich versuche, Aspekte der neueren Technikforschung mit feministischer Technikkritik zu verknüpfen.

Die zunehmende Internationalisierung von Technologieentwicklung (z.B. EG/EU als Technologiegemeinschaft, transnationale Kooperation in Forschung und Entwicklung (FuE)) läßt die Frage nach der Steuerbarkeit des wissenschaftlich-technischen Fortschritts immer dringlicher werden, die Forderung nach demokratischer Kontrolle und politischer Partizipation ist in aller Munde. Welche politischen und gesellschaftlichen Akteure allerdings unter welchen Bedingungen an der Definition und Entscheidung wissenschaftlich-technologischer Prozesse teilnehmen können (und ob überhaupt), bleibt eine offene und meiner Ansicht nach skeptisch zu beurteilende Frage.

Die Bemühungen der EG um eine effiziente, innovations- und wettbewerbsfördernde Forschungspolitik – nicht nur im Bereich der Biotechnologie – sind im Kontext der europäischen Integration einerseits und der zunehmenden Globalisierung von Produktion und Technologieentwicklung andererseits zu sehen.

Im folgenden werde ich 1. die Entwicklung der EG-Forschungspolitik von den Römischen Verträgen bis heute zusammenfassen, 2. Strategien und Schwierigkeiten der europäischen Biotechnologiepolitik darstellen und 3. einige offene Forschungsfragen zum Problem von Technologie und Geschlecht sowie 4. zu den demokratietheoretischen Implikationen des Europäisierungs- bzw. Globalisierungsprozesses von Ökonomie und Technologieentwicklung skizzieren.

I. Die Forschungs- und Technologiepolitik der EG

Eine gemeinsame europäische Forschungspolitik wurde von der EG-Kommission zwar seit Gründung der EWG 1957 angestrebt, blieb aber in den 60er und 70er Jahren marginal und uneinheitlich. Neben konzeptionellen Differenzen waren dafür vor allem zwei Gründe verantwortlich: Zum einen behinderten unterschiedliche nationale Forschungspolitiken und Konkurrenzen eine effektive gemeinsame Forschungspolitik, und zum anderen waren die strategischen Orientierungen der Unternehmen eher auf Kooperation mit usamerikanischen Konzernen ausgerichtet als auf Zusammenarbeit mit schwächeren europäischen Partnern.

Schwerpunkte der Forschungspolitik in den 60er und 70er Jahren war die nukleare und nicht-nukleare Energieforschung mit ca. 70% der Mittel (Starbatty/Vetterlein 1990; Grande 1991; EG-Kommission 1991a).

Die Strukturkrise in Westeuropa zu Beginn der 80er Jahre (Stichwort: »Eurosklerose«) und die nachlassende Wettbewerbsfähigkeit europäischer Unternehmen auf dem Weltmarkt führten zu Bemühungen um eine industrie-orientierte Intensivierung der Forschungs- und Technologiepolitik seitens der EG-Kommission. Aber erst durch die Interessenskoalition zwischen den 12 großen europäischen Elektronik-Konzernen und der EG-Kommission (sogenannte round-table-Gespräche) kam eine koordinierte Forschungspolitik in den 80er Jahren zustande (ESPRIT). Von da an (1982) zielte die FuT-Politik der EG auf Investitions- und Innovationsförderung sowie Steigerung der industriellen Wettbewerbsfähigkeit der europäischen Unternehmen.

Im *ersten Forschungsrahmenprogramm* (1984-88) stehen nicht mehr eigene Forschungsarbeiten oder Koordinierung nationaler FuT-Politiken im Mittelpunkt, sondern eindeutig industrie-orientierte Förderprogramme. Die Ergänzung des EWG-Vertrages in der »Einheitlichen Europäischen Akte« (EEA) 1986 um den Titel »Forschung und technologische Entwicklung« gibt den EG-Organen die gesetzliche Grundlage für die bereits praktizierte FuT-Politik.

Im *zweiten und dritten Forschungsrahmenprogramm* (1987-91 bzw. 1990-94) findet eine zunehmende Konzentration auf die sogenannten Schlüsseltechnologien Mikroelektronik, Biotechnologie und Neue Werkstoffe statt. Die Förderschwerpunkte werden von acht auf sechs und die Programme von 35 auf 15 reduziert. 90% der Programme laufen als »cost-shared-actions« mit Unternehmen, Forschungsinstituten und Universitäten, d.h. höchstens 50% der Kosten werden von der EG-Kommission übernommen, den Rest teilen sich die beteiligten Unternehmen bzw. Forschungseinrichtungen, die aus mindestens zwei verschiedenen Mitgliedsstaaten kommen müssen.

Im *vierten Forschungsrahmenprogramm,* dessen Verabschiedung für 1993 geplant war, sollen die Mittel für die Mikroelektronik im wesentlichen zugunsten der Biotechnologie gekürzt werden. Der Forschungsanteil am EU-Gesamthaushalt soll von 2,5% auf 6% (ca. 10 Mrd. ECU) gesteigert werden. Wesentliche Zielsetzung ist die weitere Konzentration auf vorwettbewerbliche anwendungsorientierte Forschung in den Schlüsseltechnologien sowie bessere Abstimmung mit nationalen Programmen, um Doppelforschung zu vermeiden (Bundesministerium für Forschung und Technologie 1992).

II. Die europäische Biotechnologiepolitik

Biotechnologie wird heute meist als Überbegriff für traditionelle und neue Biotechnologien verwendet. *Traditionelle* Biotechnologie meint die industrielle Anwendung von Mikroorganismen z.B. bei der Brot-, Bier- oder Käseherstellung. *Neue* Biotechnologie umfaßt demgegenüber die Anwendung von Gentechnik, Hybridomatechnik (Produktion von monoklonalen Antikörpern) und Bio-Informatik (z.B. Biosensoren, Expertensysteme, Neurobiologie). Wenn heute von Biotechnologie als Schlüsseltechnologie die Rede ist, ist im allgemeinen die neue Biotechnologie gemeint.

Moderne Biotechnologie kann durch gezielte Eingriffe in das Erbgut Lebewesen (Mikroorganismen, Pflanzen, Tiere und Menschen) mit neuen Fähigkeiten und Eigenschaften erzeugen. In der öffentlichen Debatte werden drei Anwendungsoptionen immer besonders hervorgehoben:

- Neuartige Nutzpflanzen sollen den Hunger in den »Entwicklungsländern« abschaffen und die Ernährung der wachsenden Weltbevölkerung sichern.
- Umweltprobleme sollen durch gentechnisch-veränderte Mikroorganismen schnell und billig »repariert« werden.
- Bisher unheilbare Krankheiten (z.B. AIDS, Krebs, Alzheimersche Krankheit) sollen mit gentechnisch hergestellten Medikamenten geheilt und Erbkrankheiten durch Gentherapie verhindert werden.

Neue Biotechnologie nutzt manipulierte Zellen von Bakterien, Tieren und Menschen zur Produktion von Rohstoffen für Landwirtschaft, Lebensmittelindustrie und Medizin.

1. Strategien und Programme der Europäischen Gemeinschaft

Neben der Mikroelektronik ist die Biotechnologie zu einem der wichtigsten Forschungsfelder der Europäischen Gemeinschaft geworden. Die Kommission sieht in der Biotechnologie eine Schlüsseltechnologie für die wirtschaftliche Zukunft Westeuropas. Ihr, der Biotechnologie, komme eine zentrale Bedeutung für die Bewältigung der großen Herausforderungen zu, vor denen Industrie- und Entwicklungsländer heute stünden: Ernährung, Gesundheit, Umweltschutz und Bevölkerungswachstum (EG-Kommission 1991; Davies 1986; Yoxen/di Martino 1989).

Der Markt für Produkte, die auf der Basis von neuer Biotechnologie hergestellt werden, wird für das Jahr 2000 von der Industrie auf 40-50 Mrd.

US-Dollar geschätzt (davon allerdings nur ca. 8 Mrd. also 15-20% gentechnisch erzeugte Produkte) (Dolata 1992:55).

Nach Ansicht der Kommission sind die traditionell starken chemisch-pharmazeutischen Unternehmen Europas dabei, diesen Markt Japanern und US-Amerikanern zu überlassen und ihre führende Rolle auf dem Weltmarkt zu verlieren. Hohe Forschungs- und Entwicklungskosten, nationale Konkurrenzen und unterschiedliche technische Normen und Standards schwächen die Wettbewerbsfähigkeit europäischer Unternehmen. Daraus ergibt sich für die EG-Kommission die Notwendigkeit von gemeinsamen Förderprogrammen in der »anwendungsorientierten Grundlagenforschung« sowie Koordinationsprogrammen zur Effizienzsteigerung und Vermeidung von Doppelforschung innerhalb der EG.

Im Unterschied zur Mikroelektronik kam jedoch die angestrebte europäische Kooperation zwischen BioTech-Industrie und Kommission nur allmählich und sehr begrenzt zustande. Während die europäischen Elektronikunternehmen zu Beginn der 80er Jahre erkannten, daß die nationalen Forschungsmaßnahmen ihre Wettbewerbsposition auf dem Weltmarkt nicht verbessern konnten und deshalb mit der EG-Kommission nach Kooperationsmöglichkeiten im Bereich der Grundlagenforschung suchten (van Tulder/Junne 1988), bildeten sich in der BioTech-Industrie seit Anfang der 80er Jahre strategische Allianzen und joint-ventures zwischen europäischen und us-amerikanischen (später auch japanischen) Unternehmen. Diese transnationale Orientierung der europäischen Lebensmittel-, Chemie- und Pharmakonzerne war für eine gemeinsame technologiepolitische Strategie der Gemeinschaft eher hinderlich und machte die Koordination von »nationalen« Forschungsvorhaben schwierig.

Die Kooperation mit us-amerikanischen Unternehmen versprach eher eine Stärkung der Wettbewerbsposition der europäischen BioTech-Industrien, da das wissenschaftliche und technische know-how der Gen- und Biotechnologie mit einem Vorsprung von ca. 10 Jahren in den USA entwickelt wurde.

Nachdem den kalifornischen Genforschern Boyer und Cohen 1973 das erste Genübertragungsexperiment zwischen artfremden Bakterien gelungen war (Übertragung von Frosch-DNA in Kolibakterien), vermuteten Wissenschaft und Industrie sehr schnell, daß die Gentechnik die Biologie genauso revolutionieren würde wie die Mikroelekronik die Physik.

Anwendungsoptionen in Medizin, Landwirtschaft, Lebensmittelindustrie und militärischer Forschung führten in den USA bereits in den 70er Jahren zu der Einschätzung der Biotechnologie als Schlüsseltechnologie des 21. Jahrhunderts.

Demgegenüber verhielten sich die europäischen Unternehmen bis zu Beginn der 80er Jahre abwartend und skeptisch, erst als HOECHST 1981 mit 200 Mio. US-Dollar den Aufbau eines molekularbiologischen Instituts am Massachusetts General Hospital der Harvard University finanzierte und sich die Unkenrufe vom »technologischen Entwicklungsland Europa« mehrten, kamen auf deutscher und europäischer Ebene verstärkte Bemühungen zur Förderung der Biotechnologie-Forschung zustande.

In ihrem Bemühen, durch joint-ventures und strategische Allianzen am Wissens- und Technologievorsprung der USA teilzunehmen, konnten die europäischen Pharmakonzerne (im Unterschied zur Mikroelektronik) an eine lange Tradition von internationaler FuE-Kooperation anknüpfen (Petrella 1991:4; Organization for Economic Cooperation and Development 1991:224).

In einer Mitteilung der EG-Kommission an den Rat und das Europaparlament zur »Förderung eines wettbewerbsorientierten Umfeldes für die Biotechnologie in der Gemeinschaft« (EG-Kommission 1991b) nennen Forschungskommissar Pandolfi und EG-Kommissar Bangemann drei zentrale Probleme, die die zukünftige Wettbewerbsfähigkeit der europäischen Biotechnologie-Industrie beeinträchtigen:

1. Der unzulängliche Patentschutz:
   Die Patente der europäischen Industrie genießen nicht denselben Schutz wie die Patente der internationalen sprich japanischen und us-amerikanischen Konkurrenz. Die Kommission sieht hier die dringende Notwendigkeit, das europäische Patentrecht dem internationalen anzupassen.
2. Die Zersplitterung des Gemeinschaftsmarktes:
   Rechtsrahmen und Industrienormen müssen vereinheitlicht und die Gesetzgebung muß der rasanten Entwicklung in Naturwissenschaft und Technik angepasst werden. Außerdem müssen die Zulassungsverfahren vereinfacht und beschleunigt werden.
3. Die gesellschaftlichen Akzeptanzprobleme:
   Mangelndes Wissen und das schlechte Image der Gentechnologie bei PolitikerInnen und bei der Allgemeinheit gelten als Hauptursache der Akzeptanzschwierigkeiten. Durch gezielte Informations- und Bildungskampagnen (z.B. Schule und Erwachsenenbildung) soll die Bedeutung der Biotechnologie für die Lösung existentieller Menschheitsprobleme in das Be-

wußtsein der Öffentlichkeit gerückt werden. Außerdem, so schlägt die Kommission vor, sollten verstärkt ethische Fragen bei den Strategien zur Verbesserung der wirtschaftlichen Rahmenbedingungen berücksichtigt werden.

Ebenfalls zur Förderung eines der Biotechnologie zuträglichen Klimas in Europa hat die europäische Chemieindustrie 1989 eine Lobby in Brüssel eingerichtet: die SAGB (Senior Advisory Group on Biotechnology). Mitglieder sind ICI, Unilever, Sandoz, Feruzzi, Rhone Poulenc, HOECHST und Monsanto Europa (Counsel Européenne 1989). Damit institutionalisiert sich auf EG-Ebene der Einfluß der potentiell beteiligten industriellen Akteure bei der Bestimmung von Zielen, Inhalten und Strategien der europäischen Forschungspolitik.

Die Biotechnologie-Politik der EG beginnt 1982 mit dem Bio-Engineering-Programme (BEP) als Vorläuferprogramm für das Biotechnology-Action-Programme (BAP). Ziel von BEP und BAP ist der Aufbau von Forschungsstrukturen und der Abbau von Hemmnissen und Engpässen, die die Nutzung von Stoffen und Methoden der modernen Biotechnologie durch Industrie und Landwirtschaft verhindern (Bundesministerium für Forschung und Technologie 1991:144f.).

Neben den beiden Koordinierungsprogrammen BEP und BAP gibt es zwei Förderschwerpunkte:

a) Landwirtschaft und Lebensmittelindustrie

Hier werden gegenwärtig drei stark anwendungsorientierte Programme zur Förderung der industriellen Biotechnologie in Landwirtschaft und Lebensmittelindustrie durchgeführt (insgesamt 160 Mio ECU): ECLAIR (European Collaboration Linkage of Agriculture and Industry through Research), FLAIR (Food-linked Agro-Industrial Research) und Agrarforschung.

Forschungsschwerpunkte in diesem Bereich sind u.a.:

- gentechnisch erzeugte Herbizide und herbizid-resistente Nutzpflanzen
- Tierproduktion und Gesundheitsmanagement (neue Impfstoffe, Embryotransfer, Computerüberwachung der Tiergesundheit)
- Umwandlung von Kohlehydraten für Nahrungs- und Industrienutzung (Stärke, Bier- und Alkoholverarbeitung)
- Veränderung von Rohfasern für Nahrungs- und Industriezwecke (Futter- und Papierindustrie)
- Nutzung von Ölsaaten in der chemischen Industrie
- Anwendung von Biotechnologie in der Lagerhaltung und Konservierung.

b) Biomedizin und Gesundheitsvorsorge

In diesem Bereich werden ebenfalls drei Programme durchgeführt. Das Programm »Analyse des menschlichen Genoms« wurde 1988 als Ergänzung zum Programm »Medizinische Forschung und Gesundheit« initiiert und hat die Kartierung und teilweise Sequenzierung der menschlichen Erbanlagen zum Ziel.

Das Folgeprogramm »Biomedizin und Gesundheit« (1990-94) hat drei Forschungsschwerpunkte:

- wichtige Gesundheitsprobleme von weitreichender »sozio-ökonomischer Bedeutung« (Krebs, AIDS, Herz-Kreislauferkrankungen, Geistes- und altersbedingte Krankheiten)
- koordinierte Forschung im Bereich der Vorbeugung, der Versorgung und der Gesundheitssysteme
- Analyse des menschlichen Genoms.

Für ethische Fragen sind ca. 2,5% der Mittel vorgesehen (Amtsblatt der EG 1991).

Das BRIDGE-Programm (Biotechnology Research for Innovation Development and Growth in Europe) enthält Projekte der »angewandten Grundlagenforschung« wie z.B. Biologie von Zellen, Proteindesign, Biotransformation und Genomaufklärung, die sowohl für Landwirtschaft und Lebensmittelindustrie als auch für Biomedizin und Gesundheit von Nutzen sind. Beim Anschlußprogramm BIOTECH liegt der Forschungsschwerpunkt auf Biomedizin, Immunologie und Neurobiologie.

Über die EG-bezogenen Forschungsprogramme hinaus ist noch das Europäische Laboratorium für Molekularbiologie in Heidelberg von Bedeutung (DNA-Bank, Genstruktur und -regulierung, Zelldifferenzierung) und eine Vielzahl von Biotechnologieprojekten im Rahmen von EUREKA (Initiative für technologische Zusammenarbeit in Europa, 1985). Bei EUREKA sind neben den EG/EU-Staaten noch sieben andere europäische Länder beteiligt, im Unterschied zu den EG-Programmen liegt der Schwerpunkt jedoch nicht auf vorwettbewerblicher Forschung, sondern auf der Entwicklung von marktfähigen Produkten.

Außerdem entwickelte sich in den letzten Jahren eine weltweite Kooperation beim Genomprojekt im Rahmen der internationalen »Human Genome Organisation« (HUGO). Dieses Projekt hat die vollständige Entschlüsselung der menschlichen Erbanlagen zum Ziel. Die internationale Zusammenarbeit beim Genomprojekt kam hauptsächlich auf Drängen der USA zustande, die bei der Planung dieses ehrgeizigen und umstrittenen Großforschungsprojektes bald erkennen mußten, daß kein einzelnes Land die finanziellen und Human-Ressourcen hat, um allein die 3,5 Milliarden Nukleotidsequenzen des menschlichen Genoms zu entschlüsseln. Die Kosten werden auf etwa 5-7 Mrd. US-Dollar geschätzt.

2. *Die Ziele der Genom- und Gesundheitsforschung*

Von der EG-Kommission wird die Biotechnologie-Forschung im Gesundheitswesen folgendermaßen begründet:

1. Die Bedeutung der modernen Biotechnologie für die wirtschaftliche Entwicklung in Europa.
2. »Die Bedeutung der menschlichen und sozialen Aspekte einiger ... weitverbreiteter Krankheiten, die durch eine Kombination genetischer Faktoren in Wechselwirkung mit der Umwelt verursacht werden.«
3. »Die wirtschaftliche Bedeutung der Ausgaben im Gesundheitswesen, die in Europa ständig zunehmen und ein ernsthaftes Problem für die betroffenen Regierungen darstellen« (EG-Kommission 1988:3).

Die Kommission erhofft sich von der Genomforschung eine verbesserte Krankheitsdiagnostik, die Erfassung von Erbkrankheiten sowie die Erfassung genetischer Prädispositionen (Anfälligkeiten) gegenüber Umwelteinflüssen (wie z.B. Schadstoffe, Arzneimittel, Strahlen). Langfristig werden auch neue Impfstoffe und neue Therapiemöglichkeiten erwartet.

Bei der Erfassung genetischer Prädispositionen bezieht sich die Begründung der Kommission ausdrücklich auf komplexe, in ihrer Entstehung bisher ungeklärte Krankheiten wie z.B. Herz-Kreislauferkrankungen, Diabetes, Allergien, Krebs, Depressionen und Schizophrenie).

»Da es höchst unwahrscheinlich ist, daß wir in der Lage sein werden, die umweltbedingten Risikofaktoren vollständig auszuschalten, ist es wichtig, daß wir so viel wie möglich über Faktoren der genetischen Prädisposition lernen, und somit stark gefährdete Personen identifizieren können. ... ›Prädiktive Medizin‹ (so der ursprüngliche Titel des EG-Programms; E.G.) zielt darauf ab, solche Personen vor Krankheiten zu schützen und ggf. die Weitergabe der genetischen Disponiertheit an die folgende Generation zu verhindern« (EG-Kommission 1988:3).

Obwohl Umweltfaktoren in der Entstehung von Krankheiten durchaus nicht geleugnet werden, steht nicht die Veränderung der Umwelt (z.B. Reduzierung von Schadstoffen) im Mittelpunkt, sondern die genetische Struktur des Menschen. Das menschliche Genom – »die Mysterien unserer eigenen Existenz«, »unser ureigenstes Selbst« (Shapiro 1992) – soll erforscht und verändert werden. Auch Verhaltens- und Persönlichkeitsmerkmale wie z.B. Kriminalität, Alkoholismus, Intelligenz, ja sogar Homosexualität und Einkommensungleichheit werden immer öfter als Ergebnis von genetischen Unterschieden interpretiert (Economist vom 26.12.1992): Die Soziologie habe vierzig Jahre lang Zeit gehabt, die gesellschaftlichen Ursachen für Homosexualität oder Kriminalität herauszufinden und sei dabei jämmerlich gescheitert. In der Abwendung von soziologischen bzw. gesellschaftlichen Erklärungszusammenhängen wird eine (Neu-)Orientierung an *eugenischem Gedankengut* deutlich, das die genetische Veranlagung als Hauptursache für gesundheitliche und gesellschaftliche Probleme in den Mittelpunkt rückt. Allerdings begegnet uns diese »Neo-Eugenik« nicht mit »Gesetz und Gas« (Beck 1988), sondern mit Gesundheitsvorsorge und Prävention, im Gewand technologischer Neutralität:

»Wir haben es also nicht mit einer politischen oder sozialen, sondern mit einer ›nur noch‹ technologischen Eugenik zu tun, die sich allerdings mit der Gewalt und Neutralität ihres Vollzuges über ihre Zwecke ausschweigt. Gerade deshalb kann sie im Maßstab und nach den Prinzipien industrieller Massenproduktion auf den leisen Sohlen der Gesundheitsvorsorge ... ihren Siegeszug antreten. ... Die Eugenik, die uns droht, hat alle Kennzeichen einer finsteren Verschwörung abgelegt und das Kostüm von Gesundheit, Produktivität, Gewinnverheißung angelegt.« (Beck 1988:53f.)

Die heutige Eugenik hat die offene Brutalität von Rassismus und Faschismus hinter sich gelassen und vollzieht sich unter der Fahne von technologischem Fortschritt und Freiwilligkeit umso effektiver.

Hinter diesem genetischen Determinismus verbirgt sich ein doppelter Reduktionismus: Zum einen werden komplexe Phänomene wie Krankheiten, aber auch Alkoholismus, Kriminalität und Einkommensungleichheit auf monokausale (Haupt-)Ursachen zurückgeführt, ohne die vielschichtigen Wechselwirkungen zwischen Körper, Psyche, ökologischer und sozialer Umwelt angemessen zu berücksichtigen. Zum anderen geht der Begriff der genetischen Prädisposition von einem linear und hierarchisch strukturierten Steuerungsprozeß innerhalb der einzelnen Zelle aus, d.h. die DNA wird als oberste Befehls- und Steuerungsinstanz der Zelle angesehen. Dieses Modell des »master-molecul« wird in der feministischen Wissenschaftstheorie als reduktionistisches, hierarchisch-patriarchales Konzept kritisiert (Keller 1983; Maurer 1993). Evelyn Fox Keller (1983) spricht – in Anlehnung an die Biologin Barbara McClintock – von einem »Kontextmodell«, das die komplexen interdependenten Interaktionen innerhalb einer Zelle bzw. eines Organismus berücksichtigt und das deutlich macht, daß der Informationsfluß in der Zelle nicht nur von der DNA, sondern vom gesamten Zellkontext beeinflußt wird.

Der *genetische Reduktionismus* erhält durch das Genomprojekt erschrekkend neue Dimensionen und eine »wissenschaftliche« Grundlage, die eine Kurskorrektur immer schwieriger macht.

Wenn wir erst einmal unsere Genkarte, mit den statistischen Wahrscheinlichkeiten unserer zu erwartenden Anfälligkeiten und Krankheiten vom Bundesgesundheitsamt erhalten, steht es uns »frei«, was wir mit unserem »Gesundheitskapital« anfangen. Ob wir trotz prognostizierter Anfälligkeit gegenüber Luftschadstoffen im überdurchschnittlich belasteten Ballungsgebiet wohnen bleiben, trotz der Disposition für Alkoholismus weitertrinken, ist dann in die »freie« Verantwortung jedes einzelnen gestellt. Allerdings: die Konsequenzen dieser oder jener Entscheidung, dieser oder jener Lebensweise sind individuell zu tragen; wer nicht, entsprechend den jeweils bestehenden Normen, verantwortungsbewußt mit seinem Gesundheitskapital umgeht, kann auch nicht auf die Unterstützung der sozialstaatlichen Institutionen (wie z.B. Krankenversicherung) zurückgreifen.

Die sozialstrukturelle und politische Dimension gesellschaftlicher Ungleichheit und Diskriminierung wird hier zugunsten einer genetisch-individualisierten Verantwortungszuweisung vernachlässigt.

Schöne Neue Welt oder bereits Realität?

»In Washington gibt es Leute, die meinen, man sollte lieber mehr Geld in Wohnungsbauprogramme für die Obdachlosen stecken, als in die Erforschung des menschlichen Genoms. Nun ich denke, langfristig wird das ›human-genome-project‹ mehr zur Lösung des Obdachlosenproblems beitragen, als der Bau von Wohnungen. Viele der Obdachlosen sind physisch oder psychisch gestört. Wenn wir also die Ursachen und nicht die Symptome bekämpfen wollen, dann sollten wir das Geld in die Erforschung der menschlichen Gene investieren.« (Daniel Koshland, Herausgeber des Science-Magazine, zit. n. Greffrath 1990:17)

Sicherlich würde kein(e) ernstzunehmende(r) WissenschafterIn den Einfluß von Umweltfaktoren leugnen; die spezifisch neue Dimension und Perspektive besteht aber darin, daß nicht die Umwelt, sondern die Gene (die »Natur« des Menschen) als kontrollierbares und veränderbares Objekt in den Mittelpunkt des wissenschaftlichen Interesses geraten.

Mark Cantley, Forschungskommissar der EG, beschreibt die (potentiellen?) Möglichkeiten der Biotechnologie folgendermaßen:

»Biotechnologie macht Schluß mit den ›Grenzen des Wachstums‹. Aber ... es gibt keine Grenzen des Lernens. Die größte Errungenschaft der Biotechnologie in den letzten drei Jahrzehnten war die Erkenntnis, daß die Schlüsselressource der Menschheit geordnete Information ist; DNA-Sequenzen oder das Design eines Microchips, das Wesentliche ist Information. ... In Kürze, Biotechnologie gibt uns die Möglichkeit der ›biorationalen‹ Kontrolle, über Pflanzen und Tiere, über ihre Transformation in Nahrung und nützliche Produkte, und über unsere eigene Gesundheit.« (in: Yoxen/di Martino 1989:11f.; Übers. E.G.)

Die Grenzen des Wachstums, die uns in den letzten 20 Jahren immer öfter und immer drastischer vor Augen geführt werden, scheinen durch die Anwendungsoptionen der Biotechnologie außer Kraft gesetzt, die Abhängigkeit von den natürlichen Ressourcen der Erde nur noch eine Sorge der ewiggestrigen FortschrittskritikerInnen. An den Grenzen des Wachstums eröffnet die Biotechnologie Grenzüberschreitungen nach innen und nach außen. Die äußere »Natur« wird zur konstruierbaren und (im Labor) ständig reproduzierbaren Ressource (Welternährung, Energieversorgung, erneuerbare Rohstoffe), und auch die innere »Natur« des Menschen, sein Genom, wird zum Objekt der Wissenschaften, soll kontrolliert, verändert und neu konstruiert werden. Sowohl innere als auch äußere »Natur« werden nach den Prinzipien Leistungsoptimierung und Perfektionierung »verbessert«.

III. Technologie und Geschlecht – oder: Was hat das eigentlich mit Frauen zu tun?

In der öffentlichen Auseinandersetzung um die Genomforschung wurde die eindeutig eugenische Begründung des EG-Programms »Prädiktive Medizin« scharf kritisiert, was auf der politisch-administrativen Ebene jedoch lediglich zu einem neuen Titel (»Analyse des menschlichen Genoms«) und zur Streichung der beanstandeten Textpassage (s.o. S.93) geführt hat. Die inhaltliche Zielsetzung und Durchführung des Programms blieb unverändert. Auf der Ebene der politischen Öffentlichkeit wurde allerdings eine äußerst kontroverse Diskussion ausgelöst, an der vor allem Frauengruppen und Behinderteninitiativen beteiligt waren und sind.

1. Feministische Technikdebatte und Kritik an Gen- und Reproduktionstechnologien

Die feministische Technikdebatte macht in ihrer Technik- und Wissenschaftskritik die den neuen Technologien impliziten patriarchalen Herrschaftsmechanismen sichtbar und versucht den »male bias« von Technologie und Wissenschaft herauszuarbeiten (Krüll 1990; Keller 1986; Cockburn 1988; Harding 1990 und 1991).

Neben den neuen Reproduktionstechniken, die in der feministischen Debatte immer in enger Verknüpfung mit der Gentechnologie diskutiert werden, da sie sich z.T. gegenseitig bedingen und ergänzen, stehen die Techniken der

Humangenetik und Pränataldiagnostik im Mittelpunkt der feministischen Kritik.

Dabei werden die Gen- und Reproduktionstechnologien in der Regel aus der Perspektive »Auswirkungen auf Frauen« und »Umgang von Frauen mit ...« diskutiert. Diese Perspektive geht von der spezifischen Betroffenheit von Frauen aus, da gerade die Gen- und Reproduktionstechnologien massiv in Körper und Selbstverständnis von Frauen eingreifen und sich unter dem Deckmäntelchen von Humanität und medizinischer Therapie als Herrschafts- und Kontrollinstrument über Körper und Gebärfähigkeit von Frauen darstellen (vgl. Corea 1988; Klein 1988; Mies 1992; Die Grünen im Bundestag 1986 und 1989; Katz-Rothman 1989; Bruns/Penselin/Sierk 1990; Beck-Gernsheim 1992).

Die radikal-feministische Kritik an Humangenetik und Pränataldiagnostik (wie sie z.B. von FINRRAGE vertreten wird) läßt sich folgendermaßen zusammenfassen:

- Die Prinzipien der Gentechnik, nämlich Leistungsoptimierung und Perfektionierung des Lebendigen, finden hier ihre Anwendung auf Frauen und Embryonen. Der Zwang zur Perfektionierung macht das Kind immer mehr zum qualitätskontrollierten Konsumprodukt, »krankhafte« Veranlagungen (und unerwünschte Eigenschaften, z.B. das »falsche« – weibliche? – Geschlecht) sollen systematisch ausgesiebt, krankes, d.h. »minderwertiges« Leben soll verhindert werden.
- Der Mensch bzw. sein Genom wird als Objekt einer reduktionistischen Wissenschaft unterworfen, deren Betrachtungsweise psychische und soziale Faktoren weitgehend ausklammert. Die Verantwortung für Krankheiten wird im Sinne einer individualistischen Ursachenzuschreibung dem/der Einzelnen aufgebürdet, die Zunahme von Umweltgiften und andere äußere Faktoren werden (häufig im Interesse der Wirtschaft, z.B. beim ArbeitnehmerInnen-screening) vernachlässigt.
- Durch die Gentechnologie wird der Mensch bzw. seine Gene zur Krankheitsursache erklärt. Damit erhalten die Geningenieure, also das technopatriarchale Expertentum, die Definitionsmacht über Gesundheit und Krankheit, über Norm und Abweichung, wobei die Kriterien für »gesund« und »krank« einem permanenten Prozeß der (willkürlichen) Redefinition unterliegen.

Der Verdienst dieser kritischen Debatten ist es u.a., daß die scheinbare Geschlechts- und Wertneutralität von Technik und Wissenschaft heute mehr und mehr in Frage gestellt wird und die patriarchalen Herrschaftsstrukturen neuer Technologien in ihren Auswirkungen auf das Geschlechterverhältnis als wichtige Forschungsfelder erkannt werden.

In dem Versuch, die verdeckten geschlechtshierarchischen Herrschaftsmechanismen in Technologie und Wissenschaft aufzuzeigen, verfiel die feministische Technik- und Wissenschaftskritik häufig in geschlechtsspezifische Polarisierungen wie: Technik–Naturzerstörung–Mann versus Natur–Empathie–Frau (z.B. Mies 1983 und 1992). Daß solche Polarisierungen einerseits zwar als »Krücke« zumindest vorübergehend notwendig sind, um die Geschlechtsspezifik von Wissenschaft und Technologie überhaupt erst sichtbar zu machen, andererseits aber auch die Gefahr der biologistischen Festschreibung von Geschlechtscharakteren mit sich bringen, wird in der feministischen Technikdebatte in den letzten Jahren sehr kritisch diskutiert (Scheich 1987; Knapp 1989; Wagner 1992; Aulenbacher 1993).[1]

Gen- und Reproduktionstechnologien stellen sich aus feministischer Perspektive als vorläufige Höhepunkte der (männlichen) Naturbeherrschung dar, wobei der »Natur«-Begriff ausgedehnt wird auf den weiblichen Körper (als »intra-uteriner Raum« oder »fötale Umgebung«) und ihn potentiell zu einer konstruierbaren und reproduzierbaren Ressource macht (»Ektogenese«). Elvira Scheich geht hier noch einen Schritt weiter. In ihrem Versuch, geschlechtshierarchische Arbeitsteilung, gesellschaftliche Naturverhältnisse und Technikentwicklung in einen theoretischen Zusammenhang zu stellen, benennt sie die Kernphysik und die Gen- und Reproduktionstechnologien als Beispiele für eine Wissenschaft, der es »um die (irreversible; E.G.) Neu- und Umgestaltung von Naturprozessen geht« (Scheich 1987:118). Durch die Reproduktionstechnologie wird Frauenarbeit von einer Naturressource zu einem Produktionsverfahren, der Körper der Frau zu einem Produktionsmittel (ebd.:122).

Regina Becker-Schmidt spürt Konflikten im Umgang mit der Geschlechterdifferenz »und deren Niederschag in den Geschlechterverhältnissen« nach (Becker-Schmidt 1992:67). Sie sieht in der Gentechnologie eine Weiterentwicklung des abendländischen Dualismus von Körper und Geist, »der immer schon zur Ideologie der Geschlechterdifferenz gehörte« (ebd.:108). In der

---

1 Wichtige Anregungen zu diesem Thema verdanke ich den lebhaften Diskussionen im Seminar: Feministische Technikdebatte und Techniksoziologie, das von Brigitte Aulenbacher im WS 1992/93 am Fachbereich Gesellschaftswissenschaften der J.W.Goethe-Universität in Frankfurt/M. durchgeführt wurde.

»postbiologischen Zukunft« geht es nicht nur um die Erschaffung des Menschen durch den männlichen Logos:

»Es geht um mehr als um die bloße Kontrolle der weiblichen Prokreation. Wahnhafte Vorstellungen von der absoluten Steuerbarkeit, die sich der Natur und der Gesellschaft gleichermaßen bemächtigen, sind hier am Werk. Gentechnologie und Computertechnologie, Biologie und Elektronik verschmelzen zu einem Potential gigantischer Möglichkeiten.« (ebd.:108)

Auch Regina Becker-Schmidt konstatiert die besondere Gefährdung von Frauen, die den Kontroll- und Screeningverfahren am ehesten unterworfen werden. Sie weist aber gleichzeitig darauf hin, daß eine genauere Analyse auch die Institutionen, die an der Entwicklung der Gen- und Reproduktionstechnologien beteiligt sind, sowie die jeweiligen Widerstandspotentiale miteinbeziehen muß.

Dann wird vielleicht deutlicher, »warum solche Alpträume, in denen sich Größenwahn mit Destruktivität verbindet, als öffentliche Verlautbarungen in erster Linie von Männern produziert werden« (Becker-Schmidt 1992:110). Regina Becker-Schmidt entwickelt hier erste Anknüpfungspunkte, Geschlechterverhältnis und Technologieentwicklung zusammenzudenken (vgl. hierzu auch Aulenbacher 1993).

Feministische Wissenschafts- und Technikkritik geht bis dahin meist von bereits vorhandenen Technologien aus und thematisiert gesellschaftspolitische und geschlechtsspezifische Auswirkungen (»Technikfolgen«). Die jeweiligen Entstehungsbedingungen von Technologien und die darin eingelassenen sozialen Kräfteverhältnisse und Definitionskämpfe bleiben weitgehend ausgeblendet.

Wenn man/frau aber davon ausgeht, daß in den Prozeß der Technologieentwicklung Interessen, Wertsetzungen und Definitionspotentiale der jeweils beteiligten Akteure eingehen, so wird deutlich, daß im Entstehungsprozeß bereits wesentliche Entscheidungen über Anwendung, Kontexte und Folgen von Technologien getroffen werden.

2. Die »neue« Technikforschung

Mit dieser Sichtweise knüpfe ich an Konzepte der Technikforschung an, die in den letzten Jahren im Forschungskontext »Technologieentwicklung als sozialer Prozeß« diskutiert werden. Diese wiederum gehen auf eine breite internationale Diskussion zurück: »social construction of technological systems« (Bijker u.a.), »social shaping of technology« (McKenzie/Wajcman), »social shaping of industrial innovation« (Vergragt), »Vor Vollendung der Tatsachen« (Hack), um nur einige der einschlägigen Konzepte zu nennen.[2]

Technologieentwicklung als sozialen Prozeß zu begreifen und zu analysieren hat für die weitere Forschung vor allem drei zentrale Konsequenzen:

1. Die *Forschungsperspektive:* Während die in den 70er Jahren entwickelten Konzepte der »Technikfolgenabschätzung« (TA) einer technikdeterministischen Sichtweise verhaftet bleiben und explizit die Folgen und Auswirkungen von Technik auf Gesellschaft, Umwelt, Frauen etc. als Forschungsgegenstand betrachten, wurden in den 80er Jahren Konzepte entwickelt, die die Entstehung einer technischen Innovation von Anfang an mit der Analyse von Akteuren, Interessen, normativen Wertsetzungen und strukturellen Rahmenbedingungen begleiten. Dieser Perspektivenwechsel rückt Ziele, Akteure und sozio-ökonomische Entstehungsbedingungen als wesentliche Faktoren von Technologieentwicklung und damit verbundener Realitätserzeugung in den Mittelpunkt des Forschungsinteresses (vgl. Esser 1992).
2. Die traditionelle *Grenzziehung zwischen Technik und Gesellschaft* ist aus dieser Perspektive nicht aufrechtzuerhalten. In den Entstehungsprozeß von Technologien gehen nicht nur technische Konstrukte und Problemstellungen ein, sondern soziale Faktoren und gesellschaftliche Probleme werden antizipiert und »in technische Neutralität oder technische Artefakte transformiert« (De-Kontextualisierung) »und gleichzeitig (wird) die Implementation dieser Techniken in sozioökonomische Kontexte durchgeführt (Re-Kontextualisierung)« (ebd.:7).
3. Das *Problem der Steuerung wissenschaftlich-technologischer Entwicklungen* stellt sich verschärft vor dem Hintergrund zunehmender Internationalisierung von Produktion und Technologieentwicklung (Triadisierung des Weltkapitalismus). Unter diesem Gesichtspunkt ist die Entstehung der jeweiligen Akteurs-Netzwerke, in denen Technologieentwicklung betrieben wird, von besonderer Bedeutung, um Möglichkeiten der Partizipation und Einflußnahme in diesen Netzwerken einschätzen zu können. Mit der Verlagerung nationaler Kompetenzen und Entscheidungsbefugnissen auf EG-Ebene (EG/EU als »Technologiegemeinschaft«) entstehen neue Formen transnationaler Verhandlungsprozesse, die demokratische Kontrolle

---

2 Ein Überblick über die internationale Diskussion findet sich in Dierkes/Hoffmann (1992).

und Partizipation, wenn nicht unmöglich machen, so doch wesentlich erschweren.

Wenn, wie bereits ausgeführt, bei der feministischen Technikdebatte die Entstehungsbedingungen von Technologien weitgehend im Dunkeln bleiben, so bietet die Technikforschung konzeptionelle Ansatzpunkte, um die »black box« der Technologieentwicklung zu öffnen. Die meisten theoretischen Ansätze leiden allerdings unter dem Defizit, daß Geschlecht als soziale und analytische Kategorie kaum vorkommt, so daß nur in der *Verknüpfung* beider Forschungsstränge sowohl die Entstehungsbedingungen als auch die geschlechtsspezifische Relevanz von Technologien angemessen berücksichtigt werden können (vgl. Wajcman 1991; Becker-Schmidt 1992; Aulenbacher 1993). In der Verknüpfung dieser Fragestellungen ist dann nicht nur nach den Auswirkungen neuer Technologien auf das Geschlechterverhältnis zu fragen, sondern auch: wie gehen geschlechtshierarchische Gesellschaftsstrukturen in die Entwicklung und Ausgestaltung neuer Technologien ein und transformieren sich in Interpretations- und Durchsetzungsprozessen in technische »Neutralität«, die wiederum Rückwirkungen auf das Geschlechterverhältnis hat? Und, um mit Evelyn Fox Keller zu fragen:

»Welche Auswirkungen hatte es, daß der wissenschaftliche Geist als das »männliche Denken« galt ..., was bedeutete dies für die Definition und Praxis des wissenschaftlichen Denkens? Was ist mit jener Art des Denkens (oder wie auch immer wir diese Art der geistigen Aktivität nennen wollen), die in unserer Kultur den Frauen zugeschrieben wurde und die Frauen als Teil ihrer traditionellen Arbeit gezwungenermaßen haben ausüben müssen?« (Keller 1990:120)

Judy Wajcmans »Feminism Confronts Technology« (1991) ist meines Wissens die bisher einzige Arbeit, die versucht, das Konzept des »social shaping of technology« mit feministischer Wissenschaftstheorie und Technikkritik zu verknüpfen und dabei die Gen- und Reproduktionstechnologien miteinzubeziehen, um das Verhältnis von Technologieentwicklung und Geschlechterverhältnis näher zu bestimmen (Wajcman 1991:24ff.,166). Zunächst kritisiert sie die technikdeterministischen Argumente, die der feministischen Perspektive auf Gen- und Reproduktionstechnologien häufig zugrundeliegen, indem technologischer Wandel als Ursache für sozialen Wandel angesehen wird (ebd.:54). Aus dieser Perspektive werden die modernen Technologien der Schwangerschafts- und Fortpflanzungsmedizin sowie die modernen Verhütungsmittel als Schlüssel zur Befreiung der Frau angesehen.

Diese Sichtweise, so kritisiert Wajcman, verortet die Unterdrückung der Frau in ihrer eigenen Biologie und blendet den sozialen und geschlechtshierarchischen Kontext der Technologieentwicklung aus.

Die von FINRRAGE (Feminist International Network of Resistance to Reproductive and Genetic Engineering) vertretene Einschätzung der Reproduktionstechnologien als patriarchale Gewalt gegen Frauen enthält eine Konzeption von Wissenschaft und Technologie als intrinsisch patriarchal. Obwohl Wajcman davon ausgeht, daß Geschlechterverhältnisse die Form der Technologie in entscheidender Weise geprägt haben, wendet sie sich gegen die verkürzte Sichtweise einer patriarchalen Verschwörung (»patriarchal conspiracy«): »Stattdessen ist hier ein komplexes Netz von Interessen geknüpft worden – sowohl Berufs- als auch Kapitalinteressen, überlagert von Geschlechterverhältnissen« (ebd.:73; Übers. E.G.).

Welches diese unterschiedlichen Interessen sind und in welcher Form sie von Geschlechterverhältnissen strukturiert werden, um dann in den Prozeß der Technologieentwicklung einzugehen, erfordert genauere empirische Forschung.

IV. Globalisierung und Demokratietheorie

Der *sozial* und *geschlechtshierarchisch* geprägte Prozeß der Technologieentwicklung auf nationaler und europäischer Ebene muß darüberhinaus im Kontext der *Triadisierung der Weltwirtschaft* (Ohmae 1985 und 1991) gesehen werden.

1. Faktoren und Ausmaß des Globalisierungsprozesses

Die Verwirklichung des europäischen Binnenmarktes und die geplante Integration der ehemaligen sozialistischen Länder Osteuropas ist nur im Zusammenhang mit der zunehmenden Triadisierung des Weltkapitalismus angemessen zu analysieren. Der Begriff der Triade benennt die USA, Japan/Pazifischer Raum und Westeuropa als die drei Zentren der kapitalistischen Weltwirtschaft (Ohmae 1985). Dies sind die wesentlichen Produktions- und Handelsstandorte, wo der internationale Konkurrenzkampf ausgetragen wird.

David Held benennt vier Dimensionen der zunehmenden internationalen Vernetzung:

1. Die Weltwirtschaft: Die Vernetzung der Weltwirtschaft ist gekennzeichnet durch die Internationalisierung von Produktion, Dienstleistungen, Kapital und Märkten sowie die Zunahme der internationalen Arbeitsteilung.
2. Die internationalen Organisationen: Internationale und transnationale Organisationen wie Internationaler Währungsfond, UNO, Weltbank, UNESCO befinden sich in einem ständigen Kampf um politische Macht und Kontrolle und haben die Entscheidungsstrukturen in der »Weltpolitik« gravierend verändert. Neben den Nationalstaaten spielen transnationale Organisationen und Interessengruppen eine immer wichtigere Rolle bei der kollektiven Entscheidungsfindung.
3. Das Internationale Recht: Grundlage für Koexistenz und Kooperation in der Weltgemeinschaft ist das internationale Recht, z.B. die »European Convention for the Protection of Human Rights and Fundamental Freedoms« von 1950. Gleichzeitig entstehen aber auch Spannungen zwischen nationalstaatlicher Souveränität und inter- oder transnationaler Regulierung (z.B. zwischen EG/EU-Recht und nationalem Recht innerhalb der EG/EU).
4. Hegemoniale Mächte und Machtblöcke: Aus der Vernetzung von nationalen Verteidigungsbürokratien und internationalen Organisationen entstehen transnationale Entscheidungsfindungssysteme, die von den einzelnen Mitgliedsstaaten nicht mehr kontrolliert werden können (Held 1991).

Der Begriff *Globalisierung der Weltwirtschaft* bezeichnet eine neue Phase der ökonomischen Internationalisierung, die durch fünf wesentliche Merkmale gekennzeichnet ist (Organization for Economic Cooperation and Development 1992; Esser 1992; United Nations Center 1988):

a) Das rapide Wachstum ausländischer Direktinvestitionen (FDI):
Seit Mitte der 70er Jahre haben sich die FDI mehr als verdoppelt, eine Studie des United Nations Center on Transnational Corporations (UNCTC) belegt, daß sämtliche FDI von japanischen, westeuropäischen oder us-amerikanischen Unternehmen ausgehen.
b) Steigerung der FDI im Finanz- und Dienstleistungssektor:
Die ausländischen Direktinvestitionen im Finanz- und Dienstleistungssektor haben sich von 1970 bis 1985 ebenfalls verdoppelt, obwohl der Anteil dieses Sektors am Welthandel im selben Zeitraum nur um ca. ein Drittel zugenommen hat.
c) Die dominante Rolle der Transnationalen Unternehmen (TNC) und die Ausweitung des Intra-Unternehmen-Handels:
Transnationale Unternehmen haben sich nicht nur in den letzten dreißig Jahren rapide vermehrt, sondern haben auch ihre transnationalen Aktivitäten in den 80er Jahren drastisch gesteigert. Sie sind heute die wichtigsten Akteure in der Weltwirtschaft und entziehen sich immer mehr dem regulativen Zugriff der nationalen Regierungen.
Das UN-Center on Transnational Corporations kommt in seiner empirischen Bestandsaufnahme zu dem Schluß, »die Aktivitäten der TNCs und ihre Rolle in der Weltwirtschaft haben in den 80er Jahren kontinuierlich zugenommen. Das Wachstum der TNCs vollzog sich ungeachtet eines verlangsamten Weltwirtschaftswachstums, zuneh-

mender Instabilität von internationalen Schlüsselvariablen wie Wechselkurse und Zinshöhe, sowie wachsendem Protektionismus. Während diese Entwicklung einen negativen Einfluß auf die Transnationalisierung der Weltwirtschaft erwarten ließ, scheint das Gegenteil der Fall zu sein« (UNCTC 1988:1; Übers. E.G.).

Zu einem ähnlichen Ergebnis kommt auch die Studie der Werkstatt Ökonomie. Alle von den Autoren ausgewerteten empirischen Daten weisen darauf hin, daß die transnationalen Unternehmen strategisch bedeutende Akteure in der Weltwirtschaft sind, »die nicht zuletzt die aus volkswirtschaftlicher Sicht wichtigsten Schlüsselsektoren mehr oder weniger dominieren« (Werkstatt Ökonomie 1992:58).

d) Der Aufbau hochkonzentrierter internationaler Zulieferstrukturen:
Diese neuen Zuliefernetzwerke entstehen, weil die TNCs Einzelteile – aus Angst vor technisch nicht mehr adäquaten Lagervorräten – nicht mehr selber produzieren, sondern einkaufen. Daraus entsteht häufig eine enge und langfristige Zusammenarbeit zwischen TNCs und Zulieferern (»Quasi-Integration«).

e) Die Triadisierung der Technologieentwicklung:
Die Globalisierung von Forschung und Entwicklung (FuE) findet hauptsächlich in den Schlüsseltechnologien statt. Die FuE-Aktivitäten der pharmazeutischen Industrie sind am stärksten internationalisiert. Fast alle großen Pharmaunternehmen haben Forschungszentren in mehreren Ländern mit Schwerpunkt in der Grundlagenforschung (Organization for Economic Cooperation and Development 1992:224f.). Auch in anderen »high-technology-Sektoren« organisieren die TNCs das internationale »sourcing of scientific knowledge« (ebd.:225) durch FuE-Verträge mit ausländischen Universitäten und Kooperationsabkommen mit kleinen, innovativen Firmen. Darüber haben die TNCs die Möglichkeit, an weiter entwickelten Grundlagenforschungen anderer Länder teilzunehmen. Außerdem werden im Verlauf der 80er Jahre kleinere us-amerikanische Biotechfirmen – die von innovativen Wissenschaftlern gegründet wurden – von europäischen Pharmakonzernen übernommen, z.B. Genentech und Zymonetics.

Weitere wichtige Strategien der transnationalen Forschungskooperation sind strategische Allianzen und joint-ventures mit anderen TNCs. Aufgrund der Komplexität und gegenseitigen Vernetzung der Schlüsseltechnologien sowie hoher FuE-Kosten sind einzelne Unternehmen gar nicht mehr in der Lage, allein ihre Innovations- und Wettbewerbsfähigkeit zu erhalten (Esser 1993: 13).

Zusammenfassend muß man/frau feststellen, daß die Triadisierung der Weltwirtschaft bereits weit vorangeschritten ist und die »Entwicklungsländer«, also ca. 80% der Weltbevölkerung, weiterhin davon ausgeschlossen bleiben. Die öffentliche (Schein-)Debatte in den Industrieländern um eine Neue Weltwirtschaftsordnung, um Konzepte des »sustainable development«, um Strukturanpassung und neue Wohlstandsmodelle kann nicht über die Tatsache hinwegtäuschen, daß mit der Entwicklung des triadisierten Kapitalismus die Marginalisierung der Entwicklungsländer weiter zunimmt. (Fast) alle entwicklungspolitischen Maßnahmen tragen zur weiteren Verelendung der

»Dritte-Welt«-Bevölkerung und zum Wirtschaftswachstum der Industrieländer bei, obwohl sie in der Öffentlichkeit weiterhin mit pseudo-humanitären Argumenten als Entwicklungshilfe bezeichnet werden.

So kommt auch Ricardo Petrella[3], der programmatisch einen europäischen Weg unter Einbeziehung der Entwicklungsländer favorisiert, zu dem resignativen Schluß, daß

> »... der Triade-Ansatz am weitesten verbreitet ist. In den USA, Japan, Westeuropa und vielen anderen ›verwestlichten‹ Ländern wird der Triade-Ansatz verfolgt und weiterentwickelt.« (Petrella 1991:13)

Seiner Meinung nach ist der Triade-Weg weder im Interesse Europas noch im Interesse der Weltwirtschaft und Weltgesellschaft:

> »Der Triade-Ansatz bedeutet, daß eine der Hauptaufgaben von Regierungen im Bereich Forschung und technologische und industrielle Entwicklung die Verteidigung der Interessen ihrer nationalen Champions, zumeist TNCs, sein wird. ... Es bedeutet, daß die Regierungen unter Druck geraten, auf Verantwortung (bzw. Entscheidungskompetenz; E.G.) zu verzichten, und zulassen müssen, daß große, oligopolistische Privatunternehmen die wichtigste Rolle im Entscheidungsprozeß über die optimale Verteilung und Nutzung globaler Ressourcen erhalten. Wenn dies tatsächlich passiert, würde Demokratie immer weniger repräsentativ und der Prozeß wissenschaftlicher und technologischer Entwicklung immer weniger demokratisch werden. Die Bevölkerung würde zunehmend von der Teilnahme an wissenschaftlich-technologischen Entscheidungsprozessen ausgeschlossen.« (ebd.:17; Übers. E.G.)

Auch Ricardo Petrella sieht also, ähnlich wie David Held, die Gefahr der Erosion demokratischer Kontrolle und Partizipation, wenn der Triadisierungsprozeß wie bisher weiter voranschreitet.

Vor diesem Hintergrund stellt sich auch die Frage, ob die EG/EU als supranationaler politischer Akteur tatsächlich die Entscheidungs- und Steuerungskompetenz besitzt (die ihr z.B. von Schneider/Wehrle 1989 zugeschrieben wird), um die von der Kommission angestrebte Europäische Technologiegemeinschaft aufzubauen und den Prozeß der Technologieentwicklung entscheidend mitzugestalten.

---

3 Ricardo Petrella ist Leiter des Forecasting Assessment in Science and Technologie-Programms (FAST), DG XII.

David Held kommt in seiner Analyse des Globalisierungsprozesses im Verhältnis zur Zukunft der Demokratie zu der These, daß die Veränderungen der internationalen Weltordnung/Weltwirtschaft die Wirksamkeit demokratisch-politischer Strukturen mehr und mehr in Frage stellen und die Lebensfähigkeit des demokratischen Nationalstaates zunehmend gefährden (Held 1991: 198ff). Daraus entstehen neue Fragen und Herausforderungen für die Demokratietheorie. Der Focus der modernen Demokratietheorie liegt auf der Analyse der Beziehungen zwischen Akteuren und Strukturen des Nationalstaates. Nach David Held gehen alle diese Demokratietheorien von falschen Voraussetzungen aus, nämlich, daß der politische Prozeß Ausdruck der unterschiedlichen operierenden Kräfte innerhalb des Nationalstaates ist und daß Veränderungen innerhalb demokratischer Staaten aus den internen Strukturen und nationalen politischen Regelungen erklärt werden können. Durch die immer stärkere Internationalisierung von Politik, Wirtschaft und Wissenschaft und die zunehmende nationale, regionale und globale Vernetzung wird die klassische Demokratietheorie im Kern in Frage gestellt. Als Fazit benennt David Held drei zentrale Konsequenzen des Globalisierungsprozesses, die in einer neuen Demokratietheorie berücksichtigt werden müssen:

a) Die Art und Weise, wie ökonomische, politische, rechtliche und militärische Vernetzung das Wesen des souveränen Staates *von oben* verändert,
b) die Erosion des Nationalstaates *von unten* durch lokalen und regionalen Nationalismus und
c) der Prozeß der *globalen Vernetzung*, der Art und Dynamik politischer Entscheidungen verändert (ebd.:222ff.).

Diese Herausforderungen verlangen eine neue Demokratietheorie, die den sich verändernden demokratischen Staat innerhalb der internationalen »Weltordnung« in ihrer gegenseitigen Verflechtung analysiert. Da die Wirksamkeit der repräsentativen Demokratie ausgehöhlt und in Frage gestellt wird, lautet die zentrale Frage: Welche Regeln und Mechanismen können die Verantwortlichkeit in einer neuen Weltordnung sichern?

David Held entwickelt hier ein neues Demokratiemodell, »the federal model of democratic autonomy« (ebd.:227ff.), das diesen Herausforderungen gerecht werden soll. Sein Konzept der »demokratischen Autonomie« beinhaltet die Notwendigkeit eines föderalistischen Zusammenschlusses demokratischer Staaten (»international civil society«), verbunden mit einer Demokratisierung der politischen Strukturen der Weltgesellschaft *einerseits* und einer Demokratisierung des Staates *andererseits*. Der Prozeß der »double democratisation« muß also auf zwei Ebenen stattfinden:

a) Innerstaatlich müssen Staats- und Volkssouveränität so ausbalanciert werden, daß öffentliches und privates Recht gleichermaßen geschützt wird.
b) Auf der weltgesellschaftlichen Ebene muß das Verhältnis von einzelnen Staaten bzw. deren BürgerInnen und der internationalen Zivilgesellschaft neu verhandelt und demokratisiert werden.

Diese von David Held entwickelte »interdependente Transformation von Staat und Zivilgesellschaft« hat visionären Charakter und wird wohl auf absehbare Zeit Utopie bleiben. Sein Modell kann und soll zunächst nicht mehr als ein skizzenhafter Entwurf sein, der im einzelnen ausgearbeitet und konkretisiert werden muß. So thematisiert David Held in seinem alternativen Demokratiekonzept keine Interessen oder Machtverhältnisse, keine gesellschaftlichen Gruppen und Akteure, die sich einer globalen Demokratisierung vehement widersetzen würden, weil Privilegien oder Machtpositionen auf dem Spiel stehen. Auch müßte solch ein weltweites Demokratisierungskonzept ergänzt werden durch den Entwurf eines wie auch immer gearteten neuen Gesellschaftsprojekts, in dem Probleme wie Verteilungskämpfe und ungleiche Macht- und Einkommensverhältnisse thematisiert werden. Vor allem aber stellt sich die Frage, welche gesellschaftlichen Gruppen oder Akteure diesen Demokratisierungprozeß initiieren und vorantreiben könnten und mit welchen Strategien (wenn überhaupt) die dominante Rolle der Transnationalen Konzerne in der Weltwirtschaft aufgebrochen werden könnte. Denn schon Charles Lindblom kommt in seiner Studie »Politics and Markets« zu dem Ergebnis, daß die Existenz von privaten Großunternehmen mit Theorie und Vision der Demokratie eigentlich nicht zu vereinbaren ist (Lindblom 1980:559).

Und dennoch sind solche Visionen von weltweiter »doppelter Demokratisierung« wichtig, ja notwendig. Notwendig, weil David Held in seiner Analyse der gegenwärtigen Situation Problemzusammenhänge und Vernetzungen aufzeigt, die sonst selten zusammengedacht werden, aber angesichts der heutigen Herausforderungen in ihrer komplexen Interdependenz gesehen werden müssen. Er bietet entwicklungsbedürftige, aber auch entwicklungsfähige Ansätze, um in Richtung Demokratie und Gerechtigkeit weiterzudenken.

Wichtig aber auch, weil solche Utopien Mut machen und Anstöße geben, wie eine neue, gerechtere Weltordnung gedacht, entworfen und erkämpft werden kann, eine Weltordnung, in der nicht zwei Dritteln der Weltbevölkerung das Recht auf eine menschenwürdige Existenz verwehrt wird, während die Industrieländer ihre Wohlstandsinseln mit Brandanschlägen und Grundgesetzänderungen verteidigen.

Aus feministischer Perspektive bleibt kritisch anzumerken, daß Geschlechterverhältnisse in David Helds Demokratiemodell keine Rolle spielen. Eine neue demokratische Weltordnung ebenso wie eine neue Demokratietheorie müßte jedoch berücksichtigen, daß sowohl die Verteilung von gesellschaftlichen Gütern (Geld, Macht, Bildung, Arbeit, soziale Sicherheit, politische Partizipation) als auch die Anerkennung von demokratischen Grundrechten weltweit einseitig zugunsten der Männer ausfällt (zur feministischen Demokratietheorie vgl. Phillips 1991 und 1993).

Bisher weitgehend getrennt geführte Diskussionsstränge sind zusammenzuführen: Die feministisch-politologische Auseinandersetzung mit dem europäischen Integrationsprozeß darf so zentrale Politikbereiche wie Forschungs- und Technologiepolitik nicht vernachlässigen, die Analyse von Technologieentwicklung und Geschlechterverhältnis muß die demokratietheoretischen und -praktischen Implikationen des Globalisierungsprozesses berücksichtigen.

Literatur

Amtsblatt der Europäischen Gemeinschaften, L 267, 24.9.1991: *Entscheidung des Rates vom 9.9.1991 über ein spezifisches Programm für Forschung und technologische Entwicklung im Bereich Biomedizin und Gesundheitswesen* (1990-1994), S. 25-32.

Aulenbacher, Brigitte (1993), Technologie und Geschlecht: Eine Gleichung mit zwei Unbekannten?, in: Dies./Monika Goldmann (Hg.), *Transformationen im Geschlechterverhältnis*. Beiträge zur industriellen und gesellschaftlichen Entwicklung, Frankfurt/M., New York (im Erscheinen).

Beck, Ulrich (1988), *Gegengifte*, Die organisierte Unverantwortlichkeit, Frankfurt/M.

Beck-Gernsheim, Elisabeth (1992), *Technik, Markt, Moral*, Frankfurt/M.

Becker-Schmidt, Regina (1992), Verdrängung Rationalisierung Ideologie. Geschlechterdifferenz und Unbewußtes, Geschlechterverhältnis und Gesellschaft, in: Gudrun-Axeli Knapp/Angelika Wetterer (Hg.), *Traditionen Brüche*, Entwicklungen feministischer Theorie, Freiburg, S. 65-113.

Bijker, Wiebe E./Hughes, Thomas P. (Hg.) (1987), *The Social Construction of Technological Systems*, Cambridge.

Bundesministerium für Forschung und Technologie (Hg.) (1991), *Biotechnologie 2000*, Bonn.

Bundesministerium für Forschung und Technologie (Hg.) (1992), *Deutsches Memorandum zur Europäischen Forschungspolitik*, Presse-Dokumentation 6/92, Bonn.

Bruns, Theo/Penselin, Ulla/Sierk, Udo (Hg.) (1990), *Tödliche Ethik*, Beiträge gegen Eugenik und Euthanasie, Hamburg.

Cantley, Mark (1989), Biotechnology in Europe: The Role of the Commission of the European Community, in: Edward Yoxen/Vittorio di Martino (Hg.), *Biotechnology in Future Society*, Scenarios and Options for Europe, Luxembourg, S. 9-18.

Counsel Européenne des Fédérations de l'Industrie Chimique (Hg.) (1989), *Formation of Industry Senior Advisory Group*, Brüssel.

Cockburn, Cynthia (1988), *Die Herrschaftsmaschine*, Geschlechterverhältnisse und technisches Know-How, Hamburg.

Corea, Gena (1988), *MutterMaschine*, Reproduktionstechnologien – von der künstlichen Befruchtung bis zur künstlichen Gebärmutter, Frankfurt/M.

Davies, Duncan (1986), *Industrial Biotechnology in Europe*, Issues for Public Policy, Oxford.

Dierkes, Meinolf/Hoffmann, Ute (Hg.) (1992), *New Technologies at the Outset*, Frankfurt/M., New York.

Dolata, Ulrich (1992), *Weltmarktorientierte Modernisierung*, Frankfurt/M., New York.

Die Grünen im Bundestag (Hg.) (1986), *Frauen gegen Gen- und Reproduktionstechnologien*, Bd. I, Köln.

Die Grünen im Bundestag (Hg.) (1989), *Frauen gegen Gen- und Reproduktionstechnologien*, Bd. II, München.

Economist vom 26.12.92, *Nature or Nurture*, Old chestnut, new thoughts.

EG-Kommission (1988), *Vorschlag für eine Entscheidung des Rates zur Annahme eines spezifischen Forschungsprogramms auf dem Gebiet des Gesundheitswesens*: Prädiktive Medizin, EG-Drucksache 407/1988.

EG-Kommission (1991a), *European Industrial Policy for the 1990s*, Bulletin of the EC 3/91, Brüssel.

EG-Kommission (1991b), *Generaldirektion Binnenmarkt und gewerbliche Wirtschaft:* Förderung eines wettbewerbsorientierten Umfeldes für die Biotechnologie und industrielle Anwendung in der Gemeinschaft, Mitteilung der Kommission an den Rat, unveröff. Ms., Brüssel.

Esser, Josef (1992), Technologieentwicklung als Institutionalisierungsprozeß, Gemeinsame Überlegungen der im Aufbau befindlichen Forschergruppe, in: *Interdisziplinäre Technologieforschung*, Diskussionsbeiträge, Arbeitspapier 3, Frankfurt/M.

Esser, Josef (1993), Technologieentwicklung in der Triade – Folgen für die Europäische Technologiegemeinschaft, in: Werner Süß/Gerhard Becher (Hg.), *Politik und Technologieentwicklung in Europa*, Berlin, S. 21-42.

Grande, Edgar (1991), *Die Europäisierung der Forschungs- und Technologiepolitik*, Köln (Max-Planck-Institut für Gesellschaftsforschung).

Greffrath, Mathias (1990), Der lange Arm von Chromosom Nr. 7, in: *TransAtlantik* 12, S. 14-28.

Hack, Lothar (1988), *Vor Vollendung der Tatsachen*, Die Rolle von Wissenschaft und Technologie in der dritten Phase der industriellen Revolution, Frankfurt/M.

Harding, Sandra (1990), *Feministische Wissenschaftstheorie*, Zum Verhältnis von Wissenschaft und sozialem Geschlecht, Hamburg.

Harding, Sandra (1991), *Whose Science? Whose Knowledge?*, Thinking from Women's Lives, New York.

Held, David (1991), Democracy, the Nation-State and the Global System, in: Ders. (Hg.), *Political Theory Today*, Cambridge, S. 197-235.

Hervé, Florence (Hg.) (1991), *FrauenZimmer im Haus Europa*, Köln.

Katz-Rothman, Barbara (1989), *Schwangerschaft auf Abruf*, Vorgeburtliche Diagnose und die Zukunft der Mutterschaft, Marburg.

Keller, Evelyn Fox (1983), *A Feeling for the Organism*, Life and Work of Barbara McClintock, San Francisco.

Keller, Evelyn Fox (1986), *Liebe, Macht und Erkenntnis*, Männliche oder weibliche Wissenschaft?, München, Wien.

Keller, Evelyn Fox (1990), Wissenschaftstheorie in feministischer Perspektive, in: Marianne Krüll (Hg.), *Wege aus der männlichen Wissenschaft*, Pfaffenweiler, S. 115-133.

Klein, Renate (1988), Segen oder Fluch? Reproduktions- und Gentechnologie aus feministischer Sicht, in: Gertrude Pauritsch/Beate Frakele/Elisabeth List (Hg.), *Kinder machen*, Strategien der Kontrolle weiblicher Fruchtbarkeit, Wien, S. 56-81

Knapp, Gudrun-Axeli (1989), Männliche Technik – weibliche Frau?, Zur Analyse einer problematischen Beziehung, in: Dietmar Becker u.a., *Zeitbilder der Technik*, Essays zur Geschichte von Arbeit und Technologie, Bonn, S. 193-253.

Krüll, Marianne (Hg.) (1990), *Wege aus der männlichen Wissenschaft*, Pfaffenweiler.

Lindblom, Charles (1980), *Jenseits von Markt und Staat*, Frankfurt/M., Berlin, Wien.

Maurer, Margarethe (1993), Feministische Perspektiven in den Biowissenschaften, in: Lynn Blattmann/Annette Kreis-Schinck/Brigitte Liebig/Kathrin Schafroth (Hg.), *Feministische Perspektiven in der Wissenschaft*, Zürich, S. 169-210.

McKencie, D./Wajcman, Judy (Hg.) (1985), *The Social Shaping of Technology*, Milton Keynes.

Mies, Maria (1983), Gesellschaftliche Ursprünge der geschlechtlichen Arbeitsteilung, in: Claudia von Werlhof, Veronika Bennholdt-Thomsen, Maria Mies: *Frauen, die letzte Kolonie*, Hamburg, S. 164-193

Mies, Maria (1992), *Wider die Industrialisierung des Lebens*, Pfaffenweiler.

Ohmae, Kenichi (1985), *Macht der Triade*, Wiesbaden.

Ohmae, Kenichi (1991), *The Borderless World*, New York.

Organization for Economic Cooperation and Development (Hg.) (1992), *Technology and Economy*, Paris.

Pauritsch, Gertrude/Frakele, Beate/List, Elisabeth (Hg.) (1988), *Kinder machen*, Strategien der Kontrolle weiblicher Fruchtbarkeit, Wien.

Petrella, Ricardo (1991), The Globalisation of Technological Innovation, in: *Technology Analysis and Strategic Management* 4, S. 4-18.

Phillips, Anne (1991), *Engendering Democracy*, Cambridge.

Phillips, Anne (1993), *Democracy and Difference*, Cambridge.

Scheich, Elvira (1987), Frauen-Sicht. Zur politischen Theorie der Technik, in: Ursula Beer (Hg.), *Klasse Geschlecht*, Feministische Gesellschaftsanalyse und Wissenschaftskritik, Bielefeld, S. 116-141.

Schneider, Volker/Werle, Raymund (1989), Vom Regime zum korporativen Akteur, Zur institutionellen Dynamik der Europäischen Gemeinschaft, in: Beate Kohler-Koch (Hg.), *Regime in den internationalen Beziehungen*, Baden-Baden, S. 409-434.

Shapiro, Robert (1992), *Das Genom-Projekt*, Der Bauplan des Menschen, Die Genomforschung enträtselt den Code des Lebens, Bern, München, Wien.

Starbatty, Joachim/Vetterlein, Uwe (1990), *Die Technologiepolitik der Europäischen Gemeinschaft*, Baden-Baden.

van Tulder, Rob/Junne, Gerd (1988), *European Multinationals in Core Technologies*, New York.

United Nations Center on Transnational Corporations (Hg.) (1988), *Transnational Corporations in World Development*, New York.

Vergragt, Philip (1988), The Social Shaping of Industrial Innovation, in: *Social Studies of Science* 18, S. 483-513.

Wagner, Ina (1992), Feministische Technikkritik und Postmoderne, in: Ilona Ostner/Klaus Lichtblau (Hg.), *Feministische Vernunftkritik*, Ansätze und Traditionen, Frankfurt/M., S. 147-163.

Wajcman, Judy (1991), *Feminism Confronts Technology*, Cambridge.

Werkstatt Ökonomie (Hg.) (1992), *Multis, Markt und Krise*, Unternehmensstrategien im Strukturbruch der Weltwirtschaft, Heidelberg.

Yoxen, Edward/di Martino, Vittorio (Hg.) (1989), *Biotechnology in Future Society*, Scenarios and Options for Europe, Luxembourg.

Europa an seinem östlichen Rand

Grundzüge der Frauenpolitik sowjetisch-russischen Typs

Britta Schmitt

Am östlichen Rand Europas erodieren Sozialstrukturen, zerfallen staatliche Ordnungen, gedeihen unversöhnliche Nationalismen und Regionalismen, die nach dem Zusammenbruch der UdSSR nun auch in deren Kernland, der Russischen Föderation, virulent geworden sind. Um das Land zusammenzuhalten und beispielsweise die Finanzhoheit der Moskauer Zentrale auch im entlegensten Winkel der beinahe kontinentalen Weiten Rußlands zu gewährleisten, setzt Jelzin seit dem Oktober-Putsch 1993 klar auf die Unterstützung des Militärs. Welche Rolle das neue russische Parlament in dieser Machtkonstellation spielen wird, muß sich erst noch herausstellen. Gleichgültig aber, wie die Kräfte in der Moskauer Zentrale jeweils verteilt sein werden, zu einer Frontstellung zwischen einzelnen Regionen und dem Zentrum kann es auch in Zukunft kommen. Ein funktionierendes Zusammenspiel der staatlichen Gewalten sowie der gesellschaftlichen Kräfte ist längst nicht hergestellt. Demokratie, Marktwirtschaft und Öffnung zum Westen sind außerdem diejenigen Faktoren, die die alten Systeme sozialer Sicherung mehr und mehr aushebeln, ohne schnellen Ersatz dafür zu bieten. Noch hat dieser Zusammenhang auf Rußland nicht voll durchgeschlagen, weil eine konsequente Reform des Eigentumsrechts lange Zeit verschleppt worden ist. Eine marktwirtschaftliche »Roßkur« könnte aber chauvinistische Ressentiments gegen den Westen, speziell gegen Westeuropa verstärkt auf den Plan rufen. Dafür spricht die bei Rußlands Konservativen tief verankerte slavophile Tradition, die seit dem 19. Jahrhundert in Opposition zu den sogenannten Westlern auf der »Heiligkeit« Rußlands und seiner grundsätzlichen Wesensverschiedenheit gegenüber dem Westen beharrt. Das stärkste Motiv westeuropäischer Politik, »Rußland an die europäischen Integrationsprozesse anzubinden« (Timmermann 1992 567), dürfte denn auch in dem Gedanken liegen, daß durch Integration einer neuen Bedrohung aus dem Osten vorgebeugt werden kann. Bisher geschieht die Integration Rußlands von Seiten der EU aber nur mittels vager Zusagen künftiger Handelserleichterungen.[1]

Jenseits dieser ökonomischen Annäherungsprozesse könnten Frauen aus Westeuropa dadurch einen Zugang zu ihren östlichen Nachbarinnen finden, daß sie die unterschiedlichen, jeweils systembedingten Geschlechterdiskurse und Frauenpolitiken in den Blick nehmen und dadurch die spezifischen Bedingungen ihrer eigenen Identitätsbildung in Abgrenzung von den Bedingungen der Identitätsbildung russischer Frauen erkennen. Sollen diese Bewußtwerdungsprozesse wechselseitig sein, so muß an die derzeitigen Ansätze autonomer Frauenbewegungen in Rußland angeknüpft werden, müssen Partnerinnen für einen erweiterten europäischen Dialog der Frauen gesucht werden – Partnerinnen, die ihre Sensibilisierung für das spezifische Bild der Frau in der posttotalitären Gesellschaft bereits ausgedrückt haben (u.a. Lipovskaja 1992:64ff.). So sehr zu hoffen ist, daß sich die bestehenden Ansätze russischer Frauenbewegungen vertiefen und verbreitern, so wenig dürfen die Frauen Westeuropas allerdings erwarten, daß die Themen der westeuropäischen Frauenbewegung auch die der russischen sein werden. Die russischen Frauen stehen auf dem Boden einer grundverschiedenen Tradition und Geschichte, auf dem Boden sowjetischer Frauenpolitik, die sich von den Frauenpolitiken westeuropäischer Staaten grundlegend unterscheidet und im folgenden in ihren Grundzügen beschrieben werden soll.

Nicht umsonst habe ich meinen Beitrag »Grundzüge der Frauenpolitik *sowjetisch*-russischen Typs« genannt. Man könnte einwenden, daß die Sowjetunion nicht mehr existiere, die gegenwärtige Frauenpolitik also nur eine *russische* sein könne. Ich verzichte aber bewußt nicht auf den Begriff *sowjetisch*, weil *das Sowjetische* in der russischen Frauenpolitik nachwirkt und mit *sowjetisch* grundsätzlich mehr bezeichnet ist als eine historische Periode und auch mehr als eine spezifische Herrschaftsform. *Sowjetisch* ist auch und vor allem ein ganz bestimmter Sozialcharakter. *Sowjetisch* ist außerdem eine auf niedrigem Niveau nivellierte Sozialstruktur, die zwar augenblicklich erodiert, das Ende des Sowjetstaates aber dennoch für einige Zeit überleben wird – zumindest so lange, bis sich stabile Klassen jenseits einer dünnen Schicht früherer Angehöriger der Nomenklatura auf der einen und der breiten nivellierten Masse auf der anderen Seite herausgebildet haben. Führende Autorinnen und Autoren der Osteuropaforschung sehen eine der Hauptursachen für die bisherige Kurzlebigkeit und Zersplitterung der politischen Parteien Ruß-

---

1 Vgl. »EG will auf Rußland zugehen« in: Frankfurter Rundschau vom 5..11.1993:2.

lands in der »nur langsam sich vollziehenden sozialen Differenzierung« (Luchterhand 1992:409). Die postsowjetischen Gesellschaften sind also in der Tat auch noch über den Zusammenbruch der Sowjetunion hinaus zunächst »klassenlose« Gesellschaften.

Die Formel »klassenlose Gesellschaften« weckt Assoziationen, die uns noch eine weitere Dimension des Begriffs *sowjetisch* zeigen, und zwar die utopische oder ideologische Dimension.

Das nachrevolutionäre Pathos der 20er Jahre verband den Begriff *sowjetisch* mit dem Aufbau einer völlig neuen Welt, in der der neue Mensch als *Sowjetmensch* dereinst befreit würde leben können. Wie bekannt, sollte die russische Revolution Signalwirkung haben und wie eine Initialzündung die Revolution vor allem in Deutschland und dann in der ganzen Welt auslösen. Das Glück und Befreiung verheißende Sowjetsystem erhob Anspruch auf die Zukunft der Menschheit. Um das unverwechselbar Neue, Antithetische dieser *Schönen Neuen Welt* zu unterstreichen, wurde selbst umgangssprachliches Vokabular mit dem Zusatz *sowjetisch* versehen. So berichtet Andrej Sinjawskij (Sinjawskij 1989:275ff.) beispielsweise von Sowjetmenschen, dem Sowjetvolk, der Sowjetheimat, der Sowjetepoche, der Sowjetwissenschaft, der Sowjetsprache, der Sowjetzivilisation usw. Diese nachrevolutionäre Sprachoperation, die zunächst nur etikettierenden und Beschwörungscharakter hatte, hat sich nach und nach mit Bedeutung gefüllt. Heute bezeichnet *sowjetisch* tatsächlich eine eigene, wenn auch untergehende Welt mit ihren besonderen Bewußtseinslagen. Deshalb spricht auch die gegenwärtig bekannteste russische Feministin Olga Lipovskaja nach wie vor von »sowjetischer Kultur« und einer »spezifischen totalitären Mentalität der sowjetischen Gesellschaft« (Lipovskaja 1992:65). Bei Olga Lipovskaja findet sich auch der Hinweis auf den heutigen, pejorativen Gebrauch des Adjektivs *sowjetisch*, mit dem die früheren revolutionär-pathetischen Sprechweisen karikiert werden und beispielsweise ein bestimmter, wenig femininer Frauentypus in der Umgangssprache als *Sowjetfrau* verächtlich gemacht wird. Auch an diesem Phänomen läßt sich ablesen, daß *das Sowjetische* in der russischen Kultur und Gesellschaft nach wie vor, wenn auch zum Teil mit umgekehrten Vorzeichen, eine zentrale Rolle spielt. In der Sozialpsychologie würde man hier von negativer Fixierung sprechen – ein sicheres Zeichen dafür, daß der Komplex, an den ein Kollektiv negativ, das heißt vermittels starker Ablehnung fixiert bleibt, längst nicht überwunden ist. Neben diesen Implikationen des Begriffs ist mit *sowjetisch* in diesem Beitrag natürlich auch die historische

Dimension gemeint, auf die die gegenwärtige russische Frauenpolitik aufbaut.

Kennzeichnend für die sowjetisch-russische Frauenpolitik ist erstens ihre extreme Produktionsorientierung. Nahezu alle Frauen wurden in die außerhäusliche Erwerbsarbeit einbezogen. Noch Anfang 1992, d.h. bereits nach dem Zusammenbruch der Sowjetunion, waren 90% aller Russinnen im erwerbsfähigen Alter berufstätig (Sabadykina 1993a:99). Frauen machten in Rußland noch vor kurzem sogar mehr als die Hälfte aller in der Volkswirtschaft Beschäftigten aus.

Eine zweite Besonderheit sowjetisch-russischer Frauenpolitik liegt in der vergleichsweise langen Liste sozialer Garantien und Vergünstigungen für berufstätige Mütter. Aus bevölkerungspolitischem Kalkül wurden diese sozialpolitischen Maßnahmen seit Mitte der 70er Jahre ständig erweitert, wurden neue Garantien – wie beispielsweise der Erziehungsurlaub – hinzugefügt, die die Geburtenrate erhöhen sollten. In der gegenwärtigen Periode hat sich diese Tendenz in Rußland sogar noch verstärkt, weil mit Hilfe »übermäßiger« Vergünstigungen Frauen als Konkurrentinnen vom Arbeitsmarkt verdrängt werden sollen und ihre Arbeitskraft zusätzlich unrentabel gemacht wird.

Eine dritte Grundbedingung sowjetisch-russischer Frauenpolitik, die sich seit den Wahlen zum Kongreß der Volksdeputierten Rußlands 1989 völlig in ihr Gegenteil verkehrt hat, war bis zu dem genannten Jahr die Demonstration formaler Demokratie mit Hilfe von Frauenquoten, die sich auf den verschiedenen Ebenen der Macht – d.h. angefangen vom Dorfsowjet über den Gebietssowjet bis hin zum Obersten Sowjet – zwischen 30% und 50% bewegten. Aufgrund dieser Quoten waren und sind es Frauen nicht gewohnt, für ein Mandat im Parlament zu kämpfen. Man bat sie meist weniger wegen ihrer Qualifikation und ihrer Durchsetzungsfähigkeit, als vielmehr aufgrund von Geschlechtszugehörigkeit plus zu erwartender Fügsamkeit und Loyalität in die Parlamente. Als diese Methode der Rekrutierung und ein Großteil der Quoten bei den Wahlen 1989 erstmals wegfielen, sank der Frauenanteil im Obersten Sowjet, dem Arbeitsparlament des Kongresses der Volksdeputierten, von früher 33% auf 15,7% (1989) und fiel bis 1992 weiter auf 5,6% (Posadskaja 1992:6; Buckley 1992:57; Posadskaja 1993:95). Für die lokalen Parlamente und die Parlamente der Republiken wird der Frauenanteil mit 5-7% beziffert (Mesenzeva 1992:24).

Eine vierte Besonderheit sowjetisch-russischer Frauenpolitik liegt in der massiven Bildungsförderung, die von ihrem egalitären Ansatz her auch Frauen zugute kam. Das Bildungsniveau der Frauen lag noch vor kurzem insgesamt höher als das der Männer. 1989 stellten Frauen 56,6% aller Beschäftigten mit Hochschulabschluß und 66,8% aller Beschäftigten mit mittlerer Fachschulausbildung (Statistisches Bundesamt 1993:74). An ihrem Bildungsniveau gemessen waren Frauen in hochqualifizierten und leitenden Positionen allerdings stark unterrepräsentiert. In der Regel erhielten sie nur die schlechter bezahlten und wenig prestigeträchtigen Positionen, wurden seltener befördert und mußten häufiger unter ihrem Qualifikationsniveau arbeiten (Stiller 1983:274).

Die Mehrzahl der Hochschulabsolventinnen ist auch gegenwärtig Lehrerin, Ärztin und Ingenieurin – drei Berufsfelder, die in Rußland nach wie vor mit geringem sozialem Prestige ausgestattet sind. Während aber Lehrerinnen und Ärztinnen auch unter schwierigen ökonomischen Bedingungen gebraucht werden, sind die russischen Ingenieurinnen heute die ersten, die arbeitslos werden. Speziell für sie wurde in früheren Jahren eine Unzahl an sich überflüssiger, der Qualifikation der Frauen oft nicht entsprechender Arbeitsplätze geschaffen, die nun nach und nach abgebaut werden (Sabadykina 1993a:99; Gendler/Gildingersh 1992:59).

Fünftens und letztens möchte ich auf die juristische und medizinische Handhabung der Abtreibung in Rußland hinweisen. Nach 20jährigem Verbot 1956 wieder erlaubt, wurde Abtreibung in Rußland zum am weitest verbreiteten und nahezu einzigen Mittel der Familienplanung. Daran hat sich auch in der gegenwärtigen Entwicklungsphase Rußlands wenig geändert. In der Stadt Sankt Petersburg kamen 1992 auf eine Geburt statistisch vier Abtreibungen. Für ganz Rußland gilt nach wie vor, daß durchschnittlich jede zehnte Frau jährlich eine Abtreibung vornehmen läßt (Sabadykina 1993a:105). Schwangerschaftsabbrüche in staatlichen Kliniken können weiterhin kostenlos in Anspruch genommen werden; sie werden dort allerdings häufig ohne Narkose vorgenommen. Oft fehlen in den Krankenhäusern die Medikamente, um die Anästhesie durchzuführen. Verhütungsmittel, die die hohe Zahl an Schwangerschaftsabbrüchen verhindern könnten, sind für die große Mehrheit der Bevölkerung schwer zu bekommen: Präservative aus russischer Produktion besitzen nur sehr mangelhafte Qualität, und ausländische Verhütungsmittel sind teuer. Sonja Margolina hat angesichts dieser Verhältnisse auf der Frankfurter Konferenz »Frauen in Osteuropa« von der Abtreibungspraxis als einer Metapher für das sowjetische System gesprochen. Sie begründete den metaphorischen Charakter des nahezu einzigen Mittels der Familienplanung in Rußland mit dem prinzipiellen sowjetischen Postulat: »Es muß für alle nur eine Lösung des Problems geben, und diese Lösung muß möglichst einfach, brutal und technisch primitiv sein« (Margolina 1992:o.S.). Für die Gegenwart trifft noch immer die Aussage zu, daß es praktisch nur eine Lösung für das Problem Familienplanung gibt, die Abtreibung. Allerdings bieten private Kooperativen heute, gegen entsprechende Bezahlung, absolut schmerzfreie Abtreibungen an. Einige unter ihnen werben sogar damit, Abtreibungen auch in fortgeschrittenem Stadium der Schwangerschaft, d.h. jenseits der 12. Schwangerschaftswoche bis hin zum 6. Monat vorzunehmen. Einer Verordnung aus dem Jahre 1955 zufolge ist das zwar nicht rechtens, die derzeitige Schwäche der Strafverfolgungsorgane bewirkt jedoch, daß solche Delikte nicht geahndet werden, ja daß sogar offen mit ihnen geworben werden kann (Göbel 1992:5,28ff.).

Nach dieser kurzen Zusammenstellung der Hauptmerkmale sowjetisch-russischer Frauenpolitik möchte ich insbesondere den ersten der fünf genannten Punkte weiter vertiefen und auf historische Hintergründe eingehen: die extreme Produktionsorientierung der sowjetisch-russsischen Frauenpolitik. Mit Hilfe eines unzureichenden, aber im Vergleich zu westeuropäischen Ländern dennoch beachtlich großen Netzes von Betreuungseinrichtungen für Kinder im Vorschulalter[2] konnten Frauen in dem oben genannten, auf der Welt einzigartigen Ausmaß, in den Produktionsprozeß einbezogen werden. Mitte der 60er Jahre war der Prozeß ihrer Erwerbsintegration, der in den Kriegsjahren begonnen hatte, bereits weitgehend abgeschlossen. Das für die sozialistische Wirtschaft noch zu erschließende weibliche Potential an Arbeitskräften war erschöpft, d.h. in den 60er Jahren waren schon annähernd 90% aller Frauen im erwerbsfähigen Alter berufstätig. Das für die Sowjetunion typische extensive Wirtschaftswachstum[3] stieß in bezug auf die Frauenarbeit an seine Grenzen.

Die Einbeziehung von Frauen diente der sowjetischen Wirtschaft vor allem insofern, als der unregelmäßige Produktionsprozeß ein Heer abrufbereiter Arbeitskräfte erforderlich machte, Arbeitskräfte, die zwar täglich ihren

2 In den Städten hatten 1990 70,2% aller Kinder im Vorschulalter einen Kindergartenplatz, auf dem Land nur 55,9%. Daraus ergibt sich ein Gesamtdurchschnitt der betreuten Kinder unter allen Kindern im Vorschulalter von 66,2% (Statistisches Bundesamt 1993:53).

3 Unter extensivem Wirtschaftswachstum wird in der Literatur allgemein die Mobilisierung immer neuer Arbeitskräfte zur Steigerung des Sozialprodukts bei gleichzeitiger Vernachlässigung technisch relevanter Rationalisierungen verstanden.

Arbeitsplatz aufsuchten, de facto aber nur gelegentlich mit Arbeit ausgelastet waren.

Diese Form der Teilnahme am Produktionsprozeß wurde den Frauen prinzipiell durch Betreuungseinrichtungen für Kinder ermöglicht, erforderte aber auch keine unabdingbar durchgängige Präsenz am Arbeitsplatz, wie das in den meisten Betrieben westlich-kapitalistischer Länder der Fall ist.

Schon im Alter von zwei Wochen konnten Kinder in eine Krippe gegeben werden, während die Mütter ihre Arbeit wieder aufnahmen (Sabadykina 1993b:9). Die gesellschaftliche Funktion der Frau als Lohnarbeiterin wurde in jedem Fall höher bewertet als ihre Funktion als Mutter, obwohl das Mutter-Sein andererseits durchaus zur Norm gehörte. Die Produktionsorientierung der Frauenpolitik hatte nicht nur die Einrichtung von Krippen und Kindergärten zur Folge. Auch die Schwangerschaft an sich wurde nur als vorübergehende Arbeitsunfähigkeit betrachtet. Man beließ deshalb die staatlichen Zuwendungen im Zusammenhang mit dem Mutterschutzurlaub bis in die 70er Jahre hinein auf relativ niedrigem Niveau, das zudem noch gestaffelt war entsprechend der Dauer der Betriebzugehörigkeit der Schwangeren, nach Branchenzugehörigkeit und nach Mitgliedschaft bzw. Nicht-Mitgliedschaft in der Einheitsgewerkschaft. So erhielten Nicht-Gewerkschaftsmitglieder nur 50% aller Sozialleistungen, und Angestellten wurde im Vergleich zu Arbeiterinnen nur ein um vier Wochen kürzerer Schwangerschaftsurlaub gewährt (Stiller 1983:97).

Selbst im Bereich Mutterschutz wurden also mit Vergünstigungen oder Verweigerung derselben Loyalitäten gegenüber der Sowjetmacht aufgebaut. Man kann darin eine Fortsetzung des »Prinzips Ständebildung« (Stiller 1983: 94) sehen, das in der Sowjetunion aller Sozialpolitik zugrundelag und eine bestimmte, vom Westen sehr verschiedene Mentalität hervorgebracht hat. Die sowjetische Sozialpolitik beruhte nicht – wie in westeuropäischen Sozialstaaten – auf dem Bestreben der Solidargemeinschaft, die einzelnen Gesellschaftsmitglieder vor Lebensrisiken zu schützen und als Beitragszahler und -zahlerinnen in die Pflicht zu nehmen. Die sowjetische Sozialpolitik diente vielmehr mittels der Bevorzugung bestimmter Branchen und Bevölkerungsgruppen dem Aufbau eines Systems feudaler Abhängigkeiten. Trotz nominell geringer Unterschiede im Einkommen der breiten Masse, führten kleine Begünstigungen, wie beispielsweise Staffelungen der Rente nach Berufsgruppen und Sonderzulagen bei Parteizugehörigkeit, zu einer ständeähnlichen Differenzierung der Gesellschaft auf sehr niedrigem Niveau.

Der feudale Charakter der sozialen Absicherung brachte durchaus nicht das westliche, bürgerliche Selbstbewußtsein hervor, das auf der Gewißheit beruht, aufgrund eigener Beitragszahlungen den Systemen sozialer Sicherung gegenüber anspruchsberechtigt zu sein. Vielmehr hat das komplizierte System von Begünstigungen und Privilegien eine Mentalität hervorgebracht, die allzu oft in der Rolle des oder der passiv Empfangenden verharrt, ohne sich am Prinzip der Solidargemeinschaft zu orientieren oder die erwartete staatliche Zuwendung mit der Notwendigkeit eigener Beitragszahlungen in Verbindung zu bringen. Insbesondere gilt das für Frauen, die seit den 70er Jahren aufgrund einer zunehmend pronatalistischen Bevölkerungspolitik mehr und mehr in den Genuß von Vergünstigungen kamen. So erhielten sie beispielsweise ab 1975 bis zu zehn bezahlte Urlaubstage im Jahr zur Pflege kranker Kinder. 1981 folgte die Einführung des teilweise bezahlten Erziehungsurlaubs für die Dauer eines Jahres mit der Option für Mütter, diesen unbezahlt auf 18 Monate auszudehnen (Sevostjanov/Schtifanov 1991:37).

Schon für die 70er und den Beginn der 80er Jahre kann man also davon sprechen, daß die Produktionsorientierung der sowjetischen Frauenpolitik mehr und mehr durchlöchert wurde zugunsten einer Frauenpolitik, die nunmehr die Reproduktionsfunktionen der Frau in den Vordergrund stellte und sich eine Steigerung der seit den 60er Jahren alarmierend gesunkenen Geburtenrate zum obersten Ziel setzte. Diese ohnehin seit Jahrzehnten vorhandene Tendenz wird mit Beginn der 90er Jahre verstärkt durch den Übergang zur Marktwirtschaft und die damit verbundenen Rentabilitätszwänge. Seit beispielsweise 1990 der bezahlte Erziehungsurlaub auf drei Jahre ausgedehnt wurde, werden die bestehenden Kinderkrippen nach und nach geschlossen und keine neuen Gruppen mehr eingerichtet. Das bedeutet klar die Rückverlagerung von Betreuungsaufgaben in die Familie und ihre Delegierung an die Mütter.

Ganz ähnliches geschieht auch mit den Kindergärten. Vor allem Betriebskindergärten sind in den letzten Jahren reihenweise geschlossen worden, weil sie nun ausschließlich aus dem begrenzten Firmenbudget finanziert werden müssen; dies aber ist für die meisten Betriebe nicht möglich. Darüber hinaus gibt es seit 1992 für jede Familie mit Kindern im Vorschulalter ein spezielles Kindergeld, über das die Familie frei verfügen kann, wenn das Kind zuhause betreut wird, das aber an den Kindergarten weitergegeben werden muß, wenn das Kind einen Kindergarten besucht (Sabadykina 1993a:104). Nach Inkrafttreten dieses Gesetzes verschwanden schlagartig die Schlangen bei der Anmeldung zum Kindergarten, und die Norm von 20 Kindern pro Kindergartengruppe, früher eine selten erreichte Zielmarke, wird seither kaum noch überschritten.

Wird schon durch solche Maßnahmen ein starker Druck auf Frauen ausgeübt, zuhause zu bleiben und sich allenfalls mit Heimarbeit zu beschäftigen, die übrigens in den großen Städten Rußlands mehr und mehr Fuß faßt, so machen andere Bestimmungen Frauen – offensichtlich mit politischem Kalkül – zu gänzlich unrentablen Arbeitskräften. Wie Sabadykina berichtet, kann eine Frau mit Kindern bis zu 14 Jahren es heute gänzlich ablehnen, auf Dienstreise zu gehen, während das noch vor wenigen Jahren nur Frauen möglich war, die Kinder unter acht Jahren hatten. Im Juni 1992 durchlief außerdem ein Entwurf zum neuen Familiengesetz in erster Lesung das russische Parlament. Der Entwurf sah für alle Frauen – und nur für Frauen – mit Kindern unter 14 Jahren eine verkürzte Arbeitswoche vor. Anastasija Posadskaja, die Leiterin des Moskauer »Zentrums für gender studies«, kommentierte das auf dem »Zweiten Unabhängigen Frauenforum Rußlands« in der Kleinstadt Dubna bei Moskau mit den Worten: »Das wird die Rationalisierung von Diskriminierungen gegen erwerbstätige Frauen in vielen Bereichen ermutigen« (Posadskaja 1992:6f.; Übers. B.S.).

Das »Unabhängige Frauenforum« in Dubna kann als der Beginn einer nicht-staatlichen russischen Frauenöffentlichkeit angesehen werden. Es stellt, in unseren Begriffen gesprochen, eine Mischung aus Frauensommeruniversität und politischer Konferenz dar und ist von seiner Organisationsstruktur her in eine große Zahl von offenen Diskussionsrunden, sogenannte Sektionen, einige »Rund-Tisch-Gespräche« (Podiumsdiskussionen) sowie ein Gesamtplenum untergliedert. In den Jahren 1991 und 1992 nahmen jeweils um die 500 Teilnehmerinnen aus Rußland und den angrenzenden GUS-Staaten sowie ca. ein Dutzend ausländischer Gäste an der dreitägigen Veranstaltung teil. Die Sektionen, beispielsweise zu den Themen »Frauen und Religion«, »Frauen und Kunst«, »Frauen und Rüstungskonversion«, »Frauen in der Landwirtschaft« wurden jeweils von Interessierten, Betroffenen und Expertinnen besucht. Ursprünglich sollte das Forum jährlich stattfinden. 1993 mußte der jährliche Rhythmus aber bereits unterbrochen werden – wahrscheinlich aufgrund der sich weiter verschlechternden wirtschaftlichen Situation. Initiator des »Unabhängigen Frauenforums« ist das Moskauer »Zentrum für gender studies«, das seit 1988 dem »Institut für sozialökonomische Probleme der Bevölkerungsentwicklung« angegliedert ist und v.a. Politikberatung durchführt. Durch die Beratung des »Zentrums für gender studies« wurde beispielsweise erreicht, daß der 1990 auf drei Jahre verlängerte Erziehungsurlaub – juristisch gesehen – nicht nur von den Müttern, sondern auch von Vätern und sogar von Großmüttern und Großvätern in Anspruch genommen werden kann, was in der Praxis allerdings kaum geschieht.

Auf dem »Zweiten Unabhängigen Frauenforum« vom 27.-29. November 1992 waren die Sektionen »Frauen und business«[4], »Frauen und Gesundheit«, »Feminismus und Probleme der Frauenbewegung« sowie »Frauen und Politik« am besten besucht. Am brennendsten schien die meisten Teilnehmerinnen zu interessieren, wie sie ihrer Verdrängung aus Wirtschaft und Politik entgegenwirken können, wie sie in der »Männer-Marktwirtschaft« Fuß fassen und sich gegen die männlichen Ausbotungsversuche schützen können, indem sie beispielsweise reine Frauenunternehmen gründen.[5] Einige der neuen russischen Geschäftsfrauen, die auf dem Forum anwesend waren, berichteten über ihre eigenen Erfahrungen mit der Gründung eines Unternehmens. In der Sektion »Frauen und business« tauschten sie sich über ihre Probleme aus, die derzeit vor allem in der Kreditbeschaffung, dem Informationsmangel, den eingeschränkten Möglichkeiten der Weiterbildung und in der Schwierigkeit liegen, geeignete Geschäftsräume zu finden. Daneben zeigte eine Mehrheit starkes Interesse an der Diskussion ihrer sozialen Verantwortung als Unternehmerinnen. Viele äußerten, als Frau in der Wirtschaft eine zivilisatorische Mission erfüllen, d.h. in die gegenwärtig noch wilde Marktwirtschaft ein moralisches Moment einbringen zu wollen. Konkret hatten die Sektionsteilnehmerinnen dabei ein karitatives Engagement im Auge. Allerdings, so sagte ihre Sprecherin Soja Chotkina, könnten aus betriebswirtschaftlichen Gründen höchstens zwei bis drei Prozent des Gewinns für wohltätige Zwecke verwendet werden.

In der Sektion »Frauen und Politik« entzündete sich die Diskussion an der Tatsache, daß in den lokalen Machtorganen und Stadtparlamenten seit dem Wegfall der Quoten praktisch keine Frauen mehr vertreten sind. Um politischen Einfluß wieder zu gewinnen, müßten Frauen sich zusammenschließen,

---

4 Das englische Wort »business« ist in die russische Sprache eingegangen und wird dort im Sinne von »Unternehmertum«, »Geschäftsleben«, »Gewerbe«, »Betrieb« oder »Selbständigkeit« gebraucht.

5 Unternehmerinnen aus der Stadt Ufa, Autonome Republik Baschkirien, berichteten in der Sektion »Frauen und business«, daß das Republikparlament kürzlich ein Gesetz »Über die Entwicklung von Frauenbetrieben in der Republik Baschkirien« verabschiedet habe. Dieses Gesetz sieht vor, daß jeder Betrieb, dessen Belegschaft zu mindestens 60% aus Frauen besteht und der betriebliches Engagement zum Schutz und zur sozialen Absicherung von Frauen und Kindern nachweisen kann, von der Gewinnbesteuerung befreit wird (vgl. Center for Gender Studies/ Ariadne Europe Fund 1993:18).

so die einhellige Meinung in der Sektion. Strittig blieb nur die Frage, wie eine solche Vereinigung von Frauen aussehen sollte. Sollte es eine Partei, eine gesellschaftliche Organisation oder ein Informations-Netzwerk sein? Tatjana Frolova aus Tomsk berichtete, daß in ihrer Stadt bereits eine Frauenpartei gegründet worden sei.[6] Andere Teilnehmerinnen schlugen vor, erst einmal zu definieren, was Politik von und für Frauen überhaupt inhaltlich bedeute.

Die Konzentration der Forumsteilnehmerinnen v.a. auf die Sektionen »Frauen und business« und »Frauen und Politik« und das weitgehende Fehlen einer breiten Reflexion über geschlechtsspezifische Rollenzwänge zeigt an, daß die heutige russische Frauenöffentlichkeit an ganz anderen Punkten ansetzt als es Ende der 60er Jahre die beginnende Frauenbewegung des Westens tat. Das Bedürfnis beispielsweise, ein Netzwerk russischer Unternehmerinnen zu gründen, war in Dubna stärker als das Bedürfnis, sich über gesellschaftliche Rollendiktate auszutauschen. Dennoch gibt es in der russischen Gesellschaft diese Rollendiktate. Sie bestehen nicht nur aufgrund eingewurzelter patriarchalischer Traditionen, sondern sind – wie ein Blick selbst in die jüngere Vergangenheit zeigt – auch Ergebnis von Kampagnen und politischen Manipulationen. Das zentrale Beispiel hierfür kann man in der seinerzeit noch sowjetischen Diskussion zur sogenannten demographischen Krise Ende der 70er Jahre sehen. Unter »demographischer Krise« wurde damals folgendes verstanden: Innerhalb von zwei Jahrzehnten war die Geburtenrate in der Sowjetunion so zurückgegangen, daß die Sterberate insgesamt höher lag als die Geburtenrate. Den Berechnungen von Bevölkerungswissenschaftlern wie beispielsweise Perevedenzev (Perevedenzev 1982, zit. in: Attwood 1990:4) zufolge hätten, nur um die sowjetische Bevölkerung konstant zu halten, 260 Geburten auf 100 Ehepaare im Land kommen müssen. Das bedeutete, daß es einen beträchtlichen Anteil von Familien mit drei Kindern hätte geben müssen. Der Trend ging in den urbanen Regionen der europäischen Sowjetrepubliken aber mehr und mehr zur Ein-Kind-Familie. Sollte es nicht gelingen, diesen Trend zu ändern und die Geburtenraten spätestens in den 90er Jahren erheblich zu steigern, war für Perevendenzev die Katastrophe vorprogrammiert, die seinen Überlegungen zufolge im zweiten Jahrzehnt des kommenden Jahrtausends ausbrechen mußte, da dann die geburtenstarken Jahrgänge der 50er Jahre das Rentenalter erreichen würden.

---

6 Eine rechts-konservative sogenannte Fraueneinheitspartei wurde 1991 auch in der Stadt Sankt Petersburg von der Deputierten des Stadtsowjets Vera Kurilschtschenko gegründet.

Außerdem wurde in der damaligen Diskussion noch auf den drohenden Arbeitskräftemangel hingewiesen, der sich heute angesichts der steigenden Arbeitslosigkeit in Rußland in sein Gegenteil verkehrt hat. Die unsichere Altersversorgung der heute 40jährigen dürfte sich aber, wenn auch in relativ ferner Zukunft, tatsächlich als Problem herausstellen.

Als einen zweiten Aspekt der sogenannten demographischen Krise diskutierte man Ende der 70er Jahre die deutliche Disproportionalität der Geburtenraten europäischer und zentralasiatischer Sowjetrepubliken.

Am Beispiel der Diskussion um die »demographische Krise« läßt sich deutlich der Zusammenhang zwischen sozialistischer Planung sowie angestrebter Lenkung der Bevölkerungsentwicklung und einer bestimmten Geschlechtsrollenpropaganda, der Propagierung der Zwei-bis-drei-Kind-Familie und tendenziell sogar der Hausfrauen-Ehe erkennen. Die Neuorientierung der 70er Jahre hin zu mehr Femininität und Häuslichkeit der Frauen entstand, wie Lynne Attwood gezeigt hat (Attwood 1990:206), eindeutig im Zusammenhang mit dem Interesse an der Steigerung v.a. der russischen Geburtenrate im Vielvölkerstaat Sowjetunion.

Den Ausgangspunkt für die Forderung nach häuslicheren Frauen boten neben den genannten noch eine Reihe weiterer gesellschaftlicher Probleme, die seit Mitte der 60er Jahre in der sowjetischen Pädagogik diskutiert wurden: Das waren zum einen die oft erschreckende Obhutlosigkeit von Kindern, die Zunahme von auffälligem und kriminellem Verhalten unter Jugendlichen und die hohe Scheidungsrate. Für dieses Bündel von gesellschaftlichen Problemen suchte man innerhalb der Pädagogik nach einem Erklärungszusammenhang und fand diesen in der angeblichen Verweiblichung der Männer und der Vermännlichung der Frauen.

Über die angeblich verweiblichten Männer und die angeblich vermännlichten Frauen gibt Lynne Attwood die Ausführungen der sowjetischen Pädagogen wie folgt wieder:

»... solche Männer und Frauen sind schlechte Eltern. Zweitens ist die Scheidungsrate unter ihnen hoch. Drittens, und das ist am wichtigsten: sie verursachen eine alarmierend niedrige Geburtenrate« (Attwood 1990:3; Übers. B.S.).

Daß diese drei Punkte sich noch gegenseitig verstärken, hat Perevendezev daran deutlich gemacht, daß nach Berechnungen aus den 70er Jahren weniger als 50% der geschiedenen Frauen ein zweites Mal heirateten und daß die meisten Frauen nach einer Scheidung keine weiteren Kinder mehr bekamen. Damit war der negative Einfluß einer hohen Scheidungsrate auf die Geburtenzahlen nachgewiesen. Es galt nunmehr, die Ehe wieder zu festigen und zwar durch die Bildung von »gesunden, polarisierten männlichen und weiblichen Persönlichkeiten« (Attwood 1990:3).

Zu diesem Zweck wurde in den Schulen mit Beginn des Schuljahrs 1984/85 das neue Fach »Ethik und Psychologie des Familienlebens« eingeführt. Hier sollte den Schülerinnen und Schülern beigebracht werden, welche Art von Beziehung zwischen Eheleuten zu bestehen haben (Attwood 1990:184).

Die Einführung des neuen Schulfachs, das in den Schulen Rußlands noch immer unterrichtet wird, ist aber nur eine unter vielen Auswirkungen der in den 80er Jahren öffentlich geführten Geschlechtsrollendiskussion. Insgesamt zeichnet sich ab, daß die russische Regierung heute einen noch unter Breschnjew 1981 begonnenen politischen Kurs zur »Wiederverhäuslichung« der Frau fortsetzt.

Auf einer Ebene, die weit über diesen konkreten Tendenzen oder vielmehr diesen zugrunde liegt – auf der Ebene geschlechtlich strukturierter Wahrnehmungsmuster – hat die Philosophin Tatjana Klimenkova erste Ansätze für die Beschreibung des russischen Transformationsprozesses im Lichte westlicher sex-gender-Theorien geliefert. Diese möchte ich abschließend darstellen, nicht zuletzt um auf die eingangs erwähnten Mentalitäts- und Wahrnehmungsunterschiede zurückzukommen, die Rußland als den östlichen Rand Europas von Westeuropa trennen.

Tatjana Klimenkova geht aus von dem Grundpostulat des Erklärungskonzepts »gender« und sagt: »Die Gesellschaft diktiert dem Individuum, wie es seine geschlechtlichen Möglichkeiten zu organisieren und zu bewerten hat« (Klimenkova 1992:11). Auf diese Weise bildet sich überhaupt erst »gender«, d.h. das soziale Geschlecht heraus. Wichtig hierbei sei, und auch hierin ist sich Tatjana Klimenkova mit ihren westlichen Kolleginnen einig: Die gender-Beziehungen innerhalb einer Gesellschaft stehen nicht nur für sich selbst, d.h. konkret für die Beziehungen zwischen den Geschlechtern, sondern liefern auch das Modell und die Legitimationsfigur für viele andere Beziehungen, beispielsweise für die Beziehung Mensch – Natur, Forscher – Forschungsgegenstand, Staat – Familie und Rationalität – Emotionalität.

Tatjana Klimenkova führt nun aus, daß in Rußland derzeit die gender-Beziehungen, d.h. die sozialen Vorstellungen von Männlichkeit und Weiblichkeit und deren Verhältnis zueinander, auch das Modell dafür abgeben, wie öffentlich über die Krise der Ökonomie oder umfassender über die Krise der Kultur gesprochen wird. Ziemlich vereinfachend und plakativ wird in fast allen Publikationen die westliche Marktwirtschaft, die vermeintlich auf der reinen männlichen Rationalität beruhe, der östlichen Wirtschaft gegenübergestellt, die nicht durch Rationalität bestimmt worden sei, sondern von Idealen. Das wiederum wird in Zusammenhang gebracht mit der nationalen Identität der Russen als emotionalem, leichtgläubigem, idealistischem, also insgesamt eher weiblichem Volk. Gerade in bezug auf den Vergleich mit Deutschland haben diese Denkfiguren in Rußland lange Tradition. Die deutsche Kultur wird häufig als männliche Kultur bezeichnet, die russische als weibliche. In der gegenwärtigen Krise, in der zumindest für die radikalen Reformer die einzige Rettung der Gesellschaft in der Übernahme der westlichen Kultur und Wirtschaftsweise zu liegen scheint, haben diese diskursiven Assoziationsketten zur Folge, daß mit allen Mitteln der Einfluß des Weiblichen, und das heißt auch: der Einfluß von Frauen, zurückgedrängt werden soll.

»Die Presse ... schreibt ständig«, so Tatjana Klimenkova, »daß die Frauen in diesem Land übermäßig viel Macht ergriffen hatten, während die männlichen Qualitäten (wie Kühnheit, Entschiedenheit, Härte) in den Hintergrund getreten waren« (Klimenkova 1992:6).

Die Verdrängung von Frauen aus Politik und Berufsleben wird deshalb besonders bei den westlich orientierten Kräften geradezu als eine Mission verstanden, die Rußland retten wird. Mit der Etablierung von Marktbeziehungen nach westlichem Vorbild soll so auch ein neues Geschlechterverhältnis legitimiert, sollen wieder stärker polarisierte Geschlechtscharaktere und ein neues altes Herrschaftsverhältnis zwischen den Geschlechtern zur Norm erhoben werden.

Zusammenfassend läßt sich über die derzeitige Frauenpolitik Rußlands sagen:

1. Geschlechtsstereotypen determinieren in gewissem Maße die gesellschaftliche Wahrnehmung der gegenwärtigen Krise in Rußland und können im Zusammenhang mit dem Übergang zur Marktwirtschaft umfassende Aggressionen gegen Frauen freisetzen.
2. Die pronatalistische Bevölkerungspolitik, die in der Sowjetunion bereits in den 70er Jahren begonnen wurde, wird heute fortgesetzt und ausgebaut. Sie erhält neue starke Impulse durch die Rentabilitätszwänge der Marktwirtschaft. In diesem Zusammenhang werden Betreuungsaufgaben, die früher gesellschaftlich organisiert waren, massiv in die Familie zurückverlagert und an die Frauen delegiert.
3. Insgesamt ist eine Abkehr von der Produktionsorientierung in der sowjetisch-russischen Frauenpolitik zu beobachten. Die sozialen Besitzstände der Frauen werden ausgebaut, um ihre Arbeitskraft unrentabel zu machen

und sie in denjenigen feudalen Abhängigkeiten zu halten, die die Gesellschaft als Ganzes gerade dabei ist zu überwinden.

4. Als neue Akteurinnen in der sowjetisch-russischen Frauenpolitik haben sich das »Zentrum für gender studies« in Moskau und – in Form des »Unabhängigen Frauenforums« – eine kritische Frauenöffentlichkeit herausgebildet.
5. Die zunächst noch wenig differenzierte Sozialstruktur, die erst im Entstehen begriffenen Klassen, eine »totalitäre Mentalität« sowie die Armut, die beispielsweise im Bereich Familienplanung ein Festhalten an überkommenen Methoden erzwingt, rechtfertigen nach wie vor und sicher noch für geraume Zeit den Zusatz »sowjetisch« für die russische Frauenpolitik.

(Das Manuskript wurde im November 1993 abgeschlossen.)

Literatur

Attwood, Lynne (1990), *The New Soviet Man and Woman,* Sex-Role Socialization in the USSR, Bloomington.

Buckley, Mary (Hg.) (1992), *Perestroika and Soviet Women*, Cambridge.

Center for Gender Studies/Ariadne Europe Fund (1993), *From Problems to Strategy* – Second Independent Womens' Forum Dubna, Russia 1992, eine Dokumentation, Moscow/Hilversum (Niederlande).

Gendler, Grigorij/Gildingersh, Marina (1992), Unemployment in St. Petersburg, *Radio Liberty News Report* 40 (Okt.).

Göbel, Sonja (1992), *Grundzüge der Frauen- und Familienpolitik in der Sowjetunion und in der Bundesrepublik Deutschland im 20. Jahrhundert* – eine Gegenüberstellung der Realia aus Theorie und Lebensalltag unter besonderer Berücksichtigung der strafrechtlichen Regelung des Schwangerschaftsabbruchs, unveröff. Diplomarbeit, Heidelberg.

Klimenkova, Tatjana (1992), *Die Perestroika als gender-Problem*, (russisch: Perestrojka kak gendernaja problema), unveröff. Ms. eines Vortrags, gehalten auf der internationalen wissenschaftlichen Konferenz »Gender Restructuring – Perestroika in Russian Studies«, Helsinki 20.08.1992.

Lipovskaja, Olga (1992), Der Mythos der Frau in der heutigen sowjetischen Kultur, in: *Feministische Studien* 2, S. 64ff.

Luchterhand, Galina (1992), Neue politische Parteien und Bewegungen in Rußland – Geschichte und Gegenwart, in: *Osteuropa* 5, S. 398-409.

Margolina, Sonja (1992), *Herrschaft der Frau* – das sowjetische Matriarchat und das Ende des Totalitarismus, eigene Mitschrift eines Vortrags, gehalten auf der Tagung der hessischen Landeszentrale für politische Bildung »Frauen in Osteuropa« am 10.10.1992.

Mesenzeva, Jelena (1992), *Women in Russia*, unveröff. Bericht des Moskauer »Zentrums für gender-studies« für das »Ost-West-Europäische Frauen Netzwerk« (OWEN), Chausseestr. 58, 10115 Berlin.

Posadskaja, Anastasija (1992), *Woman's Dimension of Social Transformation – from Forum to Forum*, unveröff. englischsprachiges Ms. eines Vortrags, gehalten auf dem »Zweiten Unabhängigen Frauenforum«, Dubna (Rußland) 27.11.1992.

Posadskaja, Anastasija (1993), Übergangszeit in Rußland – Demokratisierung ohne Frauen, in: *beiträge zur feministischen theorie und praxis* 34, S. 93-97.

Sevostjanov, Gennadij/Schtifanov, Vasilij (1991), *Arbeitsschutz, Frauenarbeit, Jugendarbeit*, (russisch: Ochrana truda, trud shenstschin, trud molodjoshi), Moskau.

Sinjawskij, Andrej (1989), *Der Traum vom neuen Menschen oder die Sowjetzivilisation*, Frankfurt/M.

Statistisches Bundesamt (1993), *Länderbericht Russische Föderation 1993*, Wiesbaden.

Stiller, Pavel (1983), *Sozialpolitik in der UdSSR 1950-80*, Baden-Baden.

Timmermann, Heinz (1992), Rußland und Europa, Voraussetzungen und Perspektiven von Zusammenarbeit und Partnerschaft, in: *Osteuropa* 7, S. 564-581.

Sabadykina, Jelena (1993a) Frauen im heutigen Rußland am Beispiel von Sankt Petersburg, in: *beiträge zur feministischen theorie und praxis* 34, S. 99-106.

Sabadykina, Jelena (1993b): *Frauen im heutigen Rußland am Beispiel von Sankt Petersburg* (russische Fassung), unveröff. Ms. eines Vortrags, gehalten am 3.2.1993 im Schwerpunkt Frauenforschung der Universität Frankfurt/M.

Frauenhandel und Europa 1993

Diana Hummel

In vielen europäischen Ländern hat der Handel mit Frauen in den Heirats- und Prostitutionsmarkt sowie in illegale Arbeitsverhältnisse im Privatsektor seit den vergangenen zwei Jahrzehnten rapide zugenommen. Betroffen sind hauptsächlich Frauen aus Asien (v.a. Thailand und Philippinen), Lateinamerika (z.B. Dominikanische Republik, Brasilien, Kolumbien) und Afrika (v.a. Ghana und Kenia). Doch auch mit Frauen aus Osteuropa und der ehemaligen Sowjetunion haben sich neue, lukrative Märkte eröffnet.

Frauenhandel ist eines der extremsten Symptome der »tripple oppression«, der dreifachen Unterdrückung durch Rassismus, Sexismus und Klassenherrschaft. In Europa läßt sich eine länderspezifische Aufteilung des Marktes analog zu den historischen Bezügen der ehemaligen Kolonialländer erkennen: Frauen aus den früheren französischen Kolonien werden verstärkt nach Frankreich gehandelt, während sich die Händler in Holland v.a. auf die Verteilung von Frauen aus Afrika und der Karibik spezialisiert haben. Die Bundesrepublik »importierte« bis Mitte der 80er Jahre hauptsächlich Frauen aus Südostasien. Daß in letzter Zeit verstärkt Frauen aus Lateinamerika und dem Osten als Ehefrauen, Sexarbeiterinnen oder Hausangestellte in die BRD gehandelt werden, resultiert in erster Linie aus der sich rapide verschlechternden wirtschaftlichen Situation dieser Länder, die besonders Frauen hart trifft.

Frauenhandel als weibliche Migrationsform

Frauenhandel steht im Kontext der weltweiten Feminisierung von Migrationsbewegungen. Die Frauen kommen fast ausnahmslos aus Ländern, in denen sich kaum mehr wirtschaftliche Perspektiven für sie bieten. Eine Gemeinsamkeit dieser Länder ist ihre Abhängigkeit von Deviseneinnahmen, die sich über traditionelle Exportprodukte aufgrund des Preisverfalls auf dem Weltmarkt nicht mehr erwirtschaften lassen. Die desaströsen Konsequenzen der Verschuldungskrise und der zur Sanierung von internationalen Kreditgebern wie der Weltbank und dem Internationalen Währungsfonds verordneten Strukturanpassungsmaßnahmen betreffen in erster Linie die Frauen: Sie sind es, die am stärksten unter Arbeitslosigkeit, sinkenden Löhnen, Preissteigerungen für Nahrungsmittel und staatlichen Kürzungen im Gesundheits- und Erziehungswesen zu leiden haben. Maßgeblich tragen Frauen die Hauptverantwortung bei der Versorgung ihrer Familien. Die Zahl der Haushalte, die von Frauen geführt werden, wächst, weil die Männer auf der Suche nach Lohnarbeit in die Städte oder ins Ausland abwandern oder sich schlicht der Verantwortung entziehen.

In dieser Situation sehen viele Frauen den letzten Ausweg in der Migration. Die Abwanderung ins Ausland erscheint als vielversprechende Perspektive, um für sich und ihre Familie ein besseres Lebensniveau zu erreichen, den Kindern eine Ausbildung zu finanzieren oder den Kauf eines Hauses zu ermöglichen. »Der Entschluß zu emigrieren ist mitnichten rein individuell bestimmt, sie rührt vielmehr aus einer Familienstrategie: Sowohl die Mädchen als auch die Frauen gelten als der Ursprungsgruppe gegenüber besonders loyal und werden als zuverlässige Quellen für die Übersendung von Ersparnissen betrachtet« (Morokvasic 1992:12). Aus diesem Grunde fördern auch viele Regierungen die Abwanderung, weil die ArbeitsmigrantInnen häufig mehr Devisen einbringen als der Export von Agrarprodukten oder Mineralien. Auch am Auslandsaufenthalt von Migrantinnen, die via Frauenhandel in die reichen Länder wandern, verdienen die Herkunftsländer indirekt mit, nämlich durch die Zahlungsanweisungen an Familienangehörige über nationale Banken. Frauenhandel ist insofern eine Variante der internationalen geschlechtsspezifischen Arbeitsteilung: Durch sexuelle Arbeit im Ausland erfolgt eine Verbesserung der Lebensbedingungen der Familie im Herkunftsland.[1]

1 In der Dominikanischen Republik sollen die Deviseneinnahmen durch die Geldsendungen der MigrantInnen etwa so hoch sein wie die Einnahmen aus dem Hauptexportprodukt, dem Zucker (Caritas u.a. 1992:14). Auch in den Philippinen stammt ein beträchtlicher Teil der rund 2,5 Mrd. US$, die ins Ausland abgewanderte Frauen und Männer jährlich überweisen, von Frauen, die als Sexarbeiterinnen ihren Lebensunterhalt verdienen. Doch der größte Teil dieser Devisen wird für die Rückzahlung von Auslandsschulden gebraucht (Liwag 1992:5).

Die Migration von Frauen ist außerdem abhängig von den Bedarfsfaktoren in den Ankunftsländern: Je nachdem, welche Arbeitskraft auf dem Weltmarkt gerade nachgefragt wird, – Produzentinnen und Reproduzentinnen –, erfolgt im Rahmen des Frauenhandels die Zurichtung der Frauen für die Reproduktionsarbeit als Prostituierte, Ehefrauen oder Hausangestellte. Erst durch die männliche Nachfrage und das »Kaufverhalten« wird Frauenhandel möglich. Durch den Kauf einer ausländischen Frau kann der Europäer seine Vormachtstellung realisieren, denn die Abhängigkeit der Frau ist durch ihre Rechtlosigkeit garantiert. Die rassistische Diskriminierung der Frauen drückt sich in der Einforderung sklavenähnlicher Unterwerfung aus – entsprechend den männlichen Phantasien von »exotischem« Verhalten – und den Frauen zugewiesenen Eigenschaften wie »anpassungsfähig«, »anschmiegsam« und »treu«. Medien und Werbung leisten der sexistischen und rassistischen Betrachtungsweise und Behandlung weiteren Vorschub, indem sie zur Etablierung der Klischees beitragen und die Nachfrage oftmals direkt fördern.

Aufgrund der restriktiven Einreise- und Aufenthaltsbestimmungen in den europäischen Ländern besitzen die Frauen kaum Chancen, eine Aufenthalts- und Arbeitserlaubnis zu bekommen. Bei dem Versuch, nach Europa zu gelangen, sind sie auf Händler angewiesen, um administrative Hürden wie die Beschaffung von Paß und Visum zu überwinden.

Die Drahtzieher des Geschäfts gehören entweder zu großen internationalen Händlerringen, die den Frauenhandel in großem Umfang als einträglichen Nebenzweig ihres Drogen- und Waffenhandels betreiben, oder zu Schlepperorganisationen, die sich auf Frauenhandel spezialisiert haben und mit europäischen Zuhältern zusammenarbeiten. Heiratshändler haben oftmals Niederlassungen in den Herkunftsländern der Frauen. In zunehmendem Maße gibt es auch Einzelpersonen, meist Landsmänner und -frauen, die in Europa leben und durch Frauenhandel ihre Einkommen aufbessern.

Die Rekrutierung der Frauen verläuft unterschiedlich. Von den in ihren Heimatländern durch Zeitungsanzeigen oder durch persönlichen Kontakt angeworbenen Frauen verlangen die Händler eine hohe Vermittlungsgebühr, die sie vorgeblich für Transferkosten und bürokratische Formalitäten benötigen. Wenn die Frauen nicht in der Lage sind, die Kosten im voraus aufzubringen, indem sie z.B. eine Hypothek auf ihr Haus aufnehmen oder sich Geld von Familienangehörigen oder Nachbarn leihen, bieten die Händler Geld gegen die Verpflichtung der Frauen, die Schulden in Europa abzuarbeiten. So werden bereits vor dem Export die Möglichkeiten fixiert, die Frauen auch nach Abschluß des Transfers weiter in Abhängigkeit zu halten.

Viele Frauen werden mit falschen Versprechungen auf eine gut bezahlte Arbeit z.B. als Pflegekraft oder Kellnerin angeworben und müssen, wenn sie bereits in Europa angekommen und oftmals hochverschuldet sind, feststellen, daß sie für die Prostitution rekrutiert wurden. Andere Frauen wiederum wissen zwar, daß sie in der Sexindustrie arbeiten werden, doch die Arbeitsbedingungen und die rechtliche Situation sind ihnen in der Regel nicht bekannt. Die meisten Frauen reisen als Touristinnen ein und gehen davon aus, daß sie sich mit dem Visum ohne Probleme aufhalten und arbeiten können. Um eine Arbeits- und Aufenthaltserlaubnis zu bekommen, werden häufig Ehen mit Männern aus dem Umfeld des Milieus arrangiert. Der Preis dieser Ehen liegt zwischen 5.000 und 10.000 DM, hinzu kommen häufig weitere Forderungen der Ehemänner, die sich die Zwangslage der Frauen zunutze machen. Auch die Heiratsagenturen informieren migrationswillige Frauen nicht selten völlig unzureichend oder falsch über ihre Vermittlungspraktiken und die Arbeits- und Lebensbedingungen in Europa. Viele Frauen wissen nicht, daß sie in Katalogen angeboten werden und für die Kunden oftmals ein Umtauschrecht besteht. Oft ist den Frauen nicht bekannt, daß sie sich nur kurze Zeit als Touristinnen aufhalten dürfen und zurück ins Heimatland müssen, wenn keine Ehe zustande kommt. In den wenigsten Fällen sind die Frauen informiert, daß ihr Aufenthalt an die Ehe gebunden ist und im Falle der Trennung die Abschiebung droht.

Besonders gravierend ist die Situation der Frauen, die für die Arbeit als Babysitter oder Dienstmädchen angeworben wurden. Sie verdienen oftmals nur ein geringes Taschengeld und sind aufgrund ihres illegalen Status extrem ausbeutbar. Von Kranken- und Sozialversicherung ausgeschlossen, werden sie im Krankheitsfall von ihren Arbeitgebern oftmals einfach auf die Straße gesetzt. Zudem müssen die Frauen in ständiger Angst leben, von der Polizei entdeckt und abgeschoben zu werden.

Frauenhandel basiert auf Abhängigkeits-, Ausbeutungs- und Gewaltstrukturen, denen die betroffenen Frauen durch ihre Bedingungen im Herkunftsland und ihre rechtlose Situation im Abnehmerland ausgesetzt sind. Die Frauen sind jedoch nicht nur Opfer von Zwangsverhältnissen, sondern gleichzeitig eigenständig handelnde Subjekte. Ihre Entscheidung zur Migration ist eine aktive Überlebensstrategie, die großen Mut und Risikobereitschaft erfordert. Determiniert wird ihre Situation in Europa vor allem durch ihren ausländerrechtlichen Status, der sie zwingt, sich illegal aufzuhalten und zu arbeiten. Dies wird sich auch mit der Einführung des europäischen Binnenmarktes nicht ändern. Im Gegenteil: Durch neue restriktive Bestimmungen sind die

Frauen noch schärferen Bedingungen ausgesetzt, die ihre Rechtlosigkeit verstärken.

»Festung Europa« – Abkommen und Gremien

Die Regierungspolitik der meisten europäischen Länder geht davon aus, daß Europa kein Einwanderungsgebiet ist. Die Freizügigkeit für Personen mit Einführung des EG-Binnenmarktes ab dem 1. Januar 1993 gilt nur für Menschen mit EG- bzw. jetzt EU-Pässen und nicht für MigrantInnen aus sogenannten »Drittländern«. Umfangreiche Regelungen und Maßnahmen wurden getroffen, um Einreise und Aufenthalt unerwünschter ZuwanderInnen zu verhindern, die die Stabilität der entgrenzten Gemeinschaft angeblich bedrohen. Um die Auswirkungen des EG-Binnenmarktes auf von Frauenhandel betroffene Frauen genauer einzuordnen, ist es notwendig, sich etwas genauer mit den Abkommen und Gremien zu befassen, die die europäische Einwanderungspolitik betreffen.

Schengener Abkommen

Die Bestimmungen der EG-Abschottungspolitik[2] wurden vor allem im sogenannten »Schengener Abkommen« geschaffen. Durch den Verzicht auf Grenzkontrollen – so lautete die offizielle Argumentation – könnten erhebliche »Sicherheitseinbußen« entstehen. Es bestünde nicht nur die Möglichkeit des freien Waren-, Personen-, Dienstleistungs- und Kapitalverkehrs, sondern auch der grenzüberschreitenden Ausbreitung von Terroristen, organisierter Kriminalität und außereuropäischen Flüchtlingen und ZuwanderInnen. Um diesen »Sicherheitsverlust« zu kompensieren, verständigten sich die Benelux-Länder, Frankreich und die Bundesrepublik im »Schengener Abkommen« (Schengen I) 1985 über die Notwendigkeit von Abwehrmaßnahmen im Bereich der »inneren Sicherheit« in Form einer besseren polizeilichen Zusammenarbeit, vereinfachter Rechtshilfe, gemeinsamer Mittel der Verbrechensbekämpfung und der Angleichung spezieller Sicherheitsregelungen. Dem

2 Im folgenden beziehe ich mich v.a. auf Weichert 1990; Hiller/Schunter-Kleemann 1992; Internationale Liga für Menschenrechte 1992; Unrast-Kollektiv 1992; de Guzman 1991; Kootstra 1991.

Abkommen sind mittlerweile auch Italien, Spanien und Portugal beigetreten. Das diese Absichtserklärungen verwirklichende Schengener Zusatzabkommen (Schengen II) wurde zwar bereits 1990 unterzeichnet, ist aber noch nicht ratifiziert. Kapitel 3 »harmonisiert« die Vergabe von Visa. Darin verpflichten sich die Vertragsparteien zu einer Angleichung ihrer Sichtvermerkspolitik und zur Einführung eines einheitlichen Sichtvermerks. Federführend war das Bundesinnenministerium, das wie folgt argumentierte: »Nur eine verstärkte Kooperation und eine intensive Abstimmung können verhindern, daß die Zuwanderungsbewegungen nach Westeuropa jeweils die durchlässigste Stelle suchen« (zit. n. Weichert 1990:257).

Die EG/EU-Länder haben sich bereits darauf geeinigt, für insgesamt 112 Länder eine einheitliche Sichtvermerkspolitik vorzusehen. Im Zuge der Vorbereitungen des Schengener Abkommens wurde eine Liste erstellt, auf der jedes Land der Welt einer von drei Kategorien zugeordnet wird: »negativ«, »positiv« und »noch nicht bekannt«. Die Liste der als negativ eingestuften Länder ist die längste und umfaßt alle Länder, aus denen MigrantInnen unerwünscht sind. Darunter fallen fast alle asiatischen, afrikanischen und lateinamerikanischen Staaten (de Guzman 1991:12).

Grenzkontrollen sollen von den Binnengrenzen an die gemeinsamen Außengrenzen, z.B. auf Flughäfen, verlegt und Reisende aus Drittstaaten strengstens kontrolliert werden. ZuwanderInnen, die nicht alle Einreisebestimmungen erfüllen, wird die Einreise verweigert. Zu diesen Bedingungen zählen: gültiger Paß, gültiger Sichtvermerk, Beleg für den Aufenthaltszweck und gesicherten Lebensunterhalt, keine Ausschreibung zur Einreiseverweigerung und keine Gefahr für die Sicherheit und Ordnung.

Das im Aufbau begriffene Schengener Informationssystem SIS soll als Instrument zum Vollzug all dieser Bestimmungen dienen. Ein Sach- und Fahndungssystem, ausgestattet mit strafprozessualen, polizei- und ausländerrechtlichen Personendaten soll die Ausschreibung zur Einreiseverweigerung und Abschiebung unerwünschter ZuwanderInnen, die Festnahme und Auslieferung sicherstellen. Die Datensätze sind bereits im Aufbau begriffen. Bestände bereits existierender Dateien wie z.B. die INPOL-Datei des Bundeskriminalamtes und das Ausländerzentralregister werden im SIS aufgenommen. Mit dem SIS wird eine allseitige Verfügbarkeit von Verdachtsdaten geschaffen, die schwere Folgen für die Betroffenen haben können, z.B. bei Festnahmen, Auslieferungen und Zurückweisungen an der Grenze. Einen Rechtsschutz dagegen gibt es nicht.

Den Schengener Verträgen kommt mithin Pilotfunktion für die zukünftige Migrations- und Asylpolitik der EU zu. Die vereinbarten »Harmonisierungsmaßnahmen« haben Modellcharakter für die ganze EU und darüber hinaus. Den restlichen EU-Staaten bleibt nach dem Vorpreschen der Schengenstaaten nichts mehr übrig, als dem Schengen-Vertragswerk ohne Modifikation beizutreten (Internationale Liga für Menschenrechte 1992:14). Nur EG/EU-Länder können Vertragspartner des Schengener Abkommens sein. Dennoch sind die Schweiz und Österreich schon seit längerem inoffiziell in den Schengen-Prozeß eingebunden.

TREVI

TREVI ist die Abkürzung für »Terrorismus, Radikalismus, Extremismus und Internationale Gewalt«. Der besondere Status der TREVI-Gruppe ergibt sich aus ihrer Stellung zu den EG-Institutionen. Im Unterschied zu Schengen umfaßt TREVI alle zwölf Mitgliedsstaaten der EG, als Beobachter nehmen Vertreter aus der Schweiz, Österreich, Schweden, Marokko, Kanada und den USA teil (Unrast Kollektiv 1992:54). Es handelt sich um Beratungen zwischen den Innenministern und den Justizministern der EG; praktisch besteht eine völlige personelle Identität zum EG-Ministerrat. TREVI hat eine zwischenstaatliche unabhängige Struktur, die sich außerhalb jeglicher Kontrolle durch das Europaparlament befindet. Die TREVI-Gruppe ist selbst kein formelles EG-Organ, sondern ein multilaterales Gremium der Innen- und Justizminister und der Polizeistäbe der EG-Staaten. Dieser Status als Parallelorganisation zu den Institutionen der Gemeinschaft macht es möglich, daß TREVI gewissermaßen EU-Innenpolitik betreibt und die Beschlüsse EU-weite Bedeutung haben, aber dennoch weder der Kontrolle der EG-Kommission und noch viel weniger des Europaparlaments unterliegt.

Den TREVI-Beratungen lag bei der Einführung 1976 das Anliegen zugrunde, sich mit Problemen der öffentlichen Ordnung und Sicherheit auseinanderzusetzen. Die befürchteten »Sicherheitseinbußen« sollten u.a. durch eine Erweiterung der Polizeibefugnisse auf europäischer Ebene kompensiert werden. TREVI oblag dabei zunächst die Rolle einer Koordinierungs- und Planungsinstanz. Eine der Hauptabsichten war die Zusammenarbeit in der Terrorismusbekämpfung, in den 80er Jahren wurde außerdem die »internationale schwere Kriminalität« in die Beratungen miteinbezogen. 1986 wurde eine TREVI-Arbeitsgruppe »Einwanderung« und 1988 eine Untergruppe

»TREVI 1992« gebildet, deren Aufgabe ist, »Ausgleichsmaßnahmen« wie die einheitliche Einführung des Visumszwangs für die EG- bzw. jetzt EU-weite Öffnung des Binnenmarktes zu erstellen. Faktisch beschränkte sich TREVI niemals auf »Terrorismus, Radikalismus, Extremismus und internationale Gewalt«, sondern befaßte sich von Beginn an auch mit der Gestaltung der Politik gegenüber Flüchtlingen und MigrantInnen (Kootstra 1991:17). Die TREVI-Beratungen unterliegen weder juristischer noch parlamentarischer Kontrolle. Weder die Funktionen und Namen der nicht-ministeriellen Mitglieder, noch die Sitzungsprotokolle und Entscheidungsstrukturen sind bekannt (Schunter-Kleemann 1992:117).

»Harmonisierung« der Einwanderungs- und Flüchtlingspolitik

Auf dem EG-Gipfel in Dublin unterzeichneten außer Dänemark alle EG-Staaten ein »Übereinkommen über die Bestimmung des zuständigen Staates für die Prüfung eines in einem Mitgliedsstaat der EG gestellten Asylantrags«, eher bekannt als die Dubliner Asylrechtskonvention vom Juni 1990. Nach diesem Übereinkommen erkennen die EU-Staaten Asylentscheidungen gegenseitig an, so daß die Ablehnung eines Asylantrags in einem Land faktisch einer europaweiten Schutzverweigerung gleichkommt. Die Zuständigkeit eines EU-Staates für das Asylbegehren wird genauestens festgelegt. Abgelehnten und abgeschobenen oder aus sonstigen Gründen unerwünschten Personen aus Drittländern bleiben damit die EU-Außengrenzen künftig verschlossen.

Auf Initiative der Bundesrepublik wurde zur Vorlage für den Gipfel in Maastricht von der EG-Kommission ein Papier erstellt, das die Angleichung der Verfahren und Kriterien für die Gewährung von Asyl vorsieht. Das Ziel der BRD war es, bis Ende 1993 eine »Harmonisierung in formeller und materieller Hinsicht anzustreben«. Die Konferenz in Maastricht bestätigte im Februar 1992, »eine gemeinsame Aktion zur Harmonisierung der Aspekte dieser Politik zu beschließen« (zit. n. Hiller/Schunter-Kleemann 1992:117). Im Maastrichter Vertragsentwurf werden die Einwanderungspolitik gegenüber Angehörigen von »Drittstaaten« und die Asylpolitik als »Angelegenheiten von gemeinsamem Interesse« deklariert und unter Gemeinschaftsrecht gestellt. »Es ist vorgesehen, daß sich die Mitgliedsstaaten im Rat der EG zur Koordinierung ihrer Maßnahmen in diesem Bereich gegenseitig unterrichten und konsultieren, wobei der Rat auf Vorschlag eines Mitgliedsstaats oder der

Kommission einstimmig »gemeinsame Standpunkte festlegen«, »gemeinsame Maßnahmen verabschieden« oder »Abkommen zur Ratifizierung durch die Mitgliedsstaaten empfehlen kann ... Die Weichen für eine Asylrechtsharmonisierung auf völkerrechtlicher Grundlage sind dadurch gestellt« (Internationale Liga für Menschenrechte 1992:15).

Auswirkungen für Migrantinnen und von Frauenhandel betroffene Frauen

Europa schließt künftig in doppelter Hinsicht die Pforten gegenüber ZuwanderInnen aus »Drittstaaten«: durch die Aufrichtung schier unüberwindbarer Außengrenzen und durch ein umfassendes Überwachungssystem im Inneren. Allein aus wirtschaftlichen Gründen wird dies allerdings kaum zu einer generellen Abschottung führen; vielmehr geht es um eine Selektion der ZuwanderInnen entsprechend ihrer ökonomischen Verwertbarkeit auf dem Arbeitsmarkt. Die europäische Einwanderungs- und Asylpolitik hat zur Folge, daß für MigrantInnen aus Afrika, Asien, Lateinamerika und Osteuropa legale Einwanderungs- und Arbeitsmöglichkeiten kaum noch bestehen. Gleichzeitig wird die große Nachfrage nach Dienstleistungen, die Frauen aus Nicht-EU-Ländern als Prostituierte, Ehefrauen oder Hausangestellte bieten, in nächster Zukunft kaum abnehmen.

»Dem Prozeß der Qualifizierung und gewachsenen Berufsorientierung, der gesunkenen Bereitschaft zur Eheschließung und der geringen Geburtenrate deutscher Frauen wird innerhalb des herrschenden patriarchal-kapitalistischen Systems begegnet mit einer Instrumentalisierung und teilweisen geographischen Umverteilung von Frauen weltweit. Die Formen traditionell als weiblich definierter Arbeiten und Tätigkeiten, die Frauen in hochindustrialisierten Gesellschaften teilweise verweigern, jedenfalls aber nicht mehr in ausreichendem Maße übernehmen, werden weder abgeschafft noch zwischen Männern und Frauen geteilt. Sie werden den Frauen anderer Kontinente und Kulturen zugewiesen« (Potts 1991:44).

Mit anderen Worten: Frauen aus den alten und neuen Kolonien werden für die gesellschaftlich notwendigen reproduktiven Arbeiten rekrutiert, ohne daß ihnen jedoch ein legaler, sicherer Status zugebilligt wird.

Die Kontrolldichte innerhalb des Binnenmarktes wird stark ausgeweitet werden, was zu einer noch stärkeren Abhängigkeit der Frauen aus Asien, Lateinamerika, Afrika und dem Osten führen wird. Gleichzeitig führen die immer restriktiveren Einwanderungsbestimmungen zur Entstehung neuer

Frauenhandelswege. Die Frauenhändler profitieren davon, daß Frauen aus den armen Ländern nicht einfach nach Europa kommen und Arbeit suchen können. Der Visumszwang hat zur Folge, daß die Frauen auf Händler und Schlepper angewiesen sind, die ihnen bei der Beschaffung der erforderlichen Dokumente (z.B. Paß oder »Einladung« zur Angabe des Reisezwecks) für viel Geld »behilflich« sind. Er wird nicht zu einem Rückgang der Frauenmigration führen, sondern die Reise für die betroffenen Frauen nur teurer und riskanter machen.

Zukünftig wird die bislang nur in einigen EU-Ländern (z.B. BRD) geltende Identifikationspflicht in allen Mitgliedsstaaten der EU obligatorisch werden. In den Niederlanden beispielsweise sind BürgerInnen niederländischer Staatsangehörigkeit bisher nicht verpflichtet, einen Ausweis mit sich zu führen. Dies erschwert es der Polizei, Menschen festzunehmen, die eines illegalen Aufenthaltes verdächtigt werden (d.h. konkret Menschen mit dunkler Hautfarbe), weil sich anschließend herausstellen könnte, daß es sich doch um niederländische Staatsangehörige handelt und diese dann gegen die Polizei klagen könnten. Aufgrund dessen werden Personen auf der Straße selten nach ihren Papieren gefragt. Mit der Einführung einer allgemeinen Identifikationspflicht wird die Polizei erfahrungsgemäß die Papiere derjenigen überprüfen, die nicht »europäisch« aussehen (siehe Beispiel BRD). In der Praxis wird damit eine Unterscheidung zwischen EU-Staatsangehörigen und Menschen aus »Drittländern« nach dem äußeren Erscheinungsbild, d.h. der Hautfarbe, getroffen werden und somit der Rassismus noch weiter institutionalisiert. Für von Frauenhandel betroffene Frauen, die sich illegal im Land aufhalten, bedeutet dies eine noch stärkere Einschränkung ihrer Bewegungsfreiheit, während ihre Händler, oft Europäer und mit allen notwendigen Papieren ausgestattet, unbehelligt bleiben.

Auch der Datenaustausch zwischen verschiedenen Ländern im Rahmen des Schengener Informationssystems SIS kann möglicherweise schwerwiegende Folgen für von Frauenhandel betroffene Frauen haben. So könnten Daten über durch Frauenhandel eingewanderte Migrantinnen mit einem bestimmten Hintergrund (z.B. Prostitution) gespeichert werden. Hier hängt sehr viel von den jeweiligen Definitionen der beteiligten Vertragsparteien ab, die teilweise sehr unterschiedlich sind. Im Vergleich zwischen Deutschland und den Niederlanden wird der Begriff »unerwünschter Ausländer« ganz verschieden interpretiert. Im Gegensatz zu Deutschland reicht in den Niederlanden der Umstand, daß eine Person irgendwann einmal ausgewiesen wurde, nicht aus, um sie als »unerwünscht« zu erklären. Während in der BRD Daten über Personen, die als Illegale ausgewiesen wurden, in das SIS aufgenommen werden, ist dies in den Niederlanden nur dann der Fall, wenn die Ausweisung im Zusammenhang mit einem bestimmten Delikt erfolgte.

Ähnliche Unterschiede existieren beim Begriff Prostitution. In Spanien ist Prostitution eine strafbare Handlung. Wird eine ausländische Prostituierte aufgegriffen, so erfolgt eine Ausweisung und eine Aufnahme in das SIS. Auch in der BRD werden Daten über ausländische Prostituierte im SIS erfaßt. In den Niederlanden werden Daten über Prostituierte nicht an das SIS weitergegeben, da Prostitution erlaubt ist. Wird eine Migrantin nun z.B. in Spanien oder der BRD als Prostituierte erfaßt, droht ihr über das internationale Datennetz auch in den Niederlanden und allen übrigen EU-Ländern die Ausweisung. Die Koppelung von Informationssystemen ist zwar durch die unterschiedlichen Definitionen in den einzelnen Ländern erschwert. Es ist allerdings zu erwarten, daß im Rahmen der Definitionsangleichung die jeweils restriktivere Definition zum Maßstab werden wird (Kootstra 1991:20).

Die Zahl der Migrantinnen aus Nicht-EG-Staaten, die in Ländern der Europäischen Gemeinschaft in der Sexindustrie arbeiten, wurde auf mehrere hunderttausend Frauen geschätzt (Drößler 1992:192). Hierzu zählen nicht nur Frauen, die von Händlern verschleppt und von Zuhältern zur Prostitution gezwungen werden, sondern auch Frauen – und dies ist die Mehrzahl – die sich aufgrund ihrer Lebenssituation und den Perspektiven in ihrer Heimat dafür entscheiden, ihren Lebensunterhalt in Europa als Sexarbeiterin zu verdienen. In keinem EU-Mitgliedsland existieren arbeitsrechtliche Bestimmungen für Sexarbeiterinnen. Prostitution wird zwar europaweit praktiziert, ist aber nirgends als Beruf anerkannt. In einigen EU-Ländern ist Prostitution verboten (z.B. Irland) bzw. nur geduldet (Frankreich, Großbritannien). In der BRD und einigen anderen Ländern, in denen Prostitution erlaubt ist, können Frauen aus anderen EU-Ländern einen Antrag auf eine Aufenthalts- und Arbeitserlaubnis zum Zwecke der Prostitution stellen. Nach einem Urteil des Europäischen Gerichtshofs (EuGH) vom 18.5.1982 dürfen die Frauen nicht ausgewiesen werden, solange sie nicht gegen bestimmte Auflagen (z.B. Sperrgebietsverordnung) verstoßen. Für Frauen aus Nicht-EU-Ländern gibt es jedoch keine Möglichkeit, legal als Prostituierte zu arbeiten, es sei denn, sie sind mit einem EU-Staatsangehörigen verheiratet.

In den meisten europäischen Ländern ist der Aufenthalt von Heiratsmigrantinnen von der Ehe abhängig. Nicht nur in EU-Ländern wie z.B. Deutschland, Norwegen oder den Niederlanden, sondern auch in der Schweiz oder Österreich müssen die Frauen mindestens drei Jahre verheiratet sein, um ein eheunabhängiges Aufenthaltsrecht zu erlangen (Caritas u.a. 1992:44; Förg-Rob u.a. 1992:28). Wenn sich die Frauen schon vor Ablauf dieser Frist trennen oder scheiden lassen, müssen sie damit rechnen, ausgewiesen zu werden, weil der »eigentliche« Zweck ihres Aufenthalts, die Ehe, nicht mehr besteht. Gewalttätige Ehemänner können diese Zwangslage als Druckmittel einsetzen, so daß Frauen oft jahrelange Mißhandlungsbeziehungen aushalten müssen. Männer, die Frauen über Heiratshandel »erstanden« haben, können sich so umgehend ihrer Frauen entledigen, wenn diese ihren Erwartungen nicht entsprechen. Frauen, die aufgrund von Scheidung oder auch illegaler Arbeit einmal abgeschoben wurden, haben zukünftig kaum noch Chancen, in ein Land der Europäischen Union legal einzureisen.

Der Druck auf Frauen, »unterzutauchen«, wird zunehmen, so daß sie äußerst gefährdet sind. Da sie kaum Schutz erwarten und sich kaum wehren können, werden sie noch stärker erpreßbar. In der Bundesrepublik wurden im Sommer 1992 die Strafgesetze gegen Menschenhandel verschärft. Sie sollen den Frauenhandel künftig härter bestrafen und effektiver bekämpfen. Nach dem reformierten Gesetz ist der Frauenhandel mit Prostituierten jetzt ebenso strafbar wie der Handel mit Frauen, die vor der Anwerbung noch nicht als Prostituierte gearbeitet hatten. Auch Vermittlungspraktiken des Heiratshandels wie z.B. das Umtauschrecht können bestraft werden. Dennoch ist der vom Gesetzgeber formulierte Anspruch, die Opfer jetzt besser vor Frauenhandel zu schützen, nicht erfüllt, da begleitende Maßnahmen wie die ausländerrechtliche Besserstellung oder das Recht auf Nebenklage für die Frauen ausgeklammert wurden. Insofern werden auch schärfere Gesetze und ein höheres Strafmaß für Frauenhändler nichts an der strukturellen Zwangslage der Frauen verändern, wenn nicht gleichzeitig Maßnahmen zu ihrer rechtlichen Besserstellung getroffen werden. Die Bekämpfung des Frauenhandels beschränkt sich bislang meist auf Razzien und – wenn überhaupt – äußerst milde Urteile gegen Händler und Zuhälter. Im Gegensatz dazu kommt die Anzeige betroffener Frauen meist einer Selbstanzeige gleich. In den meisten EU-Ländern benötigt eine Frau eine Aufenthaltserlaubnis, wenn sie sich an die Gerichte wenden will, oder muß mit ihrer Abschiebung rechnen. Oftmals werden die Frauen schon nach ihrer Aussage vor der Polizei, spätestens jedoch nach Prozeßende abgeschoben. Solange es den Frauen nicht ermöglicht wird, sich legal im Land aufzuhalten und zu arbeiten, werden sie auch kaum freiwillig als Zeuginnen zur Verfügung stehen. Ausweisungen und Abschiebungen arbeiten zudem Schleppern und Frauenhändlern in die Hände, denn die Frauen werden aufgrund ihrer hohen Schulden und des Erwartungsdrucks ihrer Familien gezwungen sein, deren »Dienste« erneut in Anspruch zu nehmen. Das Ziel, die »Festung Europa« vor allem durch undurchlässige Außenmauern abzuschotten, bringt somit vor allem für die Frauenhändler und Schlepper zusätzliche Profite. Für sie gilt das unumstößliche Konjunkturgesetz: Je schärfer die Einreisebedingungen für ZuwanderInnen, desto höher die Preise und lukrativer das Geschäft.

Literatur

Agisra (Hg.) (1990), *Frauenhandel und Prostitutionstourismus* – Eine Bestandsaufnahme, München.

Caritas Schweiz/Fraueninformationszentrum Zürich/Schweizer Katholischer Frauenbund (1992), *Gekauftes Unglück* – Frauenhandel in der Schweiz, Zürich.

Drößler, Christine (Hg.) (1992), *Women at Work*, Sexarbeit, Binnenmarkt und Emanzipation, Dokumentation zum 1. europäischen Prostituiertenkongreß, Marburg.

Förg-Rob, E./Götzinger, S./Kessler, S./Ritt-Krenk, D. (Hg.) (1992), *Frauenhandel und Prostitutionstourismus*, Hintergründe und Fakten zur sexuellen und rassistischen Ausbeutung von Frauen in Österreich, Wien.

de Guzman, Rohlee (1991), Vereinigtes Europa 1992: Was steht den Zuwanderern bevor?, in: Die Grünen im Europäischen Parlament: *Dossier Europäische Arbeitskonferenz über Frauenhandel*, Amsterdam, S. 10-15.

Hiller, Ulrike/Schunter-Kleemann, Susanne (1992), Leben zwischen den Grenzen, Europäische Asyl- und Einwanderungspolitik gegenüber Frauen, in: Susanne Schunter-Kleemann (Hg.), *Herrenhaus Europa: Geschlechterverhältnisse im Wohlfahrtsstaat*, Berlin, S. 107-139.

Internationale Liga für Menschenrechte (1992), *Europa 1993 – Weniger Grenzen, weniger Rechte?,* Denkschrift zum Schengener Übereinkommen und zu den Maastrichter Verträgen, Berlin.

Kootstra, Trintje (1991), TREVI und Schengen: Bekämpfen oder beeinflussen? In: Die Grünen im Europäischen Parlament: *Dossier Europäische Arbeitskonferenz über Frauenhandel*, Amsterdam, S. 21-24.

Liwag, Emmalyn (1992), Die Situation philippinischer Arbeitsmigrantinnen in den reichen Ländern Asiens, in: *agisra-Rundbrief* 4, S. 2-5.

Morokvasic, Mirjana (1992), Weibliche Wege der Migration, in: *Frankfurter Frauenblatt* 2, S. 11-14.

Potts, Lydia (1993), Migration und Bevölkerungspolitik – über Geschichte und Funktion der Frauen auf dem Weltmarkt für Arbeitskraft, in: *beiträge zur feministischen theorie und praxis* 29, S. 31-46.

Unrast Kollektiv (Hg.) (1992), *Europa 1993 – Der große Zauber*, Münster.

Weichert, Theo (1990), Drittausländer in der Europäischen Gemeinschaft, in: *Informationsdienst zum Ausländerrecht* 9, S. 257-268.

Das Konzept von Staatsangehörigkeit und Bürgerinnenrechten im Blick auf Europa

Gotlinde Magiriba Lwanga

Im Zentrum meiner Ausführungen steht die Frage nach der Bedeutung von Staatsangehörigkeit für Frauen. Dabei bemühe ich mich am Beispiel der Grundlagen für die Regelung von Staatsangehörigkeit in der BRD zu zeigen, daß sie ein gravierendes Organisationsprinzip der strukturellen Ein- und Ausgrenzung darstellt. Die staatsrechtlichen Grundlagen für Ein- und Ausgrenzung – so meine Behauptung – setzen sich in der (Selbst-)Wahrnehmung und im politischen Bewußtsein vieler mainstream[1]-Feministinnen fort. Auch auf erweiterter Ebene – der Einschätzung der europäischen Einigung in ihrer Bedeutung für Frauen – zeichnet sich ein ähnliches Ein- und Ausgrenzungsmuster ab. Um politische Ansatzpunkte zu entwickeln, die einer breiten Solidarisierung von Frauen Raum schaffen, ist es m.E. erforderlich, vorhandene Staatsangehörigkeitskonzepte und damit vermittelt die Bandbreite unterschiedlicher rechtlicher Ausgangspositionen von Frauen kritisch zu hinterfragen.

Zur Begrenztheit des feministischen »Wir«

Der (unbewußte?) Konnotationsraum von »wir Frauen«, von »Frauenrechten« und »der« Lebenssituation von Frauen aus der Perspektive sogenannter mainstream-Feministinnen folgt m.E. weitgehend den geltenden staatsrechtli-

1 Ich spreche dann von »mainstream«-Feministinnen, wenn es um Theoretikerinnen geht, deren Haltung m.E. charakteristische Trends in der feministischen Diskusssion darstellen und die ihre dominante strukturelle und kulturelle Position selten thematisieren.

chen Rahmenbedingungen für Zugehörigkeit bzw. Nicht-Zugehörigkeit – ob zum Gemeinwesen der BRD oder zur Europäischen Union.
Der universelle *Anspruch* für alle oder im Namen aller Frauen zu sprechen oder zu handeln, stellt sich bei näherer Betrachtung als unzutreffende Vereinnahmung oder klammheimliche Ausgrenzung von Frauen heraus, die strukturell und/oder ideologisch als Nicht-Dazugehörige betrachtet werden. Meist umfaßt der Begriff »Frau« nur das Spektrum von Lebenserfahrungen und -umständen mehrheitsdeutscher[2] Frauen und auch hier wiederum primär die Lebenssituation von Mittelschichtsfrauen und Frauen mit relativ »hohem« Bildungsniveau.

Ich will versuchen, dies am Beispiel des von mainstream-Feministinnen vernachlässigten Themas über das Verhältnis von Frauen zu Staat, Volk und Nation kurz zu skizzieren. Ute Gerhard, Rechtssoziologin an der Universität Frankfurt am Main bringt in ihrem Beitrag »Maßstäbe einer Verfassung auch für Frauen – eine andere Freiheit, Gleichheit, Würde« die unreflektierte Ambivalenz vieler Feministinnen zum Begriff »Volk« zum Ausdruck wenn sie schreibt:

> »Doch ›wir Frauen haben kein Vaterland‹ – so schon eine politische Schrift aus der Frauenbewegung am Beginn des Jahrhunderts. An seinem Ende fügen wir hinzu: Wir wollen kein Vaterland! Keinen Nationalismus, kein starkes mächtiges Deutschland, dessen Großmannssucht seinen Nachbarn Angst macht. Davon haben wir genug! Und wir sind nicht ›das Volk‹, das zu diesem Ende einer weltbewegenden und dennoch friedlichen Revolution in Deutschland die Begleitmusik spielt.« (Gerhard 1991:11)

Diese Art der (Selbst-)Einschätzung vieler mainstream-Feministinnen halte ich für charakteristisch, sie kommt in zahlreichen Beiträgen, u.a. in der Dokumentation über das »Forum zur Verfassungsdebatte« vom September 1990 zum Ausdruck. Der universalistische Plural »wir Frauen« verdeckt und verhindert die notwendige Differenzierung auf mindestens drei Ebenen:

1. Die Differenzierung zwischen Anspruch und Wirklichkeit oder zwischen Ausgangslage und Ziel.
2. Die Differenzierung nach Zeit und Raum.

---

2 »Mehrheitsdeutsch« verwende ich als Hilfsbegriff, der die strukturelle Einbindung von weißen, christlich (säkularisierten) Frauen in das Kollektiv des »Staatsvolkes« umschreiben soll. Mit dem Begriff »Mehrheit« versuche ich anzudeuten, daß ein objektives Machtverhältnis vorliegt, das es zu problematisieren gilt – sowohl gegenüber Schwarzen Frauen und Jüdinnen mit deutscher Staatsangehörigkeit, als auch gegenüber ImmigrantInnen und Flüchtlingen »fremder« Staats- (und Volks-)zugehörigkeit.

3. Die Differenzierung nach subjektiver Wahrnehmung und objektiver struktureller Position.

Die Ausgangssituation, in der Ilse Frapan 1899 postulierte »Frauen haben kein Vaterland«, beinhaltete, daß Frauen zu diesem Zeitpunkt in Deutschland vom Wahlrecht und vielen anderen, ausschließlich Männern vorbehaltenen Bürgerrechten ausgeschlossen waren. Frauen waren in dieser Situation als Staatsbürgerinnen ausgegrenzt, insofern sie keine politischen Rechte hatten. Doch – wenngleich in Abhängigkeit von »ihren« deutschen Ehemännern bzw. Vätern – waren sie immerhin auch Staatsangehörige, hatten mindestens das Recht, sich im Lande aufzuhalten, und teilten mit »ihren« Männern klassenspezifische Privilegien und Benachteiligungen. Und bereits in dieser historischen Situation macht es einen Unterschied, ob beispielsweise eine (staatenlose) Sintezza von sich sagt, sie habe kein Vaterland, oder eine deutsche »Frau Kommerzienrat« oder eine deutsche Frau, die über ihre Heirat mit einem Nicht-Deutschen ihre deutsche Staatsangehörigkeit verloren hat.

Handelt es sich nun bei obigem Ausspruch um eine Stimmungsbeschreibung oder eine reale Statusbeschreibung? Diese Unterscheidung kann in einzelnen Situationen, vor allem in der Zeit des Nationalsozialismus eine Frage von Leben und Tod bedeuten.

Ende des 20. Jahrhunderts dagegen haben bestimmte Frauen in der BRD nicht nur die formellen Bürgerinnenrechte, auch im Staatsangehörigkeitsrecht ist die formelle Benachteiligung von Frauen aufgehoben worden. Spätestens seit den 70er Jahren teilen auch »deutsche« Frauen das Privileg der Männer, die deutsche Staatsangehörigkeit ihren Kindern zu »vererben«, behalten sie bei Eheschließung mit einem Nicht-Deutschen die deutsche Staatsangehörigkeit.

Nach der bislang geltenden Konzeption ist die Wahrnehmung von Bürgerinnenrechten bedingungslos an die Staatsangehörigkeit geknüpft. Anders ausgedrückt: Staatsbürger(innen)schaft hat die Staatsangehörigkeit zur Voraussetzung.

Im Vergleich zu anderen europäischen Staaten fällt im Deutschen schon auf der rein sprachlichen Ebene auf, wie sehr das politische Konzept der Bürger(innen)rechte mit dem Staat verbunden ist – Begriffe wie »citizenship« oder »citoyenneté« im Englischen und Französischen kommen ohne sprachliche Verbindung mit dem Staat aus. Der Begriff »Bürger(innen)schaft« im Deutschen dagegen bezeichnet einen (honorigen) Personenkreis. Um das politische Konzept der Bürger(innen)rechte eindeutig zu benennen, müssen wir von »Staatsbürger(innen)schaft« sprechen. Dies ist jedoch oft mißverständlich, weil in der Alltagssprache »Staatsbürgerschaft« und »Staatsangehörigkeit« oft als Synonyma verwendet werden. Um die politische Dimension hervorzuheben, spreche ich daher von »Bürgerinnenrechten«, auch wenn ich eigentlich das Konzept »citizenship« meine.

»Deutsche« Frauen mögen von den unterschiedlichsten Motivationen getrieben sein und gute Gründe haben, ihre Opposition zum *ideologischen Begriff* »Volk« *in Deutschland* zu formulieren. Gleichzeitig sollte aber nicht unterschlagen werden, daß Frauen in verschiedenen »nationalen« Befreiungsbewegungen andere Konnotationen mit dem Begriff »Volk« verbinden. Die politische Opposition zum Konzept »Vaterland« bzw. Nation als einem patriarchalisch bestimmten Bezugsraum müßte – sowohl in der Analyse, als auch im Handeln – konkretisiert werden und nicht als automatische Konsequenz aus der Geschlechtszugehörigkeit »Frau« unterstellt werden.

Doch noch einmal zurück zu Ute Gerhard und ihrem Ausgangszitat. Hatte sie zu Beginn ihres oben genannten Beitrages »Frauen« allgemein als außerhalb des Volkes stehende charakterisiert, unterstellt sie eine Seite später genau das Gegenteil, diesmal unter umgekehrten Vorzeichen. Indem sie Frauen Mut zusprechen will, sich auf den umständlichen juristischen Weg zu machen und sich in die Verfassungsgebung einzumischen, schreibt sie:

»Nun, sind *wir* nicht zusammen mit den anderen Initiatoren für eine Verfassung *mehr als die Hälfte des Wahlvolks*? Schließlich sieht selbst der Einigungsvertrag ... vor, daß das Grundgesetz ... nach Vollendung der Einheit und Freiheit Deutschlands ... seine Gültigkeit an dem Tage (verliert), an dem eine Verfassung in Kraft tritt, die *von dem deutschen Volke* in freier Entscheidung beschlossen worden ist.« (Gerhard 1991:13; Hervorh. G.M.L)

An dieser Stelle wird der universalistische Plural politisch fatal, weil er nicht mehr eine unzutreffende Verallgemeinerung auf alle Frauen darstellt, sondern in der Tat eine massive faktische und inhaltliche Ausgrenzung zahlreicher Frauen bedeutet. Das »wir« umfaßt real nur die Frauen, die vermittelt über ihre deutsche Staatsangehörigkeit Bürgerinnenrechte innehaben.

Die faktische Ausgrenzung spiegelt sich in der Durchführung der Paulskirchendebatte wieder, zu der (rein zufällig?) keine Immigrantinnen, Schwarzen Deutschen oder Jüdischen Frauen eingeladen waren, geschweige denn als aktiv Beitragende eingeladen wurden. Als ich dieses Versäumnis und den damit zusammenhängenden problematischen Volksbegriff auf einer Veranstaltung zu Frauenrechten in der Verfassung in Berlin ansprach, auf der ähnliche Muster festzustellen waren, entgegnete mir eine Frauenbeauftragte von der PDS sinngemäß, »Frauen« wären jetzt endlich soweit, ihre eigene Unterdrückung zum Thema zu machen und sie sei nicht bereit, sich durch »Männerthemen« ablenken zu lassen. Ein bedauerlicher faux pas oder ein Lapsus mit System?

Die Zuerkennung von Bürgerinnenrechten trifft längst nicht auf alle Frauen in Deutschland bzw. der vereinten BRD zu. Im Gegenteil – Merkmal des besonderen Rassismus in der BRD ist die rechtliche Konstruktion, über die wesentliche Teile der Bevölkerung zu AusländerInnen gemacht werden, indem ihnen per definitionem in Deutschland kein *Recht auf Heimat* eingeräumt wird. Insbesondere in der Diskussion um Frauenrechte in der »neuen« Verfassung für die BRD wird deutlich, daß »mehrheitsdeutsche« Frauen ihre Zugehörigkeit für selbstverständlich erachten und zum Ausgangspunkt für Forderungen machen. Dadurch bewegen sich die Forderungen nicht in Opposition zum herrschenden staatlichen System von Volk und Nation, sondern bedeuten eine *Reform innerhalb der dominanten Machtstruktur*, von der allenfalls »Dazugehörige« profitieren können. Wir befinden uns damit in einer Situation, die Parallelen zu den USA in der Mitte des 19. Jahrhunderts aufweist, als weiße Frauen *ihre* Rechte als Frauen einforderten und Sojourner Truth[3] mit ihrer berühmten Rede auftrat »Am I not a Woman«!

Gerade vor dem Hintergrund der deutschen Geschichte sollten Feministinnen mehr Gespür dafür entwickeln, was es – für welche Frauen – bedeutet, unter einer Monarchie, einer Diktatur oder unter den Verhältnissen einer relativen Demokratie zu leben. Und es gilt für mehrheitsdeutsche Feministinnen die Herausforderung anzunehmen, sich mit eigenen, verinnerlichten Varianten des Herrschaftsdiskurses auseinanderzusetzen. Wenn es um das konkrete Verhältnis von Frauen zu Staat, Volk und Nation geht, stehen »wir« erst am Anfang einer längst überfälligen Debatte. Birgit Meyer, Professorin an der Fachhochschule Esslingen, ging in ihrem Aufsatz »Über das schwierige aber notwendige Verhältnis von Feminismus und Demokratie« der Frage nach der »wechselseitige(n) Vernachlässigung feministischer und demokratietheoretischer Diskurse« nach.

3 Sojourner Truth war eine bedeutende Aktivistin der Antisklavereibewegung. Bei der Frauenkonferenz in Seneca Falls 1848, die als offizieller Beginn der amerikanischen feministischen Bewegung gilt, brach sie das Schweigen der von männlichen Rednern eingeschüchterten (weißen) Frauen. Sie entlarvte den Mythos der weiblichen biologischen Unterlegenheit, indem sie auf die harte Arbeit der schwarzen Sklavinnen vewies, jeweils mit dem Zusatz »Am I not a woman?«.

Am Ende ihres Beitrages schreibt sie:

»›Wir sind das Volk‹ könnte zum selbstbewußten Streitruf von Feministinnen werden, die den öffentlichen Raum freiheitlicher Demokratien als Grenzüberschreiterinnen für sich nutzen, um ihre sozialen Erfahrungen aus der sogenannten ›Privatsphäre‹ und ihre Ansprüche durchzusetzen.« (Meyer 1992:73)

Auch wenn ich mich im wesentlichen den Ausführungen von Birgit Meyer in diesem Artikel anschließe, möchte ich davor warnen, unhinterfragt von »Ansprüchen« und sozialen Erfahrungen aus der sogenannten »Privatsphäre« von Frauen zu sprechen. Wenn es nicht gelingt, hier die real erfahrenen Unterschiede zwischen Frauen als prinzipiell Dazugehörige und real Ausgegrenzte zu benennen, wird sich in der politischen Arena ein ganz bestimmtes, eng begrenztes Spektrum an gemeinsam erlebten Erfahrungen von mehrheitsdeutschen Frauen durchsetzen.

Als Feministinnen der dominanten Kultur mögen wir den Wunsch haben, Nationalismus und Nationalstaats-Konzepte zu überwinden. Um diesem Wunsch in der Realität näher zu kommen, müssen wir uns auch auf die Frage einlassen, in welchen Abhängigkeiten Bürgerinnenrechte stehen und wie wir sie (mit wem) daraus lösen wollen. D.h. es geht auch darum, das politische »wir« in seinen bisherigen Beschränkungen aufzubrechen und in einem neuen, erweiterten Plural zusammenzusetzen. Da meiner Erfahrung nach die wenigsten (mehrheitsdeutschen) Frauen wissen, worauf ihre strukturelle Einbindung in das Kollektiv des deutschen Nationalstaates beruht, will ich das im Folgenden kurz erläutern.

Strukturelle Grundlagen für Staatsangehörigkeit und Bürgerinnenrechte in der BRD[4]

Die deutsche Staatsangehörigkeit basiert heute im wesentlichen auf Artikel 116, Abs. 1 Grundgesetz (GG) und drei flankierenden Gesetzen:

- dem Reichs- und Staatsangehörigkeitsgesetz von 1913 (RuStG)
- dem Bundesvertriebenen – und Flüchtlingsgesetz (BVFG)
- dem 1. Staatsangehörigkeitsregelungsgesetz von 1955 (1.StARegG).

4 In diesem Abschnitt übernehme ich einzelne Passagen aus meinem Artikel »Deutsch, nein danke? Anmerkungen zu Staatsangehörigkeit, BürgerInnenrechten und Verfassung« (Lwanga 1993).

Auf oberster legislativer Ebene, also in der (noch vorläufigen) Verfassung für die BRD ist festgelegt, wer zum Kollektiv der Gesellschaftsmitglieder gehört und wer – implizit – nicht; auf welchen Kriterien diese Mitgliedschaft beruht und worauf – implizit – Nichtmitgliedschaft beruht. Da sämtliche politischen und juristischen Entscheidungen im Namen der rechtmäßigen Gesellschaftsmitglieder legitimiert werden, bildet der Inhalt von Artikel 116, Abs. 1 eine fundamentale Grundlage für das Selbstverständnis des Gemeinwesens Bundesrepublik. Als Definition des »Staatsvolkes«, deren Anspruch nicht mit der staatlichen Wirklichkeit übereinstimmt, ist dieser Grundsatz mehr als eine Zustandsbeschreibung. Er drückt vielmehr so etwas wie ein *Ziel* staatlicher Politik aus:

»Deutscher im Sinne dieses Grundgesetzes ist vorbehaltlich anderweitiger Regelung, wer die deutsche Staatsangehörigkeit besitzt oder als *Flüchtling oder Vertriebener deutscher Volkszugehörigkeit* oder als dessen *Ehegatte oder Abkömmling* in dem *Gebiete des Deutschen Reiches nach dem Stande vom 31. Dezember 1937* Aufnahme gefunden hat.« (Hervorh. G.M.L.)

Deutsch als Rechtsstatus trifft in dieser Formulierung nicht nur auf Personen zu, die auf dem Territorium der BRD leben, sondern – bereits vor der Vereinigung – auf BewohnerInnen der DDR und darüber hinaus auf die »Volkszugehörigen«, die in den heute polnischen und litauischen Gebieten wohnen, die zur Zeit der Weimarer Republik zum deutschen Reich gehörten. Was demnach in Artikel 116, Abs. 1 festgeschrieben wird, ist ein *potentielles Staatsvolk*, kein faktisches. Damit erkennt die BRD strenggenommen die Grenzen ihres Staatsgebietes nicht an und gerät in den Verdacht territorialer Expansionsgelüste. Diese staatsrechtliche Möglichkeit, sich per definitionem über bestehende Grenzen hinwegsetzen zu können, ließe sich allerdings auch nicht-völkisch wenden: Fremde Staatsangehörige *in* Deutschland – ImmigrantInnen und Flüchtlinge – könnten, wenn die Betroffenen das wollen, wie eigene behandelt werden, ohne ihre bisherige Staatsangehörigkeit zu verlieren.

Was in Artikel 116, Abs. 1 mit dem Begriff »Volkszugehörigkeit« angedeutet ist, wird im geltenden RuStAG von 1913 als »Recht des Blutes« genau ausgeführt und geregelt. »Echte« Zugehörigkeit beruht auf dem Prinzip der Abstammung, das als *ius sanguinis* von Anfang an aus rassistischen Motiven geschaffen wurde. Im Bericht der gesetzesvorbereitenden Kommission zu eben diesem Gesetz hieß es ganz offen, das *ius-soli-Prinzip* sei »mit der Reinerhaltung der Rasse und der Eigenart unseres Volkes unverträglich.« (Franz 1992)

Im Vergleich zu anderen europäischen Ländern hat sich in Deutschland bis heute die reinste Form des Abstammungsprinzips als Kriterium für Staatsangehörigkeit erhalten. Das hat zur Folge, daß die Kinder und Kindeskinder von mindestens einem Elternteil (auch die deutsche »Volkszugehörigkeit« der Mutter/Ehefrau vermittelt diesen Rechtsanspruch), das einmal die deutsche Staatsangehörigkeit besitzt oder besessen hat, über beliebig viele Generationen zumindest potentielle Deutsche bleiben, auch wenn sie seit Jahrhunderten dieses Herkunftsland nicht betreten haben. Kinder und Kindeskinder von Eltern ohne deutsche Staatsangehörigkeit dagegen bleiben – wiederum über beliebig viele Generationen – »AusländerInnen«, auch wenn sie die BRD nicht verlassen haben. Für sie besteht kein Rechtsanspruch auf Einbürgerung. Eine möglicherweise gewünschte Einbürgerung bleibt der Willkür der einzelnen Instanzen des Innenministeriums überlassen und deren mehr oder weniger engen Auslegung von »Wohlverhalten« und ökonomischen Voraussetzungen der Bewerberin bzw. des Bewerbers.

Nach § 25 RuStAG verlieren deutsche Staatsangehörige bei Einbürgerung in einem anderen Land ihre deutsche Staatsangehörigkeit. Dies gilt im allgemeinen nicht für deutsche »Volkszugehörige« in osteuropäischen Staaten mit sozialistischen bzw. ehemals sozialistischen Regierungen. Von Seiten der Bundesregierung ging man im Zuge des kalten Krieges davon aus, daß dort nach 1945 die (Wieder-)Verleihung der jeweils nationalen Staatsangehörigkeit nicht auf freiwilliger Entscheidung beruhe.

Durch erweiternde Zusätze des BVFG wird deutlich, in welch großzügigen territorialen Dimensionen sich dieses potentielle oder »wahre« deutsche Volk bewegt: Geographisch reicht es bis nach China. So scheinbar grenzenlos die räumliche Ausdehnung, so eng sind dagegen seine inhaltlichen Kriterien: Nach § 6 BVFG ist deutsche/r Volkszugehörige/r, »wer sich in seiner Heimat zum deutschen Volkstum bekannt hat, sofern dieses Bekenntnis durch bestimmte Merkmale wie Abstammung, Sprache, Kultur bestätigt wird.«

Deutschsein bezeichnet demnach nicht nur formelle Organisationsprinzipien, sondern darüber hinaus eine kulturelle Prägung, eine Geisteshaltung, ein Glaubensbekenntnis, das durch die sogenannte Abstammungsfolge, also die Familie, weitergegeben wird bzw. weitergegeben werden soll. Unter »postkapitalistischen«, »postmodernen« und »posttraditionellen« Verhältnissen wird es zunehmend schwierig, dieses »Bekenntnis zum Deutschtum« »positiv« zu formulieren. Daher gewinnt – so meine Vermutung – die Abgrenzung von kulturell »anderen« immer mehr an Bedeutung, vor allem im

Alltagsverständnis. Den geschilderten strukturellen Grundlagen entspricht die in der deutschen Mehrheitsbevölkerung, auch unter Feministinnen festgefahrene Vorstellung davon, wie eine Deutsche/ein Deutscher auszusehen und sich zu verhalten hat. Sie/er darf auf jeden Fall nicht »fremd« wirken. Und diese Wirkung ist offensichtlich um so stärker, je dunkler die Hautfarbe, je weniger europäisch die (vermutete) kulturelle Herkunft. Die etwaige deutsche Staatsangehörigkeit von Schwarzen – ob mit deutschem Elternteil oder eingebürgert – nimmt die Mehrheit nicht zur Kenntnis. Mit wenigen Ausnahmen teilen die meisten Mehrheitsdeutschen (bewußt oder unbewußt) die zwanghafte Haltung der Bundesregierung: Die BRD ist ein völkischer Staat und kein Einwanderungsland. Die Regierung strebt nicht an, die Anzahl der deutschen Staatsangehörigen zu vermehren – es sei denn durch territoriale Erweiterung, wie frau seit der Vereinigung mit der DDR ergänzen könnte.

Der oben zitierte Satz aus dem BVFG über die Definition der deutschen Volkszugehörigkeit stimmt übrigens fast wörtlich mit der Definition deutscher Volkszugehöriger des nationalsozialistischen Reichsinnenministeriums von 1939 überein. Jüdinnen und Juden wurden damals explizit von dieser Definition ausgeschlossen (Heinelt/Lohmann 1992:48f.). Dieser Ausschluß hat eine makabere Kontinuität bis in die Gegenwart. Heute ist es nicht nötig, rassistische und antisemitische Ausgrenzungskriterien explizit zu benennen: Die durch eine extrem rassistische Geschichte geschaffenen (und nie wirklich zerstörten) Ausgrenzungmechanismen bewirken bis heute, daß dies in »formal korrekten« juristischen Bahnen verläuft. Im August 1991 entschied das Oberverwaltungsgericht (OVG) Berlin, daß ein jüdisches Ehepaar aus Riga nicht als deutsche Volkszugehörige anerkannt werden könne und damit keinen Rechtsanspruch auf die deutsche Staatsangehörigkeit habe. Diese Entscheidung betrifft ca. 15.000 Jüdinnen und Juden in Osteuropa.

Hintergrund dieser Entscheidung ist folgender: Ein Ehepaar aus Riga war 1979 in die BRD gekommen und hatte Vertriebenenausweise erhalten, da man nach Zeugenaussagen in der Familie (des Ehemannes) deutsch sprach, deutsche Lieder sang und deutsche Bücher las. Sechs Jahre später wurden die Ausweise wieder eingezogen, weil die deutschen Behörden entdeckt hatten, daß in der Geburtsurkunde des Mannes in der Rubrik Nationalität »Jude« eingetragen war. Dies wiederum geht auf die gesellschaftlichen Verhältnisse in Lettland in den zwanziger Jahren und eine Volkszählung zurück. Deutschtümelei und Antisemitismus waren damals bereits so virulent, wenngleich noch nicht formal-rechtlich etabliert, daß es als anmaßend empfunden worden wäre, wenn sich eine Jüdin/ein Jude als Deutsche/r bezeichnet hätte.

Die Juden, die in dieser Situation jüdisch als Nationalität angaben, machten ihren Ausschluß damit »freiwillig« rechtskräftig, denn ihre Ausbürgerung fällt nicht direkt in den Verantwortungsbereich des nationalsozialistischen Staates. Und der auf dem Wege sozialer Ausgrenzung institutionalisierte Antisemitismus wurde mit der Entscheidung des OVG Berlin im Jahre 1991 erneut bestätigt.

Ob Frau als »vollwertige« oder unter verschiedenen Voraussetzungen »geduldete« Staatsangehörige behandelt wird, umschreibt wesentliche Bedingungen, unter denen sie den Alltag in der Bundesrepublik erfährt und welche rechtlichen Möglichkeiten sie als »Selbstverständlichkeit« oder als »bewußte Aneignung« in Anspruch nehmen kann. Nicht-Staatsangehörige in Deutschland befinden sich grundsätzlich in einem Status der Nicht-Gleichberechtigung mit Frauen deutscher Staatsangehörigkeit. Unter diesen Bedingungen werden die deutsche Staatsangehörigkeit und die darüber vermittelten Bürgerinnenrechte zu einem Privileg.

Eine, wahrscheinlich von den wenigsten mehrheitsdeutschen Frauen als Privileg erlebte Selbstverständlichkeit ist das *Recht auf Anwesenheit*, das Recht, sich überhaupt auf dem Territorium der BRD aufzuhalten. Die wenigsten wissen, auf welcher rechtlichen Grundlage sie in den Besitz dieses Privilegs gekommen sind. Ich möchte daher noch auf das 1. StARegG von 1955 zu sprechen kommen, weil es eine Besonderheit regelt, auf der die Staatsangehörigkeit einer sicherlich nicht unbedeutenden Zahl heute mehrheitsdeutscher Feministinnen beruht: Während des Nationalsozialismus und insbesondere im Zuge des 2. Weltkrieges, wurde eine Vielzahl von sogenannten »Volksdeutschen« mit ursprünglich anderer Staatsbürgerschaft über Sammeleinbürgerungen zu Angehörigen des deutschen Reiches gemacht. Ein Teil dieser Sammeleinbürgerungen wurde, sofern er sich auf Gebiete an der Westgrenze Deutschlands bezog (Luxemburg, Lothringen und Elsaß) von der Alliierten Hohen Kommission 1949 als unwirksam erklärt. Ganz anders wurde dagegen mit den Sammeleinbürgerungen an den Ostgrenzen Deutschlands verfahren. Die Sammeleinbürgerungen in der ersten Tschechoslowakischen Republik, in Litauen und den Memelländern, in der Ukraine, Jugoslawien sowie in sämtlichen Ostgebieten, die bis zum 31. Januar 1942 von Nazideutschland annektiert wurden und wo Personen als Volkszugehörige *oder als »germanisierbare« Volkszugehörige* kollektiv eingebürgert worden waren, wurden über dieses Gesetz aus dem Jahre 1955 als rechtmäßig anerkannt (Heinelt/Lohmann 1992:56ff.).

Auch die Anerkennung als deutsche Staatsangehörige über das 1. StA-RegG unterliegt den Kriterien der Abstammung, dem »Recht des Blutes«. Die im Nationalsozialismus auf rassistischer Grundlage durchgeführten Kollektiveinbürgerungen »fremder Staatsangehöriger« ist damit über die unmittelbare Nachkriegszeit hinaus bis heute konstitutiv für den Besitz deutscher Staatsangehörigkeit für die nachgeborenen Söhne *und Töchter*!

Zwischenresümee[5]

Die Frage nach der Konzeption von Staatsangehörigkeit und Bürgerinnenrechten ist keine juristische Nebensächlichkeit. Durch die Art und Weise, wie auf Verfassungsebene das »Staatsvolk« definiert ist, wird *eine* Abstammungsgemeinschaft mit *einer* gemeinsamen Kultur und Geschichte zur Leitlinie der Politik erklärt! Hier wird auch die Norm gesetzt, daß die Bundesrepublik kulturell ein möglichst homogenes Gebilde sein soll, in dem andere ethnische Gruppen ausgegrenzt werden. Die Weigerung von Seiten vieler PolitikerInnen, die Bundesrepublik zu einem Einwanderungsland zu erklären, basiert auf diesem Grundverständnis, das gleichzeitig so etwas darstellt wie ein Staatsziel.

In einem Staat, der sich am Ideal einer ethnisch einheitlichen Bevölkerung orientiert, müssen andere ethnische Gruppen zwangsläufig als Störfaktoren angesehen werden. Im Umgang mit den vorhandenen ethnischen Gruppen nicht-deutscher Staatsangehörigkeit wird diese Störung dadurch gemildert, daß sie als rechtlich zu schützende »Minderheiten« nicht anerkannt werden. Aber selbst die Gruppen mit deutscher Staatsangehörigkeit wie z.B. Sinti und Roma haben große Schwierigkeiten, von ihnen geforderte »Minderheitenrechte« zuerkannt zu bekommen.

In der BRD ist also die ethnische Zugehörigkeit über die Verfassung und sie ergänzende Gesetze als Grundlage staatlicher Organisation festgelegt. Um deutlich zu machen, daß in diesem Selbstverständnis nur von einer einzigen ethnischen Gemeinsamkeit ausgegangen wird, nämlich »Deutschsein«, spreche ich und die Mitautorinnen des »Vorschlags für eine nicht-rassistische

---

5 In diesem Abschnitt übernehme ich stellenweise Passagen aus dem »Vorschlag für eine Neufassung der Artikel 116, 16 und 3 für eine nicht-rassistische Verfassung«, den ich zusammen mit Mina Agha, Martina Emme und Carola Wildt erarbeitet habe (Initiative für eine nicht-rassistische Verfassung 1992).

Verfassung« von einem »monoethnischen« Staat(sverständnis). In einem solchen Staat ist Assimilierungspolitik geradezu als innere Notwendigkeit angelegt: Die offensichtlich Nicht-Dazugehörigen müssen ihr Leben so ausrichten, daß sie in der Öffentlichkeit möglichst wenig sichtbar sind, um sich die »Aufnahmebereitschaft« der Mehrheitsbevölkerung nicht zu verscherzen. Der von der Norm-setzenden Gesellschaft ausgehende Anpassungsdruck enthält implizit immer Momente und Möglichkeiten der Ausübung von direktem oder indirektem staatlichen Machtmißbrauch (z.B. Ausweisung bzw. ihre Androhung, Diskriminierung, relative Rechtlosigkeit).

Rassismus und Antisemitismus sind in einem monoethnisch strukturierten Staat grundsätzliche Muster der gesellschaftlichen Organisation. In Zeiten der Krise werden sie im Bewußtsein der Bevölkerung immer wieder neu aktualisiert. Die Eskalation der Gewalt, die wir heute erleben und die staatliche »Ohnmacht«, ihr entgegenzutreten, hat eine ihrer mächtigsten Wurzeln in der staatsrechtlichen Legitimität monoethnischer Gesellschaftspolitik. Das in dieser Gewalt enthaltene Prinzip der Ausgrenzung entspricht dem Prinzip der Abstammungsgemeinschaft. Als Prinzip ist es bislang verfassungskonform! Der Staat unterscheidet daher nur in bezug auf den Ausdruck dieses Selbstverständnisses zwischen rechtlichen und widerrechtlichen Mitteln: Die Gewalt der Straße wird als Verstoß gegen die Würde des Menschen geahndet und geächtet, während die Intention rassistischer Gewalttätigkeit – das Aufrechterhalten eines »wahren« Deutschland – den offiziellen Grundkonsens trifft.

Nach 80 Jahren Reichs- und Staatsangehörigkeitsgesetz und 44 Jahren Grundgesetz empfinde ich es als niederschmetternde Peinlichkeit, erst jetzt unter (mehrheitsdeutschen) Feministinnen dieses Thema aufzuwerfen. Wir stehen damit erst am Anfang vieler Fragen – sowohl im Blick auf die Geschichte, als auch auf die Anforderungen aktueller Politik. Ein abstammungsorientiertes gesellschaftliches Selbstverständnis war übrigens nicht nur dem kapitalistischen Deutschland vorbehalten. Auch in der DDR galt bis Mitte der 60er Jahre das gleiche Reichs- und Staatsangehörigkeitsgesetz von 1913 und auch danach rückte das Staatsangehörigkeitsrecht der DDR nicht wesentlich vom »Recht des Blutes« ab. Ich frage mich daher, ob dieser kleinste gemeinsame Nenner zweier politischer Systeme, die sich massiv bekämpft haben, eine zentrale Basis für rassistische und antisemitische Ausgrenzung im vereinten Deutschland darstellt.

Anmerkungen zur frauenspezifischen Vertiefung dieser Thematik

Was die notwendige frauenspezifische Vertiefung dieser Thematik angeht, stehe ich erst am Anfang einer Auseinandersetzung und kann hier allenfalls thesenartige Vermutungen anführen.

Sicherlich ist es richtig, daß eine abstammungsorientierte Gesellschaftsstruktur grundsätzlich sexistisch ist, da sie »ihre« Frauen als (reale bzw. potentielle) Mütter zu Reproduzentinnen des monoethnischen Kollektivs funktionalisiert. Gleichzeitig darf nicht übersehen werden, daß nur bestimmte Frauen überhaupt als »Mütter der Nation« in Frage kommen. Historisch war diese Rolle für jüdische, Schwarze Frauen (in den Kolonien) und Sintezzas unmöglich.

In Analogie zu meiner Vorbemerkung zum o.g. Beispiel des Ehepaares aus Riga drängt sich mir die Frage auf, ob auch für mainstream-Feministinnen der Blick auf die bis heute geltenden Gesellschaftsgrundlagen durch die Kontinuität von Ausgrenzungsstrukturen, die in einer extrem rassistischen Geschichte geschaffen wurden, verstellt ist. Sind »wir« durch »unsere« Eingrenzung und die damit zusammenhängende Innenperspektive so sehr einem gesellschaftlichen Innenraum verhaftet, daß wir dies für selbstverständlich und normal halten? Können »wir« »unsere« politischen Forderungen nur in Relation zu den Männern der Gruppe formulieren, der »wir« selbst bzw. der »andere« Frauen angehören? Jedenfalls tendieren die meisten von Feministinnen erhobenen Forderungen nach Frauenrechten dazu, die staatsrechtlichen Prämissen von Zugehörigkeit/Nichtzugehörigkeit zu übernehmen. Forderungen nach Gleichberechtigung werden meist in Relation zu den Männern der jeweiligen Gruppen formuliert:

- Materielle Verwirklichung der formalen Bürgerinnenrechte für (mehrheits-)deutsche Frauen.
- Eigenständiges Aufenthaltsrecht für »Ausländerinnen«.
- Anerkennung frauenspezifischer Fluchtgründe für Flüchtlingsfrauen.

Damit setzen sich Frauen unterschiedlicher Zugehörigkeiten nicht direkt zueinander ins Verhältnis und wägen ihre jeweiligen Interessen und Bedürfnisse ab, sondern akzeptieren die Trennung zwischen »wir« und »sie« über die patriarchale Logik, den Umweg über die jeweilige Benachteiligung gegenüber der jeweiligen Gruppe »Mann«.

Aber vielleicht sind Frauen der Dominanzkultur bislang mit dem patriarchalischen Einschluß in das Kollektiv der (Volks-)Deutschen insbesondere seit 1949 ganz »gut gefahren«, sodaß die Diskussion über die Notwendigkeit einer Ver*änder*ung so extrem zäh und widerwillig in Bewegung kommt. Vielleicht müßten »wir« uns ganz ehrlich die Frage stellen, was »wir« hier zu gewinnen, insbesondere aber zunächst zu verlieren haben. So könnte diese Frage zunächst eine Entsolidarisierung unter mehrheitsdeutschen Feministinnen (die sich seit geraumer Zeit ohnehin abzeichnet) beschleunigen, ohne daß sofort tragfähige Bündnisse mit »anderen« Frauen in Reichweite liegen. Verantwortung zu übernehmen heißt hier, nicht nur die Mühen der Ebenen, auch die Mühen der Berge und Abgründe auf sich zu nehmen. »Wir« müßten uns ganz radikal auf die Frage einlassen, was es unter den gegebenen staatsrechtlichen Umständen bedeutet, »disloyal to civilisation« zu sein und welche politischen Forderungen sich daraus ergeben.

Das unsichtbare Gesicht der Festung (der) Europa

Die Muster der Ein- und Ausgrenzung über die Konzepte von Staatsangehörigkeit und Bürgerinnenrechten setzen sich nach meiner Einschätzung auch in den feministischen Analysen über die Bedeutung der europäischen Vereinigung fort. Ich muß mich an dieser Stelle auf einige – zugegebenermaßen oberflächliche Anmerkungen – beschränken.

Soweit ich das beurteilen kann, wiederholen sich die Muster der Vereinnahmung bzw. Ausgrenzung von Frauen auch in der Literatur über den europäischen Einigungsprozeß; so z.B. in dem Buch »Europas Frauen fordern mehr« von Hortense Hörburger. Bereits im Vorwort von Ilse Brusis finden sich Sätze wie

»*Die Bewohnerinnen und Bewohner der EG-Länder* werden sich frei entscheiden können, wo sie leben und einer Beschäftigung nachgehen wollen.« (Hörburger 1990:7; Hervorh. G.M.L)

oder:

»Laut einer Eurobarometer-Umfrage von 1989 glaubten zwei Drittel *aller Bürgerinnen und Bürger in der EG*, daß eine EG-Sozialcharta eine gute Sache sei.« (ebd.:7; Hervorh. G.M.L.)

oder:

»*Frauen*, so die Analyse, tragen dazu bei, daß sich die Familien in das Gastland integrieren, und sie sind diejenigen, die die soziale Infrastruktur aufbauen. ... Wenn die Europäische Gemeinschaft mehr sein soll als ein Binnenmarkt, der der Wirtschaft Vorteile bringt, dann müssen Voraussetzungen geschaffen werden, daß sich *die Bewohner der EG-Mitgliedsstaaten als Bürgerinnen und Bürger Europas* verstehen können.« (Kontext: pragmatische Hilfen, z.B. ihren Bedürfnissen angepaßter Sprachunterricht) (ebd.:19; Hervorh. G.M.L.)

In diesem ansonsten informativen und durchaus für Frauen parteilichen Buch zielt die Hauptkritik an den für die europäische Einigung entwickelten Rechtsstrukturen darauf ab zu zeigen, daß die europäische Gleichstellungspolitik an der besonderen Lebenssituation von Frauen ansetzen müßte und »ganzheitliche« Konzepte zu entwickeln wären.

Auch hier ist die Frage nach der »Zugehörigkeit«, den ihr zugrundeliegenden Kriterien und den damit zusammenhängenden politischen Konsequenzen marginal und wird allenfalls in Nebensätzen angesprochen wie z.B.:

»Personen, die unter die Freizügigkeitsregelung fallen, sind demnach Arbeitnehmerinnen, Arbeitnehmer, weibliche und männliche Selbständige mit ihren jeweiligen Familienangehörigen, zu denen übrigens nicht nur Ehegatten und Kinder gehören, sondern auch die Großeltern.[6] *Die Freizügigkeitsregeln für EG-Bürger sind durchaus großzügiger als diejenigen für Angehörige aus sogenannten Drittländern.*« (ebd.:12; Hervorh. G.M.L)

oder:

»Ein eigenständiges Aufenthaltsrecht für Familienangehörige fehlt völlig, *ebenso wie ja ein solches Recht für Angehörige aus Nicht-EG-Ländern ebenfalls fehlt.*« (ebd.; Hervorh. G.M.L.)

Was ich vermisse ist, z.B. in einem Eingangskapitel, die ausführliche Thematisierung, wie und auf welchen (länderspezifischen?) Grundlagen Frauen in den Status von EG-Bürgerinnen kommen. Wie lange wird eine Frau und deren Kinder und Enkel als Drittstaatlerin betrachtet, und werden sich diese Ein- und Ausgrenzungsmuster, die sich zur Zeit unter unterschiedlichen nationalen Rechtspraxen bewegen, einander angleichen? Und wenn sie einander angeglichen werden, welches Modell wird dafür den Ausschlag geben? *Wer sind »die Frauen Europas«*, auf welcher Grundlage sind sie es und aufgrund welcher Forderungen könnten es alle Frauen sein, die hier leben? Und würde ein feministisches Europa bereit sein, Flüchtlinge bedingungslos aufzunehmen? Welche materiellen Interessen verfolgen welche Frauen?

Die einfache feministische Antwort auf die Frage »Ja oder Nein zu Europa« ist eine Wahl zwischen »Scylla und Charybdis«. Beide Antworten sind

6 Die EG ist »ihren« Angehörigen gegenüber weit offener, als die BRD gegenüber ihren »AusländerInnen«: Das Ausländergesetz sieht den Familiennachzug von Großeltern nicht vor.

durch die Dominanz alter und neuer Nationalist(inn)en besetzt. Was wir dringend brauchen, sind genaue Analysen und klare Konzepte, wie auf beiden Ebenen – der nationalen und der europäischen – Frauen ein- und ausgrenzende Organisationsprinzipien überwunden werden könnten.

Der Entwurf eines Frankfurter Frauenmanifestes »Frauen für eine neue Verfassung« enthielt die Forderung bzw. Feststellung:

»Gerechtigkeit und Frieden in der Gesellschaft erfordern Bürgerinnenrechte, die nicht aus der Zugehörigkeit zu einer Nation oder von der Abhängigkeit von einem Mann abgeleitet werden.« (Frauen für eine neue Verfassung 1991:108)

Sozusagen im Kleingedruckten schlossen sich die Paulskirchen-Frauen einer Änderung der Zugehörigkeitsmodalitäten zur Nation an, allerdings ohne den geänderten Inhalt der Neudefinition in ihrer Dokumentation genauer zu erläutern. Hilfsweise ziehe ich daher den Vorschlag zu einer Veränderung von Artikel 116, Abs. 1 vom »Kuratorium für einen demokratisch verfaßten Bund deutscher Länder« heran, und zwar deshalb, weil er auch auf die EG Bezug nimmt:

»Bürgerin oder Bürger im Sinne dieser Verfassung ist, wer die deutsche Staatsangehörigkeit besitzt oder die Rechtsstellung einer Bürgerin oder eines Bürgers erlangt hat. Auf diese Rechtsstellung hat Anspruch, wer als Ausländerin oder Ausländer seit mindestens fünf Jahren rechtmäßig ihren oder seinen ständigen Wohnsitz im Bund deutscher Länder genommen hat. *Angehörige der Mitgliedstaaten der Europäischen Gemeinschaft können deutschen Staatsangehörigen gleichgestellt werden.* Das Nähere regelt ein Bundesgesetz.« (Kuratorium 1991:182; Hervorh. G.M.L.)

Da dieser Vorschlag der einzige ist, der aus einer kritischen Opposition heraus formuliert worden ist und gleichzeitig Implikationen im Hinblick auf Europa enthält, will ich an dieser Stelle kurz darauf eingehen.

Dieser Vorschlag enthält eine entscheidende Neuerung, nämlich die Loslösung der Staatsangehörigkeit von den BürgerInnenrechten. Ich halte sie durchaus für sinnvoll und bedenkenswert, da diese Trennung dazu beitragen könnte, die Bedeutung der Staatsangehörigkeit zu relativieren und die »BürgerInnenschaft« im Sinne eines Konzepts für BürgerInnenrechte als Zentrum politischer Mitbestimmung zu stärken. Die Beibehaltung des Begriffs »AusländerIn« im Vorschlag des Kuratoriums ist problematisch, da damit die bisherigen Prämissen, unter denen Menschen zu AusländerInnen gemacht werden, unverändert bleiben. Wahrscheinlich hängt das damit zusammen, daß der Kuratoriumsvorschlag nicht explizit vom »Recht des Blutes« Abschied nimmt. Damit wird eine Hierarchie von BürgerInnen mit bevorzugter und benachteiligter Herkunft grundsätzlich beibehalten. Ganz offensichtlich ist das bei dem Ansinnen, Angehörige von Mitgliedsstaaten der Europäischen Gemeinschaft sollten deutschen Staatsangehörigen gleichgestellt werden. Dies würde allenfalls zu einer gedämpfteren Variation der geltenden, herkunftsgebundenen Hackordnung führen.

Ob eine solche Schmalspurforderung einer Art vorauseilendem Gehorsam oder einem zu kurz greifenden Zugeständnis an »Realpolitik« oder welchen Vorstellungen auch immer entspringt – als Ausdruck politischer Phantasielosigkeit und oppositioneller Zahmheit empfinde ich sie enttäuschend. Und was die Lahmheit der Opposition in diesen Fragen betrifft, dürfen »wir« uns als mehrheitsdeutsche Feministinnen nichts vormachen. »Wir« haben »uns« bislang dazu ausgeschwiegen und die Hände in den Schoß gelegt.

Die Schaffung von Solidarzusammenhängen auf nationaler und europaweiter Ebene hängen miteinander zusammen. Auf beiden Ebenen müßten wir politische Anknüpfungspunkte und feministische Organisationsstrukturen schaffen, die allen Frauen Raum und Möglichkeit bieten, ihre Bedürfnisse und Interessen zu artikulieren.

Schlußbemerkung

Zugegeben. Ich habe in meinen Ausführungen auf wenig Hoffungsvolles und zahlreiche Mängel und Versäumnisse Bezug genommen. Und das sicherlich in einer Art und Weise, die nicht den strengen Kriterien wissenschaftlichen Arbeitens entspricht. Die Wissenschaftlerinnen unter euch bitte ich daher um Nachsicht, sofern es sich um die Form (nicht um den Inhalt!) meiner Ausführungen handelt. Mein Beitrag kann nicht den Anspruch erheben, eine umfassende und vollständige Analyse der feministischen Literatur zum Thema zu beinhalten. Trotzdem zeigen meine Beispiele eine, wie ich meine, wichtige Tendenz, die ich politisch fragwürdig, um nicht zu sagen für gefährlich halte. Es geht mir bei meiner – von einigen vielleicht als zu scharf empfundenen – Kritik nicht um Schuldzuweisungen und Besserwisserei, wie mir manchmal unterstellt wird. Meine hier vorgestellten Überlegungen sind getragen von dem Wunsch, zur Entstehung von feministischen Kooperationsstrukturen in der BRD und anderen europäischen Ländern beizutragen, problematische Staats- und Unionsbürgerschaftskonzepte zu analysieren, Alternativen zu entwickeln und nach Möglichkeiten zu suchen, wie sich *Frauen jeder Herkunft* aktiv einmischen können. Von Einzelnen kann diese Aufgabe nicht geleistet werden, und von den Frauen der politischen Praxis ist die Unterstützung durch die Forschung von feministischen Wissenschaftlerinnen dringendst gefragt.

Literatur

Franz, Fritz (1992), Das Prinzip der Abstammung im deutschen Staatsangehörigkeitsrecht, in: Institut für Migrations- und Rassismusforschung (Hg.), *Rassismus und Migration in Europa*, Hamburg, S. 237-245.

»Frauen für eine neue Verfassung« (1991), Entwurf eines Frankfurter Frauenmanifests, in: *Feministische Studien* extra, S. 108-114.

Gerhard, Ute (1991), Maßstäbe einer Verfassung auch für Frauen – eine andere Freiheit, Gleichheit, Würde, in: *Feministische Studien* extra, S. 11-21.

Heinelt, Hubert/Lohmann, Anne (1992), *Immigranten im Wohlfahrtsstaat am Beispiel der Rechtspositionen und Lebensverhältnisse von Aussiedlern*, Opladen.

Hörburger, Hortense (1990), *Europas Frauen fordern mehr*, Die soziale Dimension des EG-Binnenmarktes am Beispiel der spezifischen Auswirkungen auf Frauen, Marburg.

Initiative für eine nicht-rassistische Verfassung (Mina Agha, Martina Emme, Carola Wildt, Gotlinde Magiriba Lwanga) (1992), *Vorschlag für eine Neufassung der Artikel 116, 16 und 3 für eine nicht-rassistische Verfassung*, unveröff. Positionspapier, eingereicht in die Verfassungskommission, (Bezug gegen Portokosten über: G.M.Lwanga, Leuschnerdamm 21, 10999 Berlin).

Kuratorium für einen demokratisch verfaßten Bund deutscher Länder (1991), *Vom Grundgesetz zur deutschen Verfassung*, Denkschrift und Verfassungsentwurf, Berlin (Ost).

Lwanga, Gotlinde Magiriba (1993), Deutsch, nein danke? Anmerkungen zu Staatsangehörigkeit, BürgerInnenrechten und Verfassung, in: Ika Hügel/Chris Lange/May Ayim, Ilona Bubeck/Gülsen Aktas/Dagmar Schultz (Hg.), *Entfernte Verbindungen*, Rassismus, Antisemitismus, Klassenunterdrückung, Berlin, S. 260-272.

Meyer, Birgit (1992), Über das schwierige aber notwendige Verhältnis von Feminismus und Demokratie, in: Elke Biester/Brigitte Geißel/Sabine Lang/Birgit Sauer/Petra Schäfter/Brigitte Young (Hg.), *Staat aus feministischer Sicht*, Berlin, S. 63-74.

Zu den Autorinnen und Herausgeberinnen

Elke Biester, Studium der Politikwissenschaft in Berlin und Paris. Seit 1989 wissenschaftliche Mitarbeiterin und Promovendin am FB Politische Wissenschaft der FU Berlin. Arbeitsschwerpunkte: Feministische Analyse politischer Institutionen und Willensbildungsprozesse, Gleichstellungspolitik, Politische Theorie. Frauenpolitisches Engagement unter anderem als Mitglied des Sprecherinnenrates des Arbeitskreis »Politik und Geschlecht« in der Deutschen Vereinigung für Politische Wissenschaft von 1991-1993. Seit kurzem Seiltanz zwischen Beruf, politischem Engagement und Mutterschaft.

Elisabeth Gerhards, geb. 1959, Studium der Musikpädagogik und Politikwissenschaft, Studienschwerpunkte: Risikoforschung, Technologie und Geschlecht, Arbeitsmarkt, Entwicklungspolitik, Weltwirtschaft. Nach dem Studium Mitarbeit am Schulbuch »Politik – Lernen und Handeln für heute und morgen«, 2 Jahre in der beruflichen Reintegration langzeitarbeitsloser Frauen tätig, z.Zt. Doktorandin am Fachbereich Gesellschaftswissenschaften der Universität in Frankfurt/M.

Barbara Holland-Cunz, Dr.phil., geb. 1957, habilitierte Politikwissenschaftlerin. 1988-1993 wissenschaftliche Mitarbeiterin im Schwerpunkt Frauenforschung am FB Gesellschaftswissenschaften der Universität Frankfurt/M., zur Zeit Vertretung der Teilzeit-Frauenforschungsprofessur am FB Politische Wissenschaft der Freien Universität Berlin. Seit fünfzehn Jahren in der Frauenbewegung engagiert. Arbeitsschwerpunkte: Politische Theorie, Naturphilosophie, Feministische Gesellschaftstheorie, Frauenpolitik/Frauenbewegung/ Neue Soziale Bewegungen. Neueste Publikation: »Soziales Subjekt Natur« (1994).

Diana Hummel, geb. 1963, Diplom-Pädagogin, Mitarbeiterin bei agisra (Arbeitsgemeinschaft gegen internationale sexuelle und rassistische Ausbeutung) in Frankfurt/M., Interessenschwerpunkte: Frauenhandel, Prostitutionstourismus und Migration von Frauen, internationale Bevölkerungspolitik, antirassistische Bildungsarbeit für Frauen.

Teresa Kulawik, Dipl. Pol., Studium der Politikwissenschaft in Berlin und Stockholm, 1988-1993 wissenschaftliche Mitarbeiterin am FB Politische Wissenschaft der FU Berlin, z.Zt. Fellow am Zentrum für Frauenforschung der Universität Stockholm. Veröffentlichungen zur Theorie und Politik des Wohlfahrtsstaates in Schweden und Deutschland sowie zur Frauenbewegung. Eine Dissertation über Geschlechterregime und die Entstehung des Wohlfahrtsstaates in Schweden und Deutschland (1900-1937) wird derzeit fertiggestellt.

Gotlinde Magiriba Lwanga, geb. 1959, studierte in Regensburg und an der FU Berlin Soziologie. Seit Anfang der 80er Jahre Aktivitäten in informellen Frauengruppen zum Thema Rassismus/Antisemitismus, u.a. im lesbisch-feministischen Schabbeskreis. 1991-1992 Mitarbeiterin im Berliner Frauenprojekt NOZIZWE (Multikulturelle Feministische Bildungsarbeit). Verheiratet, lebt mit Mann und zwei Kindern in Berlin, z.Zt. arbeitslos. Publizierte u.a. (gemeinsam mit Jessica Jacoby): »Was ›sie‹ schon immer über Antisemitismus wissen wollte, aber nie zu denken wagte«, in: beiträge zur feministischen theorie und praxis 27 (1990).

Eva Maleck-Lewy, Dr.phil., langjährige Tätigkeit als wissenschaftliche Mitarbeiterin und Hochschullehrerin an der Humboldt-Universität zu Berlin im FB Geschichte der Philosophie. Zur Zeit Forschungsstipendium an der Johns Hopkins Universität/USA. Arbeitsschwerpunkte: Politische Partizipation von Frauen, Frauenpolitik, Frauenbewegung. 1991-1993 im Sprecherinnenrat des Arbeitskreises »Politik und Geschlecht« in der Deutschen Vereinigung für Politische Wissenschaft. Sie veröffentlichte u.a. (gemeinsam mit B. Maleck) »Die Frau ist frei geboren...« (1989), »Und wenn ich nun schwanger bin? Frauen zwischen Selbstbestimmung und Bevormundung« (1994).

Anja Ruf, Dr.phil., geb. 1956. Politikwissenschaftliches Studium in Frankfurt. 1991 Promotion zum Thema »Frauenarbeit und Fordismus-Theorie«. 1991-1993 eine der Sprecherinnen des AK »Politik und Geschlecht« in der

Deutschen Vereinigung für Politische Wissenschaft. Lehrauftrag zu Frauen und Weltwirtschaft. Derzeit teilzeitbeschäftigte Sachbearbeiterin, freie Journalistin und Mitarbeiterin einer entwicklungspolitischen Fachredaktion. Arbeitsgebiete u.a.: Rassismus in der Frauenbewegung; Internationale Frauenbewegungen. Beteiligt an der Vorbereitung von Frauen aus Nichtregierungsorganisationen zur Weltbevölkerungskonferenz 1994 und zur Weltfrauenkonferenz 1995.

Birgit Sauer, Politikwissenschaftlerin, 1987-1992 wissenschaftliche Mitarbeiterin am Fachbereich Politische Wissenschaft der Freien Universität Berlin, Promotion 1993, 1991-1993 im Sprecherinnenrat des Arbeitskreises »Politik und Geschlecht« in der Deutschen Vereinigung für Politische Wissenschaft, 1993/94 Gastprofessorin an der Kon-Kuk-Universität in Seoul/Korea. Arbeitet über das Verhältnis von Politik und Kultur, über politische Inszenierungen und über die kulturelle Reproduktion des Geschlechterverhältnisses.

Britta Schmitt, geb. 1965 in Mannheim, Diplom-Soziologin, Studium der Soziologie, Germanistik und Politikwissenschaft in Frankfurt/M., Schwerpunkte: Frauen- und Osteuropaforschung, mehrere Rußlandaufenthalte, derzeit Stipendiatin der grünnahen Stiftung »buntstift«, arbeitet an einer Promotion zum Thema »Emanzipationsvorstellungen von Frauen aus der russischen Intelligenz«.

Susanne Schunter-Kleemann, Prof. Dr., geb. 1942. Seit 1976 Hochschullehrerin am Fachbereich Wirtschaft der Hochschule Bremen. Forschungsschwerpunkte: Arbeitsmarkt, Sozialpolitik und Wohlfahrtsstaat, Auswirkungen des EG-Binnenmarktes auf Beschäftigungssituation und soziale Sicherung von Frauen. Herausgeberin von »EG-Binnenmarkt – EuroPatriarchat oder Aufbruch der Frauen?« (1990) und »Herrenhaus Europa – Geschlechterverhältnisse im Wohlfahrtsstaat« (1992).

Anni Weiler, Dr.disc.pol., Dipl.-Sozialwirtin, Betriebswirtin. Zunächst Studium der Betriebswirtschaft in Mönchengladbach, dann Studium der Sozialwissenschaften, Soziologie, Politologie in Marburg und Göttingen. Arbeitsschwerpunkte: Industrie- und Arbeitssoziologie, Gewerkschaftssoziologie, Frauenerwerbsarbeit. Sie veröffentlichte u.a.: »Frauenlöhne – Männerlöhne. Gewerkschaftliche Politik zur geschlechtsspezifischen Lohnstrukturierung« (1992).

Reihe »Politik der Geschlechterverhältnisse«

Elke Biester, Barbara Holland-Cunz,
Eva Maleck-Lewy,
Anja Ruf, Birgit Sauer (Hg.)

Gleichstellungspolitik – Totem und Tabus

Eine feministische Revision

190 Seiten, ISBN 3-593-35091-2

Gleichstellungspolitik ist seit den 80er Jahren die unhinterfragte Perspektive feministischer Politik. Kritische Einwände sind tabuisiert. Doch wohin hat die »Verstaatlichung« der neuen Frauenbewegung geführt? Der Band gibt Auskunft über Theorie und Praxis der Gleichstellungspolitik und beschreibt ihre politischen Grenzen und blinden Flecken.

Die einzelnen Beiträge behandeln u.a. die Grenzen der Gleichstellungspolitik, das Selbstverständnis kommunaler Frauenbeauftragter, die Institutionalisierung von Frauenpolitik im Parteienstaat, Frauenpolitik und Frauenförderungspolitik, Strategien und Probleme der Durchsetzung frauenpolitischer Forderungen, die Förderung von Frauenforschung und die Marginalisierung von Wissenschaftlerinnen.

Campus Verlag • Frankfurt/New York